财政部亚太财经与发展中心
Asia-Pacific Finance and Development Center

全球财经视野

——2012国际财经要情集萃

周强武　主编

中国财政经济出版社

图书在版编目（CIP）数据

全球财经视野：2012 国际财经要情集萃／周强武主编．—北京：中国财政经济出版社，2013.5

ISBN 978-7-5095-4549-2

Ⅰ．①全…　Ⅱ．①周…　Ⅲ．①国际经济-研究　Ⅳ．①F113

中国版本图书馆 CIP 数据核字（2013）第 116116 号

责任编辑：陆宗祥　　责任校对：杨瑞琦

封面设计：汪俊宇　　版式设计：录文通

中国财政经济出版社 出版

URL：http：//www.cfeph.cn

E-mail：cfeph@cfeph.cn

社址：北京市海淀区阜成路甲 28 号　邮政编码：100142

营销中心电话：88190406　北京财经书店电话：64033436　84041336

北京财经印刷厂印刷　各地新华书店经销

787×1092 毫米　16 开　16.5 印张　300 000 字

2013 年 5 月第 1 版　2013 年 5 月北京第 1 次印刷

定价：38.00 元

ISBN 978-7-5095-4549-2/F·3688

（图书出现印装问题，本社负责调换）

本社质量投诉电话：010-88190744

反盗版举报热线：88190492、88190446

序

2012年，世界经济形势复杂多变，经济增长持续低迷。美欧经济复苏仍存不确定性，新兴经济体经济增速放缓，促进全球经济再平衡并努力实现协调、可持续发展成为全球和各国必须解决的重大挑战和共同使命。美国经济、欧债危机、欧盟经济一体化、东盟与中日韩（“10+3”）财金合作、跨太平洋战略经济合作伙伴关系（TPP）等都在不断演变并出现新的进展。无论是在北美，还是欧盟，亦或是东亚，主要发达国家和新兴市场国家都需要在各种政策之间作出选择，频频调整财政政策、货币政策以及其他宏观经济政策。

党的十八大报告描绘了我国全面建成小康社会的宏伟蓝图。习近平总书记强调，要“加强战略思维，增强战略定力，更好统筹国内国际两个大局”，要“树立世界眼光，更好地把国内发展与对外开放统一起来，把中国发展与世界发展联系起来，把中国人民利益同各国人民共同利益结合起来，不断扩大同各国的互利合作，以更加积极的姿态参与国际事务，共同应对全球性挑战，努力为全球发展作出贡献”。

跟踪宏观经济政策调整、主要宏观经济数据发布以及研究重要国家政要和经济专家的经济思想和观点，对我们分析和应对风云变幻的国际经济具有重要意义和作用。在新的起点上，亚太财经与发展中心北京分部的同志们密切跟踪国际财经热点、准确把握国际经济形势，以“外国财政资讯”的方式记录了2012年主要国家重要财经政策发布和热点事件，主要包括宏观经济政策与数据、财政货币政策与数据、贸易政策与数据和经济观点等方面内容。“外国财政资讯”相关信息“找点准、信息全、质量高”，得到有关领导和专家的充分肯定。现将我们 2012 年编译的相关材料整理成册，希望能为广大经济工作者和关注全球财经热点问题的同仁们提供有益启发和帮助。

本书编辑过程中难免有疏漏和不妥之处，敬请读者提出宝贵意见。

编　者

2013 年 3 月

缩略语中英文对照

AfDB（African Development Bank）	非洲开发银行
APEC（Asia-Pacific Economic Cooperation）	亚太经济合作组织
BaFin（Bundesanstalt fuer Finanzdienstleistungsaufsicht）	德国联邦金融监管局
Basel Committee on Banking Supervision	巴塞尔银行监督委员会
BIS（Bank for International Settlements）	国际清算银行
BPCE（BPCE Group）	法国银行集团，由法国人民银行（Banque populaire）和储蓄银行（Caisse d'Epargne）合并成立
CDS（Credit Default Swap）	信用违约掉期
CPI（Consumer Price Index）	消费者价格指数
CSI（Consumer Sentiment Index）	消费者信心指数
DMIs（Derivatives Market Intermediaries）	衍生品市场中介
EBA（European Banking Authority）	欧洲银行业管理局
EFSF（European Financial Stability Facility）	欧洲金融稳定基金
EFSM（European Financial Stabilization Mechanism）	欧洲金融稳定机制
EIB（European Investment Bank）	欧洲投资银行
ESI（Economic Sentiment Index）	经济景气指数
ESM（European Stability Mechanism）	欧洲稳定机制
ETS（Emissions Trading System）	（碳）排放交易系统
EURIBOR（Euro Interbank Offered Rate）	欧洲银行同业欧元拆借利率
FDI（Foreign Direct Investment）	对外直接投资
FHFA（Federal Housing Finance Agency）	美国联邦住房金融局
FSB（Financial Stability Board）	金融稳定理事会
FTA（Free Trade Agreement）	自由贸易协定
G20（Group 20）	二十国集团，由 8 个主要发达国家、

	11 个重要新兴工业国家（中国、阿根廷、澳大利亚、巴西、印度、印度尼西亚、墨西哥、沙特阿拉伯、南非、韩国和土耳其）以及欧盟组成。
G8（Group Eight）	八国集团，包括美国、英国、法国、德国、意大利、加拿大、日本和俄罗斯。
GDP（Gross Domestic Product）	国内生产总值
GDI（Gross Disposable Income）	国民可支配收入
GNI（Gross National Income）	国民生产总值
HICP（Harmonized Index of Consumer Price）	消费者价格调和指数
Home Affordable Modification Program	住房可偿付调整计划
IAIS（International Association Of Insurance Supervisors）	国际保险监督官协会
IMF（International Monetary Fund）	国际货币基金组织
IOSCO（International Organization of Securities Commissions）	国际证监会组织
IPRI（Industrial Price Index）	工业价格指数
LIBOR（London Interbank Offered Rate）	伦敦银行间拆借利率
M0、M1、M2&M4	M0 = 现金；M1 = 现金 + 活期存款（一般不包括官方机构和外国银行在商业银行的存款）；M2 = M1 + 准货币 + 可转让存单。其中“准货币”指活期存款以外的一切公私存款；M3 = M2 + CD + 长于隔夜的限期回购协议和欧洲美元；M4 = M3 + 定期存款 + 私人部门持有的建房互助协会的股份，M4 是英国英格兰银行公布的一个货币口径。
OECD（Organization for Economic Co-operation and Development）	经济合作与发展组织
OPEC（Organization of Petroleum Exporting	石油输出国家组织

Countries)

OTC (Over The Counter)	场外交易
QE (Quantitative Easing)	量化宽松政策
PPI (Producer Price Index)	生产者价格指数
SBA (Small Business Administration)	美国小企业管理局
SEPA (Single Euro Payments Area)	单一欧元支付区
SSM (Single Supervisory Mechanism)	银行业单一监管机制
TPP (Trans-Pacific Partnership Agreement)	跨太平洋战略经济合作伙伴关系协议
WTO (World Trade Organization)	世界贸易组织

目录

■ 第一部分

宏观政策与数据

一、欧　　洲

（一）欧盟与欧元区

欧盟统计局发布2月份通胀数据

3月14日*，欧盟统计局发布数据显示，2月份，欧元区年通胀年率为2.7%，环比持平，同比上升0.3%；同时，通胀月率为0.5%。同期，欧盟的通胀年率比1月份提高0.1%至3%，通胀月率也为0.5%。

在欧盟成员国中，瑞典的通胀年率最低，为1.0%；其次是希腊和西班牙，分别为1.7%和1.9%。匈牙利的通胀年率最高，为5.8%；其次是爱沙尼亚和波兰，同为4.4%。与1月份相比，欧盟成员国中9个国家的通胀年率出现下滑，5个国家保持平稳，11个国家出现上涨。2011年2月—2012年2月的平均通胀年率最低的分别是瑞典（1.3%）、斯洛文尼亚（2.1%）和马耳他（2.3%）；最高的是罗马尼亚（5.1%）和爱沙尼亚（5.0%）。

推动欧元区国家的通胀年率走高的主要因素为交通、住房及烟草，推动通胀月率走高的主要因素为娱乐文化、食品及交通。

（来源：欧盟统计局　摘译）

欧盟委员会发布3月份CSI数据

3月22日，欧盟委员会经济与金融事务总司发布数据显示，据初步估算，欧盟CSI由2月份的－20.1增长至－19.1，欧元区CSI由2月份的－19.0下降至

---

* 如未作特别说明，本书所涉年份均为2012年。

-20.3。

（来源：欧盟委员会　摘译）

欧元区3月份通胀率降至2.6%

3月31日，欧盟统计局发布数据显示，3月份欧元区通胀率由2月份的2.7%降至2.6%，但高于此前预期的2.5%。欧元区经济增幅回落，油价上涨令通胀下滑幅度小于预期，导致欧洲央行在稳定通胀预期并刺激经济增长的同时，面临更为复杂的局面。

（来源：欧盟统计局　摘译）

欧元区和欧盟3月份失业率上升

5月2日，欧盟统计局发布数据显示，经季节性因素调整后，欧元区3月份失业率上升至10.9%，环比上升0.1%，失业人数环比增加16.9万人。欧盟3月份失业率为10.2%，同比增加0.8%，新增失业人数19.3万人。

（来源：欧盟统计局　摘译）

欧盟发布2012—2013年春季预测报告

5月11日，欧盟发布2012—2013年春季预测报告，预计2012年欧盟实际GDP增长为零，2013年有望实现1.3%的增长；预计2012年欧元区经济将增长-0.3%，2013年将增长1%。失业率仍居高不下，预计2012—2013年欧盟失业率为10%，欧元区为11%。由于各国采取财政紧缩政策，欧盟委员会预计2012年欧盟和欧元区赤字占GDP的比率将分别由2011年的4.5%和4.1%降至3.6%和3.2%，2013年有望进一步下降至3.3%和2.9%。

（来源：欧盟委员会　摘译）

欧盟发布3月份建筑业产出数据

5月21日，欧盟统计局发布数据显示，欧元区3月份建筑业产出环比上升

12.4%，同比下降3.8%；欧盟环比上升11.8%，同比下降3.9%。从环比数据来看，欧盟成员国中有10个国家的建筑业产出出现上升，4个国家出现下降。其中，环比增幅最大的依次为德国、法国和英国，分别上升30.7%、17.8%和14.8%；降幅最大的是罗马尼亚、葡萄牙和西班牙，分别下降8.8%、6.8%和1.8%。

从同比数据来看，欧盟成员国中有9个国家的建筑业产出出现下降，5个国家出现上升。其中，同比降幅最大的依次为葡萄牙、斯洛伐克和西班牙，分别下降16.4%、11.0%和10.9%；增幅最大的为瑞典、德国和波兰，分别上升7.9%、6.3%和2.4%。

（来源：欧盟统计局　摘译）

欧盟和欧元区5月份CSI双双出现好转

5月22日，欧盟经济与金融事务总司发布数据显示，欧盟和欧元区5月份CSI双双出现好转，其中，欧盟CSI由4月份的-20.2上升至-19.4，欧元区CSI由4月份的-19.9上升至-19.3。

（来源：欧盟委员会　摘译）

欧盟和欧元区5月份ESI双双下滑

5月30日，欧盟发布数据显示，5月份欧盟和欧元区ESI双双出现下滑。其中，欧盟环比下降2.7个基点至90.5，欧元区环比下降2.3个基点至90.6。ESI在大部分欧盟成员国和所有主要欧盟经济体中都出现了下滑：其中，英国、意大利和荷兰下滑最为急剧，下滑幅度分别为4.7个基点、4.3个基点和3.9个基点；法国、德国、西班牙和波兰分别下滑1.5个基点、1.4个基点、1.0个基点和0.8个基点；只有德国的ESI仍高于长期平均水平。

无论是对于欧盟还是欧元区来说，ESI的下滑都主要是受到商业部门信心指数下滑的驱动，特别是工业和零售业。但与之相反的是，欧盟和欧元区的CSI都双双出现上升。

（来源：欧盟委员会　摘译）

欧盟和欧元区 4 月份工业 PPI 环比企稳

6 月 4 日，欧盟统计局发布欧盟和欧元区 4 月份工业 PPI 的最新统计数据。从环比数据来看，4 月份欧盟与欧元区的工业 PPI 均保持稳定，除能源产品外，欧盟和欧元区价格指数的环比增幅均为 0. 2%。其中，中间产品价格指数在欧盟和欧元区均上升 0. 3%；资本品和非耐用消费品价格指数在欧盟均上升 0. 2%，在欧元区均上升 0. 1%；耐用消费品价格指数在欧元区仍保持稳定，在欧盟上涨 0. 1%；能源部门价格指数在两地区均下降 0. 1%。欧盟成员国中，工业 PPI 环比增幅最大的为保加利亚、丹麦和爱尔兰，均上涨 1. 1%；西班牙、瑞典、英国、希腊、法国和芬兰均出现下降，降幅分别为 0. 8%、0. 5%、0. 3%、0. 2%、0. 1% 和 0. 1%。从同比数据来看，除能源产品外，4 月份欧盟与欧元区的工业 PPI 分别上升 1. 5% 和 1. 3%。能源部门价格指数分别下降 6. 6% 和 6. 8%；非耐用消费品价格指数分别上升 2. 8% 和 2. 4%；耐用消费品价格指数均上升 2. 0%；资本品价格指数分别上升 1. 3% 和 1. 1%；中间产品价格指数分别上升 0. 6% 和 0. 8%。欧盟成员国中，工业 PPI 同比增幅最大的为塞浦路斯、立陶宛和匈牙利，分别上升 8. 3%、7. 1% 和 7. 0%；同比增幅最小的为马耳他、斯洛文尼亚和奥地利，分别上升 0. 7%、0. 7% 和 1. 0%；仅瑞典出现 0. 5% 的下降。

（来源：欧盟统计局　摘译）

欧盟和欧元区一季度 GDP 双双保持稳定

6 月 6 日，欧盟统计局发布数据显示，经季节性因素调整后，2012 年一季度欧盟和欧元区 GDP 环比均保持稳定，同比分别上升 0. 1% 和下降 0. 1%。2011 年四季度，欧盟和欧元区 GDP 环比均下降 0. 3%，同比分别上升 0. 7% 和 0. 8%。

（来源：欧盟统计局　摘译）

欧盟和欧元区 4 月份工业生产指数下降

6 月 13 日，欧盟统计局发布数据显示，4 月份欧元区和欧盟的工业生产指数环比下降幅度分别为 0. 8% 和 0. 4%，同比下降幅度分别为 2. 3% 和 1. 7%；3 月份环比下降幅度分别为 0. 1% 和 0. 2%。

从环比数据来看，欧元区和欧盟资本品的工业生产指数分别下降 2.6% 和 1.8%；非耐用消费品工业生产指数分别下降 1.6% 和 1.5%；中间产品工业生产指数分别下降 1.2% 和 0.9%；耐用消费品工业生产指数在欧元区下降 0.9%，在欧盟上升 0.6%；能源产品工业生产指数分别上升 6.9% 和 5.7%。欧盟成员国中，4 月份工业生产指数环比出现下降的国家为 6 个，上升的国家为 16 个。此外，英国保持稳定。环比降幅最大的国家依次为葡萄牙、德国、意大利，降幅分别为 6.5%、2.0% 和 1.9%；环比增幅最大的国家依次为荷兰、波兰和马耳他，增幅分别为 2.9%、2.3% 和 1.9%。

从同比数据来看，欧元区和欧盟耐用消费品工业生产指数分别下降 6.2% 和 4.5%；中间产品工业生产指数分别下降 4.5% 和 3.5%；非耐用消费品工业生产指数在两地区均下降 3.4%；资本品工业生产指数在欧元区下降 0.3%，欧盟上升 0.4%；能源产品工业生产指数分别上升 3.3% 和 1.3%。欧盟成员国中，4 月份工业生产指数同比下降的国家为 11 个，上升的国家为 12 个。同比降幅最大的国家依次为意大利、西班牙、葡萄牙，降幅分别为 9.2%、8.3% 和 7.6%；同比增幅最大的国家依次为斯洛伐克、立陶宛和荷兰，增幅分别为 10.9%、6.9% 和 4.7%。

（来源：欧盟统计局　摘译）

欧盟 2011 年 FDI 双倍上升

6 月 13 日，欧盟统计局发布数据显示，欧盟 FDI 在经历了 2010 年的显著下降之后，于 2011 年双倍上升；其中，欧盟 FDI 流出额为 3700 亿欧元，FDI 流入额为 2250 亿欧元。2010 年，欧盟 FDI 流出额由 2009 年的 3160 亿欧元下降至 1460 亿欧元，FDI 流入额由 2340 亿欧元下降至 1040 亿欧元。

从欧盟 FDI 流出额来看，除俄罗斯外，欧盟对于其主要的 FDI 流出对象的投资额都有所增加，投资额位居前五位的国家依次为美国、离岸金融中心、瑞士、巴西和中国，投资额分别为 1110 亿欧元、590 亿欧元、320 亿欧元、280 亿欧元和 180 亿欧元。

从欧盟 FDI 流入额来看，欧盟 2011 年 FDI 流入的主要来源地为美国、瑞士、离岸金融中心、加拿大、中国香港、日本和巴西，流入额分别为 1150 亿欧元、340 亿欧元、160 亿欧元、70 亿欧元、60 亿欧元、50 亿欧元和 50 亿欧元。

从成员国 FDI 流出和流入额来看，2011 年，卢森堡 FDI 流出额在欧盟成员国中最高，达 1100 亿欧元，其次是英国、德国、法国、西班牙和比利时，流出额分别达 890 亿欧元、340 亿欧元、210 亿欧元、190 亿欧元和 160 亿欧元。此外，卢森堡也是 FDI 的最大接受国，流入额达 860 亿欧元，其次是瑞士、西班牙、英国、法国和德国，流入额分别为 160 亿欧元、150 亿欧元、140 亿欧元、120 亿欧元和 110 亿欧元。卢森堡在欧盟 FDI 的重要地位主要源于其金融中介业务。

从 FDI 净额来看，与 2010 年一样，欧盟在 2011 年仍为 FDI 净流出国，净流出额为 1450 亿欧元。在欧盟成员国中，英国的 FDI 净流出额最高，达 750 亿欧元，其次是卢森堡、德国和法国，净流出额分别为 250 亿欧元、230 亿欧元和 90 亿欧元。

（来源：欧盟统计局　摘译）

欧盟统计局发布 2010 年可再生能源消费情况

6 月 18 日，欧盟统计局发布数据显示，2010 年欧盟可再生能源消费占能源总消费的 12.4%，2009 年及 2008 年的占比分别为 11.7% 和 10.5%。根据欧盟发布的《2009 年可再生能源指令》（The 2009 Directive on Renewable Energy），欧盟 2020 年新能源消费目标为总能源消费占比的 20%，同时，根据各成员国不同的能源消费现状、新能源消费潜力以及经济状况，指令还对各成员国制定了具体的目标。

2010 年，欧盟成员国可再生能源消费占总能源消费比重最高的国家依次为瑞典、拉脱维亚、芬兰、澳大利亚和葡萄牙，分别达 47.9%、32.6%、32.2%、30.1% 和 24.6%；可再生能源消费占总能源消费比重最低的国家依次为马耳他、卢森堡、英国和荷兰，分别为 0.4%、2.8%、3.2% 和 3.8%。

2006—2010 年，所有欧盟成员国的可再生能源消费占比都有所增长，增速最快的国家依次为爱沙尼亚、罗马尼亚、丹麦、瑞典和西班牙，分别由 16.1% 上升至 24.3%、由 17.1% 上升至 23.4%、由 16.5% 上升至 22.2%、由 42.7% 上升至 47.9%、由 9% 上升至 13.8%。

（来源：欧盟统计局　摘译）

欧元区 6 月份商业景气指数下降

6 月 28 日，欧盟委员会发布数据显示，6 月份欧元区商业景气指数下降 0.15 个基点至 0.94，主要是由于对生产预期、过去产量、总订货量和出口订单的负面评估增加。

（来源：欧盟委员会　摘译）

欧盟 6 月份 ESI 维持不变，欧元区有所下降

6 月 28 日，欧盟委员会发布数据显示，6 月份欧盟 ESI 维持不变，为 90.4；欧元区 ESI 下降 0.6 个基点至 89.9。ESI 下降较大的欧盟成员国主要有法国、德国和波兰，分别下降 1.5、1.4 和 1.2 个基点。相反，英国、西班牙和意大利的 ESI 有所上升，分别上升 1.9、1.0 和 0.9 个基点。仅有德国 ESI 维持在长期平均值之上。

（来源：欧盟委员会　摘译）

欧元区和欧盟 5 月份失业率上升

7 月 2 日，欧盟统计局发布数据显示，经季节性因素调整后欧元区 5 月份的失业率为 11.1%，环比上升 0.1%，同比上升 1.1%。同期，欧盟失业率为 10.3%，环比上升 0.1%，同比上升 0.8%。5 月份，美国和日本失业率仅为 8.2% 和 4.4%。

欧盟统计局估计，5 月份欧盟的人口约为 2486.8 万人，其中 1756.1 万人来自欧元区。欧盟和欧元区失业人口环比分别增加了 15.1 万人和 8.8 万人，同比分别增加了 195.2 万人和 182 万人。

成员国中失业率最低的依次为奥地利、荷兰、卢森堡和德国，分别为 4.1%、5.1%、5.4% 和 5.6%；而西班牙和希腊是失业率最高的两国，分别为 24.6% 和 21.9%（3 月份）。

5 月份，欧元区男性失业率为 10.9%，同比上升 1.1%；女性失业率为 11.3%，同比上升 1%。同期，欧盟男性失业率为 10.3%，同比上升 0.8%。女性失业率为 10.4%，同比上升 0.8%。欧盟年轻人（25 岁以下）失业人数达 551.7 万人，欧元区年轻人失业人数达 341.2 万人。

（来源：欧盟统计局　摘译）

欧盟统计局发布 6 月份欧元区和欧盟通胀年率情况

7 月 16 日，欧盟统计局发布数据显示，6 月份欧元区通胀年率为 2.4%，环比保持不变，同比下降 0.3%。欧盟通胀年率为 2.6%，环比上升 0.1%，同比下降 0.5%。其中，瑞士、希腊和保加利亚通胀率最低，而匈牙利、爱沙尼亚和马耳他

最高。在欧元区通胀年率中，烟酒、住房和交通最高，而通讯、教育和文娱最低。

（来源：欧盟统计局　摘译）

欧盟和欧元区 7 月份 ESI 双双下降

7 月 30 日，欧盟委员会发布数据显示，7 月份欧盟 ESI 环比下降 1.4 个基点至 89.0，欧元区 ESI 环比下降 2 个基点至 87.9。

欧元区主要经济体中，德国、法国和西班牙 7 月份 ESI 分别下滑 3.7 个基点、2.3 个基点和 1.4 个基点；英国、意大利和荷兰分别上升 1.7 个基点、1.3 个基点和 0.6 个基点。

此外，数据还显示，欧元区与欧盟多个行业信心指数出现下滑。欧盟和欧元区工业信心指数分别下降 0.7 个基点和 2.2 个基点；服务业信心指数分别下降 3.1 个基点和 1.1 个基点；零售业信心指数分别下降 0.3 个基点和 0.6 个基点；建筑业信心指数分别下降 0.5 个基点和 0.3 个基点；CSI 分别下降 0.5 个基点和 1.7 个基点。相反，欧盟和欧元区金融服务业信心指数双双上升，分别增长 0.9 个基点和 2.6 个基点。

（来源：欧盟委员会　摘译）

欧元区 7 月份通胀率初值为 2.4%

7 月 31 日，欧盟统计局发布数据显示，7 月份欧元区通胀率将达 2.4%，环比持平。

（来源：欧盟统计局　摘译）

欧元区和欧盟 6 月份失业率分别维持 11.2%和 10.4%

7 月 31 日，欧盟统计局发布数据显示，经季节性因素调整后，6 月份欧元区失业率为 11.2%，与 5 月份持平；欧盟失业率为 10.4%，与 5 月份持平。截至 6 月份，欧盟失业人口总数达 2511.2 万人，环比增加 12.7 万人；欧元区失业人口总数为 1780.1 万人，环比增加 12.3 万人。

失业率最高的国家为西班牙和希腊，分别为 24.8% 和 22.5%。奥地利、荷兰、德国和卢森堡的失业率最低，分别为 4.5%、5.1%、5.4% 和 5.4%。

数据显示，欧盟25岁以下年轻人失业率为22.6%，欧元区为22.4%，而2011年同期分别为21.2%和20.5%。希腊和西班牙年轻人失业率分别高达52.8%和52.7%；而德国、奥地利、荷兰年轻人失业率相对较低，分别为7.9%、8.8%和9.3%。

（来源：欧盟统计局　摘译）

欧元区6月份货币金融机构利率数据

8月1日，欧洲央行发布数据显示，6月份欧元区非金融机构贷款综合利率下降，尽管家庭消费基本保持不变，但家庭新贷款综合利率下降；欧元区非金融机构和家庭存款综合利率上升。

6月份，非金融机构小额及1百万欧元以上的新贷款利率不一。例如，贷款金额超过1百万欧元、3个月到期的贷款利率，包括浮动利率和初始利率，环比上升7个基点至2.44%。对应同等金额10年期新贷款初始利率环比下降25个基点至3.26%。3个月到期、贷款金额不超过25万欧元的新贷款利率，包括浮动利率和初始利率，平均利率基本保持在4.81%。关于新存款协议，6月份1年到期的非金融机构存款利率上升3个基点至1.04%。

6月份，1年期个体和非公司合作关系贷款利率，包括浮动利率或初始利率，下降20个基点至3.6%。1年期家庭消费新贷款，包括浮动利率和初始利率，保持在5.67%。1年期家庭住房贷款利率下降3个基点至3.11%。10年期贷款初始利率下降15个基点至3.69%。1年期存款利率上升6个基点至2.71%。3个月可赎回存款利率基本维持在1.73%。

（来源：欧洲央行　摘译）

欧元区6月份零售额环比上升0.1%

8月3日，欧盟统计局发布数据显示，6月份欧元区零售额环比上升0.1%，欧盟环比下降0.3%。欧元区6月份零售销售指数同比下降1.2%，欧盟同比下降0.7%。

6月份，欧元区食品、饮品及烟草零售额环比上升0.4%，欧盟环比下降0.1%。欧盟和欧元区非食品部门零售额环比均下降0.7%。

6月份，欧元区和欧盟的食品、饮品及烟草零售额同比均下降1.0%。欧元区非食品部门零售额同比下降1.4%，欧盟同比保持稳定。

（来源：欧盟统计局　摘译）

欧盟统计局发布欧元区和欧盟6月份工业生产价格指数

8月2日，欧盟统计局发布数据显示，6月份欧元区工业生产价格指数环比下降0.5%，同比上升1.8%，欧盟环比下降0.8%，同比上升1.6%。

6月份，欧元区和欧盟除能源行业外总行业价格指数环比均下降0.1%，同比分别下降0.9%和1.2%；能源行业价格指数环比分别下降1.8%和2.6%，同比分别上升4.8%和3.0%；中间品价格指数环比均下降0.3%，同比分别上升0.1%和0.4%；耐用品价格指数环比均持平，同比上升1.9%；生产资料价格指数环比皆上升0.1%，同比分别上升1.1%和1.4%；非耐用品价格指数环比均上升0.1%，同比分别上升1.9%和2.3%。

欧盟成员国中，6月份工业PPI环比增幅列前两位的国家是塞浦路斯和拉脱维亚，分别为0.4%和0.3%；环比跌幅列前三位的是英国、希腊和丹麦，依次为1.9%、1.8%和1.3%。同比增幅列前三位的是塞浦路斯、匈牙利和立陶宛，依次为8.8%、6.9%和4.9%。同比增幅最小的是英国、澳大利亚和马耳他，依次为0.1%、0.2%和0.6%。瑞典和丹麦同比分别下降0.4%和0.1%。

（来源：欧盟统计局　摘译）

欧盟发布一季度主要经济数据

8月1日，欧盟统计局发布了欧盟和欧元区一季度主要经济数据。

一季度，欧元区商业投资率环比基本保持不变，稳定在20.6%，环比微降0.1%。因为附加值上升0.2%，劳动者报酬（工资和社保津贴）和生产补贴税收基本保持不变，因此利润分成率环比微升0.1%至38.3%。总库存（原料、物资和成品）连续两个季度微降。家庭储蓄率维持在13.3%，家庭实际可支配收入增加0.2%。家庭总投资率为9%，环比下降0.1%，主要是以住宅为主要表现形式的家庭固定资产形成总额下降0.6%和家庭名义可支配收入增长0.7%。

一季度，欧盟商业投资率为19.9%，环比下降0.2%。企业利润分成率为38.1%，环比上升0.3%。家庭储蓄率为11.6%，环比上升0.1%。家庭总投资率为8.3%，环比下降0.1%。

（来源：欧盟统计局　摘译）

欧元区和欧盟6月份工业产值均下降

8月14日，欧盟统计局发布数据显示，经季节性因素调整后，6月份欧元区和欧盟工业生产环比分别下降0.6%和0.9%，同比分别下降2.1%和2.2%。5月份欧元区和欧盟工业产值分别环比上升0.9%和0.8%。

环比来看，欧元区和欧盟资本产品产量均下降1.3%，非耐用消费品产量分别下降0.7%和1.0%，中间产品产量分别下降0.4%和1.0%，欧元区耐用消费品产量上升0.2%，但欧盟下降1.1%；欧元区能源产量上升0.4%，但欧盟下降0.2%。

同比来看，欧元区和欧盟中间产品产量分别下降3.7%和3.5%，耐用消费品产量分别下降2.0%和2.5%，非耐用消费品产量分别下降2.0%和1.5%，资本产品产量分别下降0.9%和1.0%，能源产量分别下降0.4%和1.7%。

从成员国数据来看，工业产值下降的有12个国家，上升的有8个，希腊保持不变。其中，降幅最大的是意大利、西班牙、英国和葡萄牙，分别下降8.2%、6.3%、4.6%和4.4%；增幅最多的是爱尔兰、拉脱维亚和斯洛文尼亚，分别上升9.5%、5.4%和2.8%。

（来源：欧盟统计局　摘译）

欧元区和欧盟二季度GDP均下滑0.2%

8月14日，欧盟统计局发布数据显示，二季度欧元区和欧盟GDP环比均下滑0.2%，而一季度GDP增长率均为零。经季节性因素调整后，二季度欧元区和欧盟GDP同比分别下降0.4%和0.2%，一季度分别为同比持平和上升0.1%。

从国别统计来看，德国经济环比上升0.3%，低于一季度的0.5%。法国经济连续三个季度停滞不前。意大利在上季度经济下降0.8%的基础上又下降0.7%，连续四个季度经济萎缩。西班牙GDP环比下降0.4%，连续三个季度出现萎缩。葡萄牙经济环比下降1.2%，远高于一季度0.1%的下降幅度。该报告只发布了希腊经济的同比数据，希腊GDP二季度同比下降6.2%，一季度同比下降6.5%。

二季度，美国和日本的GDP环比分别上升0.4%和0.3%，同比分别上升2.2%和3.6%。

（来源：欧盟统计局　摘译）

欧元区 7 月份通胀年率稳定在 2.4%

8 月 16 日，欧盟统计局发布数据显示，7 月份欧元区通胀年率环比保持稳定在 2.4%，同比下降 0.2%；通胀月率为 -0.5%。欧盟通胀年率环比稳定在 2.5%，同比下降 0.4%；通胀月率为 -0.4%。

通胀年率最高的三类主要商品是烟酒、住房和交通，分别为 4.7%、3.8% 和 3.2%，最低的三类为通信、教育和娱乐文化，分别为 -3.1%、0.7% 和 1.0%。

欧盟 7 月份通胀年率最低的四个国家分别是瑞典、希腊、德国和立陶宛，分别为 0.7%、0.9%、1.9% 和 1.9%；通胀年率最高的三个国家分别是匈牙利、马耳他和爱沙尼亚，分别为 5.7%、4.2% 和 4.1%。

截至 2012 年 7 月份，12 个月平均通胀率最低的三个国家是瑞典、爱尔兰和希腊，分别为 1.0%、1.6% 和 1.8%，12 个月平均通胀率最高的三个国家是匈牙利、爱沙尼亚和斯洛伐克，分别为 4.9%、4.6% 和 4.1%。

（来源：欧盟统计局　摘译）

欧元区和欧盟 6 月份建筑业产出环比分别下降 0.5% 和 1.7%

8 月 20 日，欧盟统计局发布数据显示，经季节性因素调整后，6 月份欧元区建筑业产出环比下降 0.5%，同比下降 2.8%；6 月份欧盟建筑业产出环比下降 1.7%，同比下降 5.8%。5 月份欧元区该数据修正为环比下降 0.2%，欧盟环比上升 1.2%。其中，6 月份房屋建筑产出欧元区和欧盟环比分别下降 0.1% 和 1.4%，同比分别下降 3.2% 和 5.6%；土木工程产出欧元区和欧盟环比分别下降 0.7% 和 2.2%，同比分别下降 3.8% 和 9.3%。6 月份建筑业产出环比下降幅度最大的国家为罗马尼亚，下降 10%；上升幅度最大的为斯洛文尼亚，上升 6.8%。

数据还显示，二季度欧元区建筑业产出环比下降 0.1%，同比下降 5.8%；欧盟环比下降 1.1%，同比下降 5.9%。

（来源：欧盟统计局　摘译）

欧洲央行发布 2011 年欧盟银行业综合数据

8 月 23 日，欧洲央行发布 2011 年欧盟银行业综合数据，该数据为全面评价欧盟银行业系统提供各种指标。

2011 年欧盟银行业综合数据包涵盖欧盟 27 个成员国和整体的各种指标，还分别报告大、中、小三种规模国内银行或银行集团的情况。2011 年欧盟的信贷机构、银行业集团和外资银行分支机构分别为 4713 家、417 家和 1022 家。其中，外资银行分支机构比 2010 年和 2009 年分别减少 16 家和 20 家。外资银行分支机构 2011 年、2010 年和 2009 年的资产总规模分别为 8.916 万亿欧元、8.234 万亿欧元和 7.945 万亿欧元。

该数据包涵盖盈利指标、效率指标以及包括银行资金来源、信贷拓展和偿付率在内的平衡表三个内容。作为欧洲央行金融稳定报告（Financial Stability Review）的一部分，欧盟银行业综合数据包被欧洲央行每半年发布一次，并被作为欧洲央行数据库的一部分散发。

（来源：欧洲央行　摘译）

欧盟和欧元区 7 月份 CSI 双双下降

8 月 23 日，欧盟发布数据显示，欧盟 7 月份 CSI 由 -20.2 下降至 -22.6；欧元区 7 月份 CSI 由 -21.5 下降至 -24.6。

（来源：欧盟委员会　摘译）

欧盟和欧元区 ESI 进一步下降

8 月 30 日，欧盟统计局发布数据显示，欧盟和欧元区 ESI 环比分别下降 2.0 个基点和 1.8 个基点，至 87 和 86.1。其中，两个地区均出现消费者、零售和建筑业经理信心指数显著下降；欧元区服务业信心指数下降，但欧盟保持稳定；欧盟工业信心指数下降，但欧元区保持稳定。

大多数欧盟成员国 ESI 下降，其中降幅最大的依次为西班牙、英国、意大利、波兰和德国，分别为 4.9 个基点、3.1 个基点、2.4 个基点、1.8 个基点和 1.0 个基点，而法国和荷兰分别上升 0.4 个基点和 0.6 个基点。

（来源：欧盟统计局　摘译）

欧盟发布 7 月份欧元区和欧盟失业率数据

8 月 31 日，欧盟统计局发布数据显示，经季节性因素调整后，7 月份欧元区失业率为 11.3%，环比持平，高于上年同期的 10.1%；欧盟失业率为 10.4%，环比持平，高于上年同期的 9.6%。

数据显示，截至 7 月份欧盟失业人口总数为 2525.4 万人，环比增加 4.3 万人，同比增加 210.4 万人；欧元区失业人口总数为 1800.2 万人，环比增加 8.8 万人，同比增加 205.1 万人。在成员国中，失业率最高的为西班牙，达 25.1%；失业率较低的国家为奥地利和荷兰，分别为 4.5% 和 5.3%，德国和卢森堡均为 5.5%；

数据还显示，欧盟 25 岁以下年轻人失业率为 22.5%，欧元区为 22.6%，分别高于上年同期的 21.3% 和 20.7%。截至 7 月份，欧盟和欧元区 25 岁以下年轻人失业人口总数分别为 546.8 万人和 338.8 万人。年轻人失业率较高的国家为希腊和西班牙，分别为 53.8%（5 月份）和 52.9%；年轻人失业率较低的国家为德国、奥地利和荷兰，分别为 8.0%、8.9% 和 9.2%。

（来源：欧盟统计局　摘译）

欧元区 8 月份通胀率将达 2.6%

8 月 31 日，欧盟统计局发布数据显示，预计 8 月份欧元区通胀率将达 2.6%，高于 7 月份的 2.4%。

（来源：欧盟统计局　摘译）

欧元区 8 月份制造业持续下滑

9 月 3 日，研究机构 Markit 发布报告，将欧元区 8 月份制造业采购经理人指数终值由初值 45.3 下调至 45.1。数据显示，欧元区 8 月份制造业采购经理人指数较 7 月份创 37 个月低点的 44 有所回升，但采购经理人指数已连续 13 个月低于 50，显示该地区制造业持续收缩。

从国别来看，8 月份爱尔兰是制造业产出唯一增加的国家，采购经理人指数为 50.9；荷兰、奥地利产出稍有下降，采购经理人指数分别为 49.7 和 46.7；而包括德国、法国、意大利、西班牙在内的其他经济体制造业均持续大幅萎缩，四国 8 月份采购经理人指数分别为44.7、46.0、43.6和44.0。

欧元区制造业萎缩主要原因是国内就业市场疲软、欧元区内部贸易减少及全球经济增长放缓等。Markit经济学家分析称，在区域结构性问题得以解决及全球经济环境变明朗前，欧元区产出和就业市场不太可能有实质性改善。

（来源：Markit经济研究所　摘译）

欧盟和欧元区7月份工业生产价格指数环比均上升0.4%

9月4日，欧盟统计局发布数据显示，欧盟和欧元区7月份工业PPI都环比上升0.4%，同比分别上升1.5%和1.8%；6月份环比分别上升0.8%和0.5%。

7月份，剔除能源行业，欧盟工业价格环比保持不变，欧元区工业价格环比上升0.1%，同比分别上升1.0%和0.9%；能源行业价格环比分别上升1.3%和1.6%，同比分别上升2.8%和4.8%；非耐用消费品价格环比都上升0.2%，同比分别上升2.3%和2.1%；耐用品价格环比上升0.2%，同比分别上升1.8%和1.9%；资本品价格环比都保持不变，同比分别上升1.1%和1.0%；中间产品环比分别下降0.2%和0.1%，欧盟同比上升0.1%，而欧元区保持不变。

总价格指数环比增幅最大的三个国家分别是希腊（2.1%）、保加利亚（1.9%）和立陶宛（1.5%），环比降幅最大的三个国家分别是丹麦（1.6%）、爱尔兰（0.8%）和瑞典（0.8%）。总价格指数同比增幅最大的四个国家分别是塞浦路斯（6.9%）、匈牙利（6.1%）、保加利亚（4.5%）和罗马尼亚（4.5%），同比增幅最小的是奥地利（0.2%）和马耳他（0.7%），同比降幅最大的三个国家分别是丹麦（0.9%）、瑞典（0.8%）和英国（0.3%）。

（来源：欧盟统计局　摘译）

欧盟统计局发布7月份零售额数据

9月5日，欧盟统计局发布数据显示，7月份欧元区零售额环比下降0.2%，欧盟零售额环比保持不变。6月份环比分别上升0.1%和0.2%。7月份欧元区和欧盟零售指数同比分别下降1.7%和0.2%。

从环比来看，7月份欧元区食品、饮料和烟草零售额下降0.9%，欧盟下降0.6%。其他领域则分别上升0.9%和0.7%。在欧盟成员国中，7月份总零售额环比上升的有12国，下降的有7国，丹麦和芬兰保持不变。其中，下降最多的是西班牙、马耳他和奥地利、德国和斯洛文尼亚，分别为1.9%、1.7%、1.7%、

0.9%和0.9%。上升最多的为拉脱维亚、爱尔兰和波兰，分别上升2.7%、1.7%和1.6%。

从同比来看，7月份欧元区食品、饮料和烟草零售额下降1.7%，欧盟下降0.8%。其他领域分别下降1.0%和1.2%。在欧盟成员国中，总零售额同比上升的有12国，下降的有9国。其中，下降最多的是葡萄牙、西班牙和马耳他，分别下降7.6%、7.3%和4.2%。上升最多的为拉脱维亚、爱沙尼亚和立陶宛，分别上升10.3%、6.5%和5.7%。

（来源：欧盟统计局　摘译）

欧元区和欧盟二季度就业人数同比双双下降

9月14日，欧盟统计局发布数据显示，经季节性因素调整后，2012年二季度欧盟就业人数环比上升0.1%，同比下降0.2%，而欧元区环比保持不变，同比下降0.6%。一季度，欧元区和欧盟就业人数环比分别下降0.3%和0.1%。

欧盟统计局估计，经季节性因素调整后，二季度欧盟和欧元区就业人数分别为2.234亿人和1.464亿人。就业增长最多的行业为房地产，欧元区和欧盟分别上升0.7%和1.4%；下降最多的行业为金融和保险，两地区分别下降0.8%和0.7%。

（来源：欧盟统计局　摘译）

欧元区和欧盟8月份通胀年率双双上升

9月14日，欧盟统计局发布数据显示，欧元区和欧盟8月份通胀年率分别为2.6%和2.7%，分别高于7月份的2.4%和2.5%。

欧盟成员国中，8月份通胀年率较高的国家为匈牙利、塞浦路斯、爱沙尼亚，分别为6.0%、4.5%和4.2%；通胀年率较低的国家为瑞典、希腊、拉脱维亚，分别为0.9%、1.2%和1.9%。与7月份相比，欧盟8月份有20个成员国通胀年率上升，4个成员国下降，2个成员国维持不变。

数据还显示，欧元区8月份交通运输、烟酒和住房价格涨幅较大，分别为4.8%、4.5%和4.1%。通讯价格则下降3.1%，文化娱乐价格和教育价格分别小幅上升0.8%和1.0%。

（来源：欧盟统计局　摘译）

欧盟统计局发布欧元区和欧盟 8 月份 PPI 数据

9 月 12 日，欧盟统计局发布数据显示，欧元区及欧盟 8 月份 PPI 分别环比上升 0.6% 和 0.3%，同比分别下降 2.9% 和 1.8%。2011 年 7 月份的环比增幅分别为 0.6% 和 1.0%。

从环比数据来看，欧元区和欧盟 8 月份耐用消费品生产指数的增长较为显著，分别达 3.9% 和 2.4%；非持久消费品分别增长 1.3% 和 1.0%；能源产品分别增长 0.9% 和 0.3%；欧元区资本品增长 0.7%，欧盟保持稳定；欧元区中间产品保持稳定，欧盟下降 0.1%。欧盟成员国中，13 个国家的工业同比产值出现增长，8 个国家下降，唯有爱尔兰保持稳定。其中，增幅最大的国家为葡萄牙，达 6.8%，降幅最大的国家为捷克，达 2.9%。

从同比数据来看，欧元区和欧盟 8 月份中间品生产指数的下降最为显著，分别达 4.9% 和 3.8%；耐用消费品分别下降 4.9% 和 2.9%；资本品分别下降 1.9% 和 0.8%；非持久消费品分别下降 1.4% 和 0.8%；欧元区能源产品保持稳定，欧盟下降 0.5%。在欧盟成员国中，工业同比产值出现增长和下降的国家分别为 11 个。其中，降幅最大的国家为意大利，达 5.2%；增幅最大的国家为斯洛伐克，达 17%。

（来源：欧盟统计局　摘译）

欧元区和欧盟 9 月份 CSI 双双下降

9 月 20 日，欧盟统计局发布数据显示，欧盟 9 月份 CSI 由 8 月份的 -22.7 下降至 -23.9，欧元区 CSI 由 8 月份的 -24.6 下降至 -25.9。

（来源：欧盟统计局　摘译）

欧洲央行发布 2012 年欧元区货币市场调查结果

9 月 28 日，欧洲央行发布《2012 年欧元区货币市场调查报告》（Euro Money Market Survey 2012），重点报告了 2012 年二季度欧元区货币市场主要发展动态，以及与 2011 年二季度同比的情况。

该报告根据对 105 家银行的持续调查作出结论，主要内容如下：随着过去一年强劲增长，欧元区货币市场总成交额增加 14%（包括借款和贷款）；在无担保市场中，被调查银行现金借款减少 38%，贷款也减少 31%。所有借贷活动的到期期限集中在一个月以下。隔夜拆借交易额占借款总额的 66%，同比减少 7%。83% 的贷款交易是隔夜交易，同比增加 4%。虽然成交量同比下降 15%，但是担保市场交易量仍保持最大比重，隔夜期限交易活动交易量下降 26%；到期期限一个月以下的成交量下降 11%；55% 的担保市场交易以中央对手方（Central Counterparties）为清算单位，2011 年同期为 51%；衍生品市场交易减少 9%。隔夜指数掉期交易成交额减少 50%，其他利率掉期成交额减少 16%，均为最大降幅。相反，外汇掉期成交额再次增长，增幅为 12%，利率期货成交额增加 4%。虽然信贷机构发行的短期证券成交额增加 12%，但是短期证券的二级市场成交额比 2011 年同期减少 9%。

（来源：欧洲央行　摘译）

欧盟统计局发布 9 月份通胀数据

10 月 16 日，欧盟统计局发布数据显示，欧元区和欧盟 9 月份通胀年率分别为 2.6% 和 2.7%，均与 8 月份持平；2011 年的这一数值分别为 3.0% 和 3.3%；此外，通胀月率分别为 0.7% 和 0.6%。

欧盟成员国中，通胀年率最低的国家依次是希腊（0.3%）、瑞典（1.0%）和拉脱维亚（1.9%），通胀年率最高的国家依次是匈牙利（6.4%）、罗马尼亚（5.4%）和爱沙尼亚（4.1%）。

（来源：欧盟统计局　摘译）

欧洲央行发布 8 月份欧元区投资基金相关数据

10 月 18 日，欧洲央行发布数据显示，欧元区 8 月份投资基金未偿付债券余额为 62830 亿欧元，净发行 160 亿欧元；同期货币市场基金发行的未偿付债券余额为 9700 亿欧元，净发行 130 亿欧元。

欧元区投资基金发行的债券额年增长率为 1.7%；货币市场基金发行的债券额年增长率为 2.5%。

（来源：欧洲央行　摘译）

欧盟发布 8 月份建筑业生产指数

10 月 17 日，欧盟统计局发布数据显示，欧元区和欧盟 8 月份调整后建筑业生产指数环比增幅分别为 0.7% 和 0.2%，同比增幅分别为 5.5% 和 6.8%。7 月份，欧元区环比增幅为 0.1%；欧盟则出现下降，降幅为 0.1%。

从环比看，8 个成员国建筑业生产指数上升，7 个成员国下降。增幅最大的国家为葡萄牙（+10.4%）、意大利（+5.3%）和罗马尼亚（+2.8%）；降幅最大的国家为匈牙利（-5.3%）、德国（-2.8%）和捷克共和国（-1.7%）。

从同比看，11 个成员国的建筑业生产指数下降，4 个成员国上升。降幅最大的国家为葡萄牙（-17.3%）、斯洛文尼亚（-14.8%）、斯洛伐克（-11.9%）和英国（-11.6%），上升的国家为罗马尼亚（+5.1%）、保加利亚（+1.3%）、瑞典（+1.0%）和德国（+0.7%）。

（来源：欧盟统计局　摘译）

欧盟 10 月份 CSI 预估值保持稳定

10 月 23 日，欧盟委员会经济和金融事务总司发布数据显示，欧盟和欧元区 10 月份 CSI 预估值大体保持稳定，欧盟从 9 月份的 -24.0 略降至 10 月份的 -24.2，欧元区从 9 月份的 -25.9 略升至 10 月份的 -25.6。

（来源：欧盟委员会　摘译）

欧盟发布 10 月份 ESI 数据

10 月 30 日，欧盟委员会发布数据显示，欧元区 10 月份 ESI 为 84.5，环比下降 0.7 个基点；欧盟 ESI 维持 86.2 不变。其中，10 月份欧盟和欧元区工业信心指数分别为 -15.6 和 -18.0，环比分别下降 1.2 个基点和 2.1 个基点；建筑业信心指数分别为 -35.5 和 -33.0，环比分别下降 2.6 个基点和 1.2 个基点；金融服务业信心指数分别为 1.3 和 -3.7，环比分别上升 8.7 个基点和 7.4 个基点；零售业信心指数分别为 -12.8 和 -17.4，环比分别上升 2.4 个基点和 1.1 个基点。欧盟服务业景气指数为 -11.8，环比上升 0.7 个基点；欧元区维持 -12.1 不变。欧盟 CSI 为 -24.3，环比下降 0.3 个基点；欧元区为 -25.7，环比上升 0.2 个基点。

（来源：欧盟委员会　摘译）

欧盟统计局发布二季度居民储蓄和投资数据

10 月 30 日，欧盟统计局发布数据显示，欧盟二季度居民储蓄率为 11.0%，环比持平；欧元区居民储蓄率为 12.9%，环比下降 0.2%。欧盟居民投资率为 8.1%，环比下降 0.1%；欧元区居民投资率为 8.8%，环比下降 0.2%。

由于社会福利水平环比上升 0.1%、工资收入下降 0.1%、税收下降 0.1% 以及营业盈余和混合收入下降 0.1%，欧元区二季度居民名义可支配收入环比下降 0.2%，此外，居民消费水平维持不变，投资环比下降 1.5%。

由于居民名义收入环比下降 0.2%，且物价上升 0.3%，欧元区居民实际人均收入环比下降 0.5%。此外，欧元区居民实际人均消费环比下降 0.3%。

（来源：欧盟统计局　摘译）

欧盟统计局发布二季度投资数据

10 月 31 日，欧盟统计局发布数据显示，欧盟二季度非金融企业的投资率为 20.1%，环比上升 0.2%；欧元区该投资率为 20.3%，环比上升 0.1%。欧盟非金融企业的利润率为 37.7%，环比下降 0.2%，欧元区总利润份额为 38.1%，与上季度持平。

（来源：欧盟统计局　摘译）

欧盟统计局发布 9 月份失业数据

10 月 31 日，欧盟统计局发布数据显示，欧盟和欧元区 9 月份失业率同比显著上升。其中，欧盟失业率达 10.6%，同比上升 1.3%，环比持平；欧元区失业率达 11.6%，同比上升 0.8%，环比上升 0.1%。从失业人口来看，欧盟 9 月份失业人数达 2575.1 万人，同比上升 214.5 万人，环比上升 16.9 万人；欧元区失业人数达 1849 万人，同比上升 217.4 万人，环比上升 14.6 万人。

欧盟成员国中，失业率最低的国家依次是奥地利（4.4%）、卢森堡（5.2%）、德国（5.4%）和荷兰（5.4%），最高的国家依次是西班牙（25.8%）和希腊（25.1%）。欧盟成员国中 20 个国家失业率同比上升，7 个国家失业率同比下降。上升幅度最为显著的成员国依次是希腊、塞浦路斯、西班牙和葡萄牙，分别为

7.3%、3.7%、3.4%和2.6%。

从25岁以下的青年人失业情况来看，欧盟和欧元区失业人口分别达525万人和349.3万人，同比分别增加16.4万人和27.5万人；青年人失业率分别达22.8%和23.3%，同比分别上升1.1%和2.3%。青年人失业率最低的成员国依次是德国（8%）、荷兰（9.7%）和奥地利（9.9%），最高的成员国为希腊（55.6%）和西班牙（54.2%）。

注：报告中的希腊数据均为7月份数据。

（来源：欧盟统计局　摘译）

欧元区和欧盟10月份通胀率小幅回落

11月15日，欧盟统计局发布数据显示，欧元区10月份通胀年率由9月份的2.6%降至2.5%，低于上年同期水平的3.0%；通胀月率达0.2%。欧盟通胀年率由9月份的2.7%降至2.6%，低于上年同期水平的3.4%；通胀月率达0.3%。

欧盟成员国中，10月份通胀年率最低的国家依次为希腊（0.9%）、瑞典（1.2%）和拉脱维亚（1.6%），最高的依次为匈牙利（6.0%）、罗马尼亚（5.0%）和爱沙尼亚（4.2%）。

欧元区通胀成分指标中，交通运输为4.1%，住房与烟酒均为4.0%，通信为-3.5%，文化娱乐为1.0%，服装和家用设备均为1.2%。

（来源：欧盟统计局　摘译）

欧盟统计局发布三季度GDP数据

11月15日，欧盟统计局发布数据显示，欧元区三季度GDP环比下降0.1%，欧盟GDP环比上升0.1%。二季度两区域均萎缩0.2%。经季节性因素调整后，欧元区和欧盟三季度GDP同比分别下降0.6%与0.4%，欧元区和欧盟二季度GDP分别下降0.4%和0.3%。

规模达9.4万亿欧元（12万亿美元）的欧元区GDP连续两个季度萎缩。意大利和西班牙GDP萎缩已持续一年之久，而希腊则正经历着大萧条。尽管欧元区两个最大经济体——德国与法国三季度GDP均勉强上升0.2%，也无法让欧元区免于二次衰退。事实上，德国GDP继一季度增长0.5%之后，二季度放缓至增长0.3%，三季度又再次下滑，预计四季度将表现更差。其他大型经济体如意大利、西班牙和荷兰经济均萎缩，比利时则呈停滞。欧盟委员会估测2012年欧元区经济将萎缩 0.4%，2013 年可能仅增长 0.1%。

（来源：欧盟统计局　摘译）

欧洲央行发布欧元区 9 月份投资基金相关数据

11 月 16 日，欧洲央行发布数据显示，较 6 月份，欧元区 9 月份投资基金未偿付债券余额增加 2690 亿欧元，主要源于债券价格的上升。

欧元区 9 月份投资基金未偿付债券余额由 6 月份的 6.07 万亿欧元增至 6.34 万亿欧元，同期货币市场基金发行的未偿付债券余额由 6 月份的 0.97 万亿欧元减至 0.94 万亿欧元。三季度欧元区投资基金净发行债券 750 亿欧元，货币市场基金兑现债券 240 亿欧元。

欧元区 9 月份投资基金发行的债券额年增长率为 2.8%，货币市场基金发行的债券额年增长率为 1.2%。

（来源：欧洲央行　摘译）

欧元区和欧盟 9 月份建筑业产出双双萎缩

11 月 19 日，欧盟统计局发布数据显示，经季节性因素调整后，欧元区 9 月份建筑业产出环比下降 1.4%，同比下降 2.6%；欧盟 9 月份建筑业产出环比下降 1.8%，同比下降 5.8%。其中，欧元区和欧盟房屋建筑产出环比分别下降 2.3% 和 2.5%，同比分别下降 3.2% 和 6.5%；土木工程产出环比分别下降 0.7% 和 0.1%，同比分别下降 2.0% 和 4.2%。

（来源：欧盟统计局　摘译）

欧盟 2010 年社会保障支出占 GDP 比重达 29.4%

11 月 27 日，欧盟统计局发布数据显示，欧盟社会保障支出占 GDP 比重总体呈上升趋势，2007 年占比为 26.1%，2009 年为 29.6%，2010 年为 29.4%。2007—2010 年，欧盟社会保障支出名义总额年增长率约为 10%，而 GDP 基本保持不变。绝大多数的保障支出均上升约 10%，而在失业方面的保障支出上升 1/3。2010 年社保支出的资金来源主要是税收收入（40%）和社会贡献（56%）。

从国别来看，社保支出占 GDP 比重高于 30% 的国家依次是法国（33.8%）、丹麦（33.3%）、荷兰（32.1%）、德国（30.7%）、芬兰（30.6%）以及奥地利（30.4%）和瑞典（30.4%）。

（来源：欧盟统计局　摘译）

欧元区和欧盟10月份失业率双双上升

11月30日，欧盟统计局发布数据显示，欧元区10月份失业率为11.7%，环比增加17.3万人，增幅为0.1%；同比增加217.4万人，增幅为1.3%。欧盟10月份失业率为10.7%，环比增加20.4万人，增幅为0.1%；同比增加216万人，增幅为0.8%。10月份失业率较高的国家为西班牙（26.2%）和希腊（8月份为25.4%）；失业率较低的国家依次为奥地利（4.3%）、卢森堡（5.1%）、德国（5.4%）和荷兰（5.5%）。

（来源：欧盟统计局　摘译）

欧元区11月份通胀年率预计降至2.2%

11月30日，欧盟统计局发布数据显示，欧元区11月份通胀年率预计降至2.2%，10月份为2.5%。

从通胀构成来看，通胀年率最高的产品依次为：能源（5.8%，10月份为8.0%）、食品和烟酒（3.0%，10月份为3.1%）、服务（1.7%，与10月份持平）以及非能源工业品（1.1%，与10月份持平）。

（来源：欧盟统计局　摘译）

欧盟2011年贫困人口比例升至24.2%

12月3日，欧盟统计局发布数据显示，欧盟2011年面临贫困或遭社会排斥风险的人口数量约为1.2亿人，占欧盟人口总数24.2%，2010和2008年该比重分别为23.4%和23.5%。

减少贫困人口并增强社会的包容性是欧盟已经制订的“欧洲2020战略”（Europe 2020 Strategy）五大目标之一。该战略提出，到2020年欧盟将减少2000万贫困人口。

（来源：欧盟统计局　摘译）

欧元区和欧盟 10 月份 PPI 双双上升

12 月 4 日，欧盟统计局发布数据显示，欧元区 10 月份 PPI 环比上升 0.1%，同比上升 2.6%。其中，资本品价格环比维持不变，同比上升 0.9%；能源价格环比下降 0.2%，同比上升 5.9%。欧盟 10 月份 PPI 环比上升 0.1%，同比上升 2.5%。其中，资本品价格环比上升 0.1%，同比上升 0.9%；能源价格环比下降 0.3%，同比上升 5.3%。

（来源：欧盟统计局　摘译）

欧元区和欧盟 10 月份工业产出环比双降

12 月 12 日，欧盟统计局发布数据显示，经季节性因素调整后，欧元区和欧盟 10 月份工业产出环比分别下降 1.4% 和 1.0%，同比分别下降 3.6% 和 3.1%。

（来源：欧盟统计局　摘译）

欧盟各国 2011 年人均 GDP 与人均实际消费差距较大

12 月 13 日，欧盟统计局发布数据显示，欧盟各国 2011 年人均 GDP 与人均实际消费差距较大。

以购买力标准计算，卢森堡 2011 年人均 GDP 超过欧盟平均水平的 2.5 倍，荷兰、爱尔兰、奥地利、瑞典、丹麦和德国较欧盟平均水平高 20%—30%，比利时和芬兰高 10%，意大利和西班牙位于平均水平。2011 年，塞浦路斯较欧盟平均水平低 5%，马耳他和捷克低 15%—20%，希腊、葡萄牙和斯洛伐克低 20%—30%，爱沙尼亚、立陶宛、匈牙利和波兰均低 33%，拉脱维亚低 40%，罗马尼亚和保加利亚低 50%—55%。

2011 年欧盟各成员国人均实际消费在平均水平的 45%—140% 之间不等。以购买力标准计算，卢森堡高出欧盟平均水平的 40%，保加利亚低于平均水平的 55%。

（来源：欧盟统计局　摘译）

欧元区和欧盟 11 月份通胀率双双下降

12 月 14 日，欧盟统计局发布数据显示，欧元区 11 月份通胀年率由 10 月份的 2.5% 降至 2.2%，2011 年同期通胀年率为 3%；欧盟 11 月份通胀年率由 10 月份的 2.6% 降至 2.4%，2011 年同期为 3.3%。欧元区和欧盟 11 月份通胀月率分别为 -0.2% 和 -0.1%。

（来源：欧盟统计局　摘译）

欧元区和欧盟三季度就业人数均环比下降 0.2%

12 月 14 日，欧盟统计局发布数据显示，经季节性因素调整后，欧元区和欧盟三季度就业人数均环比下降 0.2%，同比分别下降 0.7% 和 0.5%。欧元区和欧盟在建筑业的就业人数下降最多，分别下降 1.5% 和 1.3%。

（来源：欧盟统计局　摘译）

欧盟 10 月份贸易赤字额同比下降

12 月 17 日，欧盟统计局发布数据显示，欧元区 10 月份国际商品贸易余额为 102 亿欧元，2011 年同期赤字 7 亿欧元。经季节性因素调整后，10 月份出口环比下降 1.4%，进口环比上升 0.6%。

欧盟 10 月份国际商品贸易赤字 94 亿欧元，2011 年同期赤字 113 亿欧元。经季节性因素调整后，10 月份出口环比下降 1.7%，进口环比上升 0.3%。

（来源：欧盟统计局　摘译）

（二）德　　国

德国央行发布 2012 年和 2013 年的宏观经济预测数据

6 月 8 日，德国央行表示，尽管欧元区部分国家经济萧条、欧债危机发展局势呈高度不确定性，但德国央行预计 2012 年德国 GDP 将增长 1%（或年度修正后的 1.2%）。上调主要原因是全球经济将持续复苏，主权债务危机无升级风险。该行还预计，2013 年德国经济增速将为 1.6%（或年度修正后的 1.7%）。此外，2012 年和 2013 年德国的总体生活成本将增长 2.1% 和 1.6%，剔除能源因素，生活成本将从 1.6% 增至 1.8%。

（来源：德国央行　摘译）

德国二季度经济增长放缓

8 月 14 日，德国国家统计局发布数据显示，德国二季度经济增长放缓幅度低于经济学家预期，经调整后，德国二季度 GDP 环比上升 0.3%，低于一季度 0.5% 的增速；经价格调整后的德国二季度 GDP 同比上升 0.5%。

（来源：德国国家统计局　摘译）

德国 7 月份 PPI 上升 0.9%

8 月 17 日，德国国家统计局发布数据显示，7 月份工业产品 PPI 同比上升 0.9%，同比价格上涨速度低于 5 月份。5 月份年度变动率上升 2.1%，6 月份上升 1.6%。

（来源：德国国家统计局　摘译）

德国9月份经济预期指数5个月来首次上升

9月18日，欧洲经济研究中心发布数据显示，德国9月份经济预期指数继4个月下滑后首次上升，由8月份的－25.5上升至－18.2，表明德国经济走软势头开始趋于缓解。

（来源：欧洲经济研究中心　摘译）

德国商业景气指数连续5个月下降

9月24日，德国IFO协会发布报告显示，德国9月份商业景气指数跌至101.4，连续5个月下跌。商业现状指数由111.1跌至110.3。商业预期指数也由94.2跌至93.2，连续6个月下跌。

零售业公司经济状态稍有改善，但未来期望略有下滑。批发行业对经济现状更加满意，而未来半年前景预期则不明朗。建筑业商业景气指数继续下降，经济现状较8月份稍有改善，但对未来经济悲观。

9月份，服务业商业景气指数在连续3个月下降后由12.7上升至14.1，商业现状指数由24.0上升至28.0，但预期指数由2.0下降至1.0，连续4个月下降。

（来源：德国IFO协会　摘译）

德国10月份CPI同比上升

11月9日，德国国家统计局发布数据显示，德国10月份CPI环比持平，同比上升2.0%。其中，能源价格同比上升5.5%，食物价格同比上升3.3%，商品价格同比上升2.8%，服务价格同比上升1.1%。

（来源：德国国家统计局　摘译）

德国三季度经济增速放缓

11月15日，德国国家统计局发布数据显示，经价格、季节和日历因素调整，德国三季度GDP环比增长0.2%，而一、二季度GDP环比增幅分别为0.5%和

0.3%。德国自年初经济增速开始放缓，三季度经价格调整后 GDP 同比上升 0.4%，日历调整后 GDP 上升 0.9%（一、二季度分别为 1.2% 和 1.0%）。此外，三季度新增就业人口 36 万人，同比上升 0.9%。

（来源：德国国家统计局　摘译）

德国 10 月份 PPI 同比上升 1.5%

11 月 20 日，德国国家统计局发布数据显示，德国 10 月份 PPI 环比持平，同比上升 1.5%。9 月份 PPI 环比上升 0.3%，同比上升 1.7%。

（来源：德国国家统计局　摘译）

德国发布 10 月份就业数据

11 月 29 日，德国国家统计局发布数据显示，德国 10 月份就业人数为 4190 万人，同比增加 28.5 万人，增幅为 0.7%；环比增加 11.8 万人，增幅为 0.3%。经季节性因素调整后，10 月份就业人数环比减少 9000 人。德国 10 月份失业人数为 224 万人，同比增加 3.6 万人，增幅为 1.8%；环比增加 3.7 万人，增幅为 1.8%。经季节性和非常规因素调整后，10 月份失业人数为 227 万人，环比减少 1.92 万人，降幅为 0.9%，失业率为 5.4%。

（来源：德国国家统计局　摘译）

德国 10 月份零售业实际营业额同比减少 0.8%

11 月 30 日，德国国家统计局发布数据显示，德国 10 月份零售业实际营业额同比减少 0.8%；经日历和季节性因素调整后，实际营业额环比下降 2.8%。此外，前 10 个月零售业实际营业额同比持平。

（来源：德国国家统计局　摘译）

德国三季度出口额同比上升 3.6%

12 月 4 日，德国国家统计局发布数据显示，德国三季度出口额同比上升 3.6%

至2754亿欧元。其中，对欧盟以外地区出口额增长较快，同比上升9.9%至1223亿欧元，占德国三季度出口额的44.4%。

（来源：德国国家统计局　摘译）

德国发布最新经济前景预测数据

12月7日，德国央行发布报告显示，德国2012年、2013年和2014年实际GDP预计将分别为0.7%、0.4%和1.9%；经日历因素调整后，2012年和2013年实际GDP预计分别为0.9%和0.5%。2013年和2014年失业率预计分别为7.2%和7.0%。2012年、2013年和2014年CPI预计分别为2.1%、1.5%和1.6%。

（来源：德国央行　摘译）

德国发布10月份贸易数据

12月10日，德国国家统计局发布数据显示，德国10月份出口额为985亿欧元，同比上升10.6%，环比上升0.3%；进口额为827亿欧元，同比上升6.0%，环比上升2.5%。经季节性和日历因素调整后，德国10月份贸易盈余152亿欧元，经常项目盈余136亿欧元。此外，德国10月份向欧盟外出口额为421亿欧元，同比上升14.6%；进口额为308亿欧元，同比上升6.9%。

（来源：德国国家统计局　摘译）

德国11月份批发贸易销售价格指数同比上升3.2%

12月10日，德国国家统计局发布数据显示，德国11月份批发贸易销售价格指数同比上升3.2%，环比下降0.7%。

（来源：德国国家统计局　摘译）

德国11月份CPI同比上升1.9%

12月12日，德国国家统计局发布数据显示，德国11月份CPI同比上升1.9%，环比下降0.1%。其中，食品价格同比上升4.2%，环比上升1.4%。此外，德国 11 月份 HICP 同比上升 1.9%，环比下降 0.2%。

（来源：德国国家统计局　摘译）

德国发布 10 月份就业数据

11 月 29 日，德国国家统计局发布数据显示，德国 10 月份就业人数为 4190 万人，同比增加 28.5 万人，增幅为 0.7%；环比增加 11.8 万人，增幅为 0.3%。经季节性因素调整后，10 月份就业人数环比减少 9000 人。德国 10 月份失业人数为 224 万人，同比增加 3.6 万人，增幅为 1.8%；环比增加 3.7 万人，增幅为 1.8%。经季节性和非常规因素调整后，10 月份失业人数为 227 万人，环比减少 1.92 万人，降幅为 0.9%，失业率为 5.4%。

（来源：德国国家统计局　摘译）

（三）法　　国

法国一季度经济停滞

6 月 29 日，法国国家统计局发布数据显示，法国一季度 GDP 增长停滞，而在 2011 年四季度还有 0.1% 的小幅增长。国民消费支出持续萎靡不振，仅增长 0.2%；国内需求对 GDP 增长的贡献率仅为 0.1%。对比上季度，进口增长率从 -1.5% 上升到 0.8%，而出口则从 1.3% 下降到 0.2%，对外贸易对 GDP 贡献率为 -0.2%。居民购买力呈现平稳趋势，仅下降 0.1%。居民可支配收入受工资及社会福利支出提高的刺激，上升约 0.6%。

尽管一季度经济表现不佳，但是法国国家统计局并未调整全年 GDP 增长率预期，仍为 0.4%。

（来源：法国国家统计局　摘译）

法国6月份工业订单下降0.7%

8月21日，法国国家统计局发布数据显示，6月份法国工业订单量（不包括重型交通工具）继5月份下降1.9%后再次环比下降0.7%，海外订单量下降2.1%。汽车、拖车及半挂拖车订单量环比上升4.0%，电气、电子设备和机械订单量环比下降1.6%，其他工业产品订单量环比下降2.1%。

二季度法国工业订单量（不包括重型交通工具）环比上升0.6%，同比上升3.3%，海外订单量环比上升2.6%，同比上升6.8%。汽车、拖车及半挂拖车订单量环比上升2.4%，电器、电子设备和机械订单量环比下降2.8%，其他工业产品订单量环比上升1.0%。

（来源：法国国家统计局　摘译）

法国二季度失业率达9.7%

9月6日，法国国家统计局发布数据显示，二季度法国城市及海外部门失业率为10.2%。二季度城市失业人口达280万人，失业率环比上升0.1%达到9.7%，为1999年以来最高水平。

（来源：法国国家统计局　摘译）

法国二季度本土失业率达9.7%

3月7日，法国国家统计局发布数据显示，二季度法国全境失业率为10.2%。其中，本土失业280万人，失业率高达9.7%，环比上升0.1%，为1999年以来最高水平。15—24岁青年失业率为22.7%，环比上升0.3%，同比上升0.8%。女性失业率为10.0%，稍高于男性的9.5%。

15—64岁人口就业率为63.9%，环比上升0.1%。其中终身就业合同环比上升0.2%至48.9%，临时就业合同维持在6.7%，全职就业率为59.6%。15—64岁人口就业活动率环比增加0.3%至70.9%。

（来源：法国国家统计局　摘译）

法国三季度本土失业率上升

12 月 6 日，法国国家统计局发布数据显示，法国三季度全境失业率为 10.3%；法国本土失业人数达 282.6 万人，失业率为 9.9%，环比上升 0.1%，同比上升 0.7%。

（来源：法国国家统计局　摘译）

法国 10 月份工业产出下降

12 月 10 日，法国国家统计局发布数据显示，经季节性和工作日因素调整后，法国 10 月份工业产出环比下降 0.7%，同比下降 2.4%；制造业产出环比下降 0.9%，同比下降 2.3%；建筑业产出环比下降 1.1%，同比下降 1.8%。

（来源：法国国家统计局　摘译）

法国 11 月份工业和服务业景气指数环比基本持平

12 月 10 日，法国央行发布数据显示，法国 11 月份工业景气指数为 91，与 10 月份的 92 相近；服务业景气指数为 91，与 10 月份持平。此外，根据商业活动月度报告（Monthly Index of Business Activity，MIBA），四季度 GDP 预计下降 0.1%，与上次预测数据相同。

（来源：法国央行　摘译）

（四）英　　国

英国二季度 GDP 下滑 0.7%

7 月 25 日，英国国家统计局发布数据显示，英国二季度 GDP 环比下降 0.7%，同比下降 0.8%。GDP 连续三个季度下滑，已累计下滑 1.4%。一、二季度四个主要经济部门都在萎缩，其中建筑业部门萎缩最严重，产量一季度环比下降4.9%，二季度环比下降5.2%。占总经济规模3/4的服务业产量一季度环比上升0.2%，二季度环比下降0.1%。

英国国家统计局认为英国女王登基60周年庆典以及4月份和6月份的潮湿天气是二季度经济下滑的主要原因。

（来源：英国国家统计局　摘译）

英国二季度GDP环比减少0.5%

8月24日，英国国家统计局发布数据显示，英国二季度GDP环比下降0.5%，低于此前预估的0.7%。其中，工业产出环比下降0.9%，制造业产出环比下降0.9%；服务业产出环比下降0.1%，建筑业产出大幅下降3.9%；家庭最终消费支出环比下降0.4%；劳动者报酬环比上升1.8%。

（来源：英国国家统计局　摘译）

英国8月份CPI年率升幅放缓

9月18日，英国国家统计局发布数据显示，以2005年为基期，英国8月份CPI为123.1，CPI通胀年率为2.5%，低于7月份的2.6%。CPI下行压力主要来自家具、家庭服务和服装价格下降；上行压力来自交通价格的上涨，尤其是汽车燃料价格上涨。

（来源：英国国家统计局　摘译）

英国9月份通胀年率增长放缓

10月16日，英国国家统计局发布数据显示，以2005年为基期，英国9月份CPI为123.5，CPI通胀年率由8月份的2.5%下降至2.2%。

（来源：英国国家统计局　摘译）

英国10月份主要物价指数上升

11月13日，英国国家统计局发布数据显示，以2005年为基期，英国10月份CPI为124.2，CPI通胀年率为2.7%，环比上升0.5%。其中，教育、食物与非酒精饮料及交通部门价格有所增长；住房与家政服务、娱乐及商品和服务兼营部门价格有所下降。

以1987年为基期，英国10月份CPI为245.6，CPI通胀年率为3.2%，环比上升0.6%。其中，教育、食物与住房价格有所增长；燃料与照明产品价格降幅最大。

（来源：英国国家统计局　摘译）

英国10月份PPI同比上升

11月13日，英国国家统计局发布数据显示，英国10月份国内PPI指数同比上升2.5%，与9月份持平；10月份PPI环比上升0.1%，9月份环比上升0.5%。10月份制造业产品购进价格指数同比上升0.1%，9月份同比下降0.1%；10月份购进价格指数环比上升0.4%，9月份环比下降0.1%。

（来源：英国国家统计局　摘译）

英国10月份贸易赤字额环比上升11亿英镑

12月11日，英国国家统计局发布数据显示，经季节性因素调整后，10月份英国商品和服务贸易预计赤字36亿英镑，环比增加11亿英镑。其中，商品贸易赤字95亿英镑，服务业贸易盈余59亿英镑。8—10月，出口（除石油和不稳定项）和进口总量环比分别上升0.4%和1.2%；出口（除石油和不稳定项）和进口价格分别下降1.8%和0.9%。

（来源：英国国家统计局　摘译）

（五）其他欧洲国家

西班牙银行业坏账率高达8.15%

4月18日，西班牙央行发布数据显示，西班牙2月份银行业坏账总计1438亿欧元（1825亿美元），坏账率高达8.15%，创下自1994年以来该国银行业坏账率的新高，这主要与大量房地产业相关贷款坏账率较高有关。

（来源：西班牙央行　摘译）

西班牙经济一季度出现下滑

4月23日，西班牙央行发布数据显示，西班牙一季度GDP环比下降0.4%，说明不断恶化的经济形势将使该国政府更难实现财政紧缩目标。该下滑主要由内需下降导致。此外，西班牙一季度GDP年增长率为-0.5%。

（来源：西班牙央行　摘译）

希腊2012年GDP下滑放缓

4月24日，希腊央行行长普罗沃普洛斯（George A. Provopoulos）表示，在迅速实施结构改革政策的前提下，希腊2012年GDP年增长率将下降5%，较2011年经济跌幅放缓。经常账户赤字占GDP比重将从2011年的9.8%下降至2012年的7.5%，未来几年，该趋势还将持续。2012年通货膨胀也将维持下降趋势，通胀年率将维持在1.2%，预计2013年通胀年率将大幅下降，可能降至0.5%以下。

（来源：希腊央行　摘译）

俄罗斯发布《社会发展监测报告》

5月29日，俄罗斯经济发展部发布《社会发展监测报告》显示，1—4月，俄罗斯 GDP 同比增长 4.6%。

报告显示，1—4 月俄罗斯工业生产同比上升 3.3%，固定资产投资同比上升 3.8%，居民实际收入同比上升 2.2%。截至 4 月底，CPI 上涨 1.8%，低于 2011 年同期的 4.3%。1—4 月俄罗斯对外贸易总额为 2817 亿美元，同比上升约 12%。贸易顺差 815 亿美元，同比上升 21.8%。4 月份俄罗斯 GDP 环比上升 3.7%。经季节性因素调整后，4 月份 GDP 下降 0.1%，此前已连续两个月环比下降。

此外，俄罗斯经济发展部还表示，经济下降低于工业生产和投资需求降速。经季节性因素调整后，4 月份工业生产和固定资产投资分别下降 0.1% 和 1.4%。

（来源：俄罗斯经济发展部　摘译）

爱尔兰 6 月份失业率达 14.9%

7 月 4 日，爱尔兰国家统计局发布数据显示，爱尔兰 6 月份失业率达 14.9%，环比上升 0.2%，为 18 年以来最高值。

（来源：爱尔兰国家统计局　摘译）

荷兰企业破产数量飙升

8 月 13 日，荷兰国家统计局发布数据显示，荷兰 7 月份有 725 家企业和商业机构宣告破产，这一月度数据相当高。前 7 个月的破产数量飙升，共有 4475 家企业和机构破产，同比上升 30%。

由于月度破产数量与该月法院开庭天数紧密相关，不同月间可能有显著差别。因此，根据三个月移动平均数来判断更可靠。7 月份的三个月移动平均数为 667 家，为几十年来最高值。

（来源：荷兰国家统计局　摘译）

希腊二季度 GDP 同比下降 6.2%

8 月 13 日，希腊国家统计局发布数据显示，希腊二季度 GDP 为 515.24 亿欧元，经价格因素调整后，同比下降 6.2%，小于一季度 6.5% 的降幅。

（来源：希腊国家统计局　摘译）

西班牙二季度劳工成本指数上升

9 月 10 日，西班牙国家统计局发布数据显示，西班牙二季度每小时工作成本指数为 106.8，同比上升 0.7%，经季节性因素调整后，年际变化指数为 0.5%。其中，采掘工业指数同比上升 17.9%；制造业指数同比上升 3.4%；建筑业指数同比上升 4.2%；健康教育和社会服务指数同比下降 3.4%；金融和保险活动指数同比下降 2.6%；房地产活动指数同比下降 2.0%。

此外，数据还显示，一季度协调劳工成本指数修正为 99.4，经季节性因素调整后，增长率为 1.6%。

（来源：西班牙国家统计局　摘译）

希腊 7 月份失业率达 25.1%

10 月 11 日，希腊国家统计局发布数据显示，希腊 7 月份失业率高达 25.1%，同比上升 7.3%，环比上升 0.3%，创历史新高。其中，男性失业率为 22.3%，而 2011 年同期为 15.1%；女性失业率为 29.0%，而 2011 年同期为 21.4%。

就业人数为 376.3 万人，同比减少 32.9 万人（8.0%），环比增加 5364 人（0.1%）；失业人数为 126.2 万人，同比增加 37.8 万人（42.8%），环比增加 23255 人（1.9%）；而无工作意愿的有 335.6 万人，同比减少 2326 人（0.1%），环比减少 3406 人（0.1%）。

（来源：希腊国家统计局　摘译）

荷兰国家统计局发布 8 月份零售业数据

10 月 16 日，荷兰国家统计局发布数据显示，8 月份零售业销售额和销售价格分别同比上升 1% 和 1.9%，销售量同比下降 1%。“购物日”（shopping - day）模式提升了 8 月份销售额，经修正，销售额和销售量同比下降幅度分别约为 2% 和 4%。

非食品类销售额同比下降近 5%，前 8 个月销售额降幅仅低于 4%。其中，家居装饰销售额同比降幅最大，为 13%；纺织品和服装的销售额也有大幅下降；唯有药品销售额保持增长。

食品、饮料和烟草的销售额同比上升 7%，“购物日”效应调整之后增幅仅为 2%。其销售价格同比上升 1.5%，销售量增幅有限。

此外，无店面零售和加油站销售额同比增长幅度分别为 9% 和 4% 左右。

（来源：荷兰国家统计局　摘译）

西班牙三季度 GDP 初值连续第五个季度下降

10 月 30 日，西班牙国家统计局发布数据显示，西班牙三季度 GDP 环比下降 0.3%，为连续第五个季度环比下降，但降速较上一季度有所放缓；受内需不足影响，三季度 GDP 同比降幅由上季度的 1.3% 上升至 1.6%；同时，2012 年前三个季度 GDP 平均年增长率为 -1.2%。

（来源：西班牙国家统计局　摘译）

荷兰 9 月份制造业日产出同比持平

11 月 8 日，荷兰国家统计局发布数据显示，荷兰 9 月份制造业日产出同比持平。其中，交通设备业日产出同比降幅最大，为 9%；电子机械业日产出同比下降近 5%，基本金属与金属制造业日产出同比下降逾 3%。此外，9 月份石油、化工、橡胶和塑料制造业日产出同比上升近 4%。经工作日和季节性因素调整后，8—9 月荷兰制造业日产出较 6—7 月上升约 0.6%。

（来源：荷兰国家统计局　摘译）

荷兰 10 月份通胀率升至四年来最高水平

11 月 8 日，荷兰统计局发布数据显示，荷兰 10 月份通胀率升至 2.9%，为 4 年来最高水平。9 月份消费者价格高于此前 12 个月平均水平 2.3 个百分点。高通胀率主要受增值税率（VAT）和食物价格上升影响，增值税率由此前的 19% 上升至 21%。根据欧洲 HICP，荷兰 10 月份通胀率为 3.3%，达十年来最高水平；欧元区通胀率为 2.5%。

（来源：荷兰国家统计局　摘译）

意大利9月份进口价格指数下降

11月9日，意大利国家统计局发布数据显示，经季节性因素调整后，意大利9月份进口价格指数环比下降1.5%，三季度进口价格指数月平均环比下降0.1%。经日历因素调整后，9月份进口价格指数同比下降4.8%，1—9月该指数同比下降6.5%。

（来源：意大利国家统计局　摘译）

瑞士10月份生产者与进口价格合成指数环比下降0.1%

11月13日，瑞士国家统计局发布数据显示，以2010年12月份为基期，瑞士10月份生产者与进口价格合成指数（Producer and Import Price Index）为98.6，环比下降0.1%。进口价格环比下降0.3%，其中，原油及石油制品、电子设备和汽车价格有所下降。PPI环比维持不变。此外，瑞士国内与进口商品价格同比上升0.4%。

（来源：瑞士国家统计局　摘译）

葡萄牙2012年和2013年经济将萎缩3.0%和1.6%

11月13日，葡萄牙央行发布2012年秋季经济展望报告，预计葡萄牙2012年和2013年经济将分别萎缩3.0%和1.6%。2012年贸易大致平衡，2013年经常账户和资本账户将均有顺差。2012年HICP将达2.8%，2013年HICP将降至1%以下。

（来源：葡萄牙央行　摘译）

匈牙利三季度GDP萎缩

11月15日，匈牙利国家统计局发布数据显示，匈牙利三季度GDP同比下降1.5%，经季节性和日历因素调整后，环比下降0.2%。其中，因干旱影响，农业减产严重。此外，将近半数工业生产停滞不前，但通信、住宿、餐饮和建筑业均有所改善。

（来源：匈牙利国家统计局　摘译）

匈牙利9月份工业产量同比下降3.8%

11月16日，匈牙利国家统计局发布数据显示，经工作日因素调整后，匈牙利9月份工业产量同比下降3.8%，环比上升0.7%；1—9月工业产量同比下降0.8%。

匈牙利工业销售额9月份同比下降3.6%，1—9月同比上升0.2%。工业国内销售额9月份同比下降6.0%，1—9月同比下降2.5%。制造业产量9月份同比下降4.3%，能源产量同比上升0.6%。

（来源：匈牙利国家统计局　摘译）

荷兰三季度经济萎缩

11月15日，荷兰国家统计局发布数据显示，经过前两季度环比上升0.1%后，三季度荷兰经济环比下降1.1%，同比下降1.6%。其中，固定资产总投资同比下降6.4%，汽车投资降幅最大，机械设备投资下降也较为明显。此外，三季度荷兰商品和服务贸易额同比上升1.6%，居民消费支出同比下降1.8%，政府支出同比上升0.2%。经季节性因素调整后，三季度荷兰就业人数环比减少2.1万人，同比减少7.5万人。

（来源：荷兰国家统计局　摘译）

奥地利10月份通胀年率上升

11月15日，奥地利国家统计局发布数据显示，奥地利10月份通胀年率为2.8%，环比上升0.1%。通胀年率上行压力主要来自于住房、水及能源价格上涨。此外，以2010年为基期，奥地利10月份CPI为106.9，平均物价水平环比上升0.2%。以2005年为基期，10月份奥地利HCPI为117.68，HCPI通胀年率为2.9%，环比上升0.1%。

（来源：奥地利国家统计局　摘译）

荷兰10月份失业率为6.8%

11月15日，荷兰国家统计局发布数据显示，经季节性因素调整后，荷兰10月份失业人口增加1.7万人至53.6万人，失业率为6.8%，同比上升0.2%。此外，近3个月荷兰平均每月新增失业人口0.9万人，其中超过半数集中在45—65岁。荷兰10月份领取失业救济金人数达31万人，环比增加0.6万人，增幅为0.2%，主要由于受季节性影响明显的行业，如餐饮、酒店和农业等不景气。

（来源：荷兰国家统计局　摘译）

芬兰10月份就业人数同比增加

11月20日，芬兰国家统计局发布数据显示，10月份芬兰就业人数为246.7万人，同比增加9000人，就业率为68.7%，同比上升0.4%；失业人数为18.3万人，同比减少200万人，失业率为6.9%，同比下降0.1%。此外，10月份在就业与经济发展办公室登记求职的人数为25万人，同比增加2.4万人。

（来源：芬兰国家统计局　摘译）

荷兰11月份CSI降至-37

11月20日，荷兰国家统计局发布数据显示，荷兰11月份CSI下降5个基点至-37，消费者对于未来经济形势表示担忧。此外，荷兰11月份消费者对经济环境信心分项指数下降12个基点至-56；对未来12个月的财务状况满意程度明显恶化，该指数下降12个基点至-32；购买意愿分项指数下降1个基点至-25。

（来源：荷兰国家统计局　摘译）

西班牙发布10月份工业价格指数

11月23日，西班牙国家统计局发布数据显示，以2005年为基期，西班牙10月份IPRI年率为3.5%，环比下降30%。其中，能源价格年率为8.1%，环比下降2%；生产资料价格年率为0.6%，环比下降20%，为自2010年11月份以来最低水平；中间商品价格年率为1.6%，环比上升30%。

10月份，西班牙工业价格指数环比下降0.1%。其中，能源价格环比下降0.5%，生产资料价格环比下降0.1%，非耐用品价格环比上升0.1%。

（来源：西班牙国家统计局　摘译）

匈牙利9月份零售业销售总量下降

11月26日，匈牙利国家统计局发布数据显示，匈牙利9月份零售业销售量同比下降3.1%，环比下降0.4%，1—9月销售量同比下降1.5%。其中，食物、饮料和烟草业销售量同比下降3.7%，环比下降0.7%；非食物业销售量同比下降3.3%，环比维持不变，1—9月销售量同比下降2.3%。此外，受燃料价格上升影响，匈牙利9月份加油站销售量同比下降3.1%，1—9月同比下降3.0%。

（来源：匈牙利国家统计局　摘译）

荷兰2013年工业投资预计同比增长1%

11月26日，荷兰国家统计局发布数据显示，荷兰企业2013年工业项目总投资预计同比增长1%。其中，食品制造业对2013年投资预期较为乐观，预计将增长24%；通常属于投资水平较高的炼油和化工行业投资预计下降10%；工业电子金属行业投资预计变化不大。

（来源：荷兰国家统计局　摘译）

芬兰11月份CSI环比上升

11月27日，芬兰国家统计局发布数据显示，芬兰11月份CSI环比上升2.6个基点至1.0。消费者对于经济的信心指数同比维持1.5不变，但远低于长期平均水平12.6。

11月份芬兰消费者对于未来经济预期比较悲观，对自己的经济收益也更加谨慎。此外，相比购买耐用品，消费者更倾向于储蓄或者贷款。

（来源：芬兰国家统计局　摘译）

西班牙 11 月份 CPI 年率将下降

11 月 30 日，西班牙国家统计局发布数据显示，初步预测，西班牙 11 月份 CPI 年率为 2.9%，环比下降 0.6%。11 月份 HICP 年率为 3.0%，环比下降 50%。

（来源：西班牙国家统计局　摘译）

荷兰 10 月份工业产品价格上涨

11 月 30 日，荷兰国家统计局发布数据显示，荷兰 10 月份工业产品价格同比上升逾 4%，与前两个月涨幅相同。其中，石油价格同比上升逾 12%，食品饮料和烟草价格同比上升 7%，化工产品价格同比上升逾 3%，基础金属制品价格同比下降逾 5%。此外，主要受石油价格上涨影响，荷兰 10 月份工业产品价格环比上升 0.5%，连续 3 个月环比上涨。

（来源：荷兰国家统计局　摘译）

西班牙 10 月份进出口价格指数环比下降

12 月 4 日，西班牙国家统计局发布数据显示，西班牙 10 月份出口价格指数年率（IPRIX）为 2.6%，环比下降 40%；进口价格指数年率为 2.1%，环比下降 60%。此外，西班牙 10 月份出口价格指数环比下降 0.4%，进口价格指数环比下降 0.8%。其中，能源出口价格环比下降 3.8%，进口价格环比下降 2.9%；中间商品出口价格环比下降 0.3%，进口价格环比下降 0.1%。

（来源：西班牙国家统计局　摘译）

希腊 9 月份失业率上升

12 月 6 日，希腊国家统计局发布数据显示，希腊 9 月份失业率为 26%，同比上升 7.1%，环比上升 0.7%。失业人数为 129.52 万人，同比增加 35.65 万人，增幅为 38%；环比增加 3.47 万人，增幅为 2.8%。9 月份就业人数为 369.51 万人，同比减少 32.53 万人，降幅为 8.1%；环比减少 2.16 万人，降幅为 0.6%。

（来源：希腊国家统计局　摘译）

匈牙利10月份进出口额双双增长

12月6日，匈牙利国家统计局发布数据显示，匈牙利10月份出口额为2.075万亿福林（73亿欧元），同比上升1.9%；进口额为1.89万亿福林（67亿欧元），同比上升1.5%；贸易盈余为0.185万亿福林（6.58亿欧元），同比增加120亿福林（0.83亿欧元）。匈牙利前10个月出口额为19.58万亿福林（673.35亿欧元），同比上升7.4%；进口额为17.81万亿福林（612.46亿欧元），同比上升7.5%；贸易盈余为1.76万亿福林（60.89亿欧元），同比增加950亿福林（0.22亿欧元）。

（来源：匈牙利国家统计局　摘译）

荷兰11月份通胀率下降

12月6日，荷兰国家统计局发布数据显示，荷兰11月份CPI通胀率降至2.8%。其中，石油和电话费价格有所下降，衣服和烟草价格有所上升。此外，荷兰11月份HICP通胀率为3.2%，环比下降0.1%。

（来源：荷兰国家统计局　摘译）

匈牙利三季度GDP下滑

12月7日，匈牙利国家统计局发布数据显示，经季节性和日历因素调整后，匈牙利三季度GDP同比下降1.6%，环比下降0.2%。其中，农业产出同比下降21.4%，环比下降2.4%；工业产出同比下降0.2%，环比维持不变；建筑业产出同比上升2.3%，环比上升2.8%；服务业同比下降0.7%，环比下降0.2%；居民消费支出同比下降3.9%，环比下降1.4%；出口额同比上升1.9%，环比下降0.8%；进口额同比下降0.7%，环比下降1.3%。

（来源：匈牙利国家统计局　摘译）

希腊10月份进口价格指数同比上升2.0%

12月10日，希腊国家统计局发布数据显示，希腊10月份进口价格指数同比上升2.0%，而2011年同期同比下降13.0%。前10个月，进口价格指数均值同比下降3.8%，而2011年同期同比下降7.5%。

（来源：希腊国家统计局　摘译）

希腊11月份物价上涨

12月10日，希腊国家统计局发布数据显示，按年率计算希腊11月份CPI同比上升1.0%，而2011年同期同比上升2.9%；环比下降0.5%，而2011年同期环比上升0.2%。

11月份HICP同比上升0.4%，而2011年同期同比上升2.8%；环比下降0.3%，而2011年同期环比上升0.2%。

（来源：希腊国家统计局　摘译）

芬兰10月份工业产出同比下降0.7%

12月10日，芬兰国家统计局发布数据显示，经工作日因素调整后，芬兰10月份工业产出同比下降0.7%，环比上升0.4%。其中，电子业产出环比下降11.7%，林业产出环比上升3.2%。

（来源：芬兰国家统计局　摘译）

捷克11月份物价环比下降0.2%

12月10日，捷克国家统计局发布数据显示，捷克11月份消费物价环比下降0.2%，同比增幅由10月份的3.4%放缓至2.7%。

（来源：捷克国家统计局　摘译）

荷兰发布 10 月份贸易数据

12 月 12 日，荷兰国家统计局发布数据显示，荷兰 10 月份货物进出口量同比上升 6%。货物出口额为 388 亿欧元，同比上升 14%；进口额为 352 亿欧元，同比上升 15%；贸易盈余为 36 亿欧元，同比增加 2 亿欧元。此外，进出口价格同比分别上升 2.9% 与 2.2%，贸易条件同比恶化。

（来源：荷兰国家统计局　摘译）

丹麦央行调整近 3 年经济增长率

12 月 13 日，丹麦央行宣布，调整 2012 年、2013 年和 2014 年的 GDP 增长率预期，分别为下降 0.4%、上升 1.3% 和上升 1.8%。丹麦央行表示，丹麦经济在 2012 年有所下降，消费者和企业继续保持观望，地方政府消费不足，出口市场的增长也一直呈下降趋势；但预测私人消费和企业投资在 2013 年会有所增长，而且政府开支也会增加。此外，丹麦央行预测 2012 年丹麦 HICP 增长年率为 2.4%，2013 年为 1.7%，2014 年为 1.8%。

（来源：丹麦央行　摘译）

荷兰 10 月份零售额同比小幅下降

12 月 13 日，荷兰国家统计局发布数据显示，荷兰 10 月份零售额同比下降 0.1%，零售量同比下降 2.9%，零售价格同比上升 2.8%。其中，非食品部门零售额同比下降 3%，零售量同比下降 4%，零售价格同比上升逾 1%；食品、饮料和烟草零售额同比下降 2.8%。

（来源：荷兰国家统计局　摘译）

芬兰发布 11 月份物价指数

12 月 14 日，芬兰国家统计局发布数据显示，芬兰 11 月份 CPI 为 106.7（以 2010 年为基期），同比上升 2.2%，环比下降 0.3%；HICP 为 118.7（以 2005 年为基期)，同比上升3.2%，环比下降0.1%。

（来源：芬兰国家统计局　摘译）

匈牙利前10个月工业产出下降

12月14日，匈牙利国家统计局发布数据显示，匈牙利10月份工业产出同比下降1.7%，经季节性和日历因素调整后，环比下降3.8%。其中，工业出口额同比上升1.2%，国内销售额同比下降4.3%，制造业产量同比下降1.7%，能源产出同比下降1.4%。

匈牙利前10个月工业产出同比下降0.9%。其中，工业出口额同比下降0.3%，国内销售额同比下降2.7%。

（来源：匈牙利国家统计局　摘译）

二、美　洲

（一）美　国

美国就业率连续 25 个月攀升

4 月 9 日，美国白宫首席经济顾问艾伦·克鲁格（Alan Krueger）表示，尽管建筑业投资疲软，但美国已连续 25 个月促使私营部门增加就业岗位，新增的就业机会总数达 410 万个。其中，制造业表现强劲，在过去的 25 个月里制造业新增 46.6 万个就业岗位。克鲁格称，根据美国劳工部 4 月 6 日发布的统计数字，3 月份美国的失业率从 2 月份的 8.3% 下降到 8.2%。据统计，失业率自 2011 年 8 月以来已经下降了大约一个百分点。克鲁格表示，美国政府制定了税收优惠政策，增强对工人的培训，并建立制造业中心，以重振制造业。克鲁格指出，鉴于私营部门对建筑投资需求不足，以及国家需要持续改善基础设施，美国总统奥巴马在 2013 财年预算中提出：增加对国家基础设施的投资，以促进经济增长并扩大就业。

（来源：美国国务院国际信息局　摘编）

美国 3 月份 CPI 环比上升 0.3%

4 月 13 日，美国劳工部发布数据显示，美国 3 月份经季节性因素调整后的 CPI 环比上升 0.3%。过去 12 个月，美国未经季节性因素调整后的 CPI 涨幅为 2.7%。此外，美国 3 月份能源价格指数环比上升 0.9%，食品价格指数上升 0.2%。剔除波动性较大的能源和食品的核心消费价格指数上升 0.2%，涨幅高于 2 月份的 0.1%。过去 12 个月，美国核心消费价格指数上升 2.3%。

（来源：美国劳工部　摘译）

美国4月份失业率下降

5月5日，美国劳工部发布数据显示，美国4月份新增就业人数11.5万人，失业率下降至8.1%，失业人口为1250万人。美国4月份劳动参与率进一步下降至63.6%，就业率维持在58.4%。2月份新增就业人数增加1.9万人至25.9万人，3月份新增就业人数增加3.4万人至15.4万人。

（来源：美国劳工部　摘译）

美国商务部发布一季度主要经济指标

6月28日，美国商务部经济分析局发布数据显示，美国一季度主要经济指标增长率环比将大幅下降。

以2012年一季度为基期调整的2012年全年美国实际国内生产总值为15.4678万亿美元，环比增长1.9%，相比2011年四季度3.0%的年增长率，减少了1.1%。GDI为15.5405万亿美元，环比增长3.1%。国内采购总值为16.0721万亿美元，环比增长1.7%。个人收入总值为13.2278万亿美元，环比增长0.9%；实际可支配个人收入为11.7804万亿美元，环比增长0.7%。企业利润为1.9805万亿美元，环比减少0.3%。

（来源：美国商务部经济分析局　摘译）

美国初次申请失业保险人数下降

7月5日，美国劳工部发布数据显示，经季节性因素调整后，截至7月7日，当周初次申请失业保险人数减少2.6万人至35万人。四周平均环比减少9750人至37.65万人。截至6月30日当周，享受失业保险的工人失业率为2.6%，与前一周持平。截至7月7日当周，未经季节性因素调整的初次申请失业保险人数总计43.9743万人，环比增加6.9971万人。

（来源：美国劳工部　摘译）

美国住房市场现积极信号　但仍是疲软

7 月 6 日，美国财政部与美国住房和城市发展部联合发布美国政府 6 月份修正的住房记分卡（Housing Scorecard）报告，该报告能全面反映全美住房市场信息。

数据显示，虽然美国住房市场总体前景仍不乐观，但已显现一些稳定的积极信号。一季度，美国房屋净值（Homeequity）环比增加 4571 亿美元，增幅为 7.4%，创 2010 年二季度以来的最高值。5 月份，二手房交易急剧上升，同比增加 9.6%；同期，新房交易创至少两年来新高。但是，5 月份出现一些强制拍卖抵押房产来收回欠款现象表明，美国住房市场的脆弱性仍在继续。

（来源：美国财政部　摘译）

美国 6 月份消费物价指数环比持平

7 月 17 日，美国劳工统计局发布数据显示，经季节性因素调整后，城市 CPI 环比持平。截至 6 月份的 12 个月里，未经季节性因素调整的美国消费价格指数涨幅为 1.7%。

美国 6 月份能源价格指数继续下降，但其跌势被食品等其他商品价格上涨抵消。过去 12 个月，能源价格指数下降 3.9%，而食品物价指数上升了 2.7%，其他商品价格指数连续第四个月上涨，涨幅 0.2%。汽油价格指数连续第三个月下跌，能源价格指数随之下降 14%。6 月份食品价格指数上涨 0.2%，环比持平。

（来源：美国劳工统计局　摘译）

美国 7 月份非农就业人数增加 16.3 万人

8 月 3 日，美国劳工部发布数据显示，经季节性因素调整后，美国 7 月份非农就业人数增加 16.3 万人。但失业率上升 0.1% 至 8.3%。5 月份和 6 月份非农就业人数修正后分别增加 8.7 万人和 6.4 万人。数据显示，7 月份私营部门就业人数增加 17.2 万人；政府部门就业人数减少 0.9 万人。其中，在私营部门中，专业及商业服务业就业人数增加 4.9 万人，制造业就业人数增加 2.5 万人，医疗保健行业就业人数增加 1.2 万人，建筑业就业人数减少 0.1 万人。此外，数据还显示，7 月份美国劳动力参与率为 63.7%，就业人口比率为 58.4%。7 月份平均小时工资提高 2

美分至23.52美元，平均每周工作时长维持在34.5个小时不变。

（来源：美国劳工部 摘译）

美国初次申请失业救济人数减少6000人

8月9日，美国劳工部发布数据显示，经季节性因素调整后，截至8月4日，当周初次申请失业救济人数减少6000人至36.1万人，表明美国就业市场正在企稳。截至7月28日，当周初次申请失业救济人数修正为36.7万人。当周初次申请失业救济人数的四周移动平均值增加2250人至36.825万人。

数据还显示，经季节性因素调整后，截至7月28日，当周享受失业保险的工人失业率为2.6%，与此前一周持平。截至7月28日，当周持续申请失业救济人数增加5.3万人至333.2万人。

（来源：美国劳工部 摘译）

美国劳工部发布二季度劳动生产率数据

8月9日，美国劳工部发布数据显示，二季度非农商业部门劳动生产率按年率计算环比上升1.6%，同比上升1.1%；工作时间环比上升0.4%，同比上升1.8%；产出同比上升2.0%，环比上升2.9%。制造业部门二季度生产率环比上升0.2%，同比上升2.9%；工作时间环比上升1.4%，同比上升2.6%；产出环比上升1.7%，同比上升5.6%；单位劳动成本环比上升0.3%，同比下降2.9%。调整后的非金融企业一季度生产率环比上升1.2%，产出上升4.7%，工作时间上升3.4%。如果工人报酬增加的趋势持续下去，未来消费支出可能相应提高。另外，如果生产率提高放缓意味着现有员工生产力已达极限，那么未来提高产出只能通过增加雇员来实现。

（来源：美国劳工部 摘译）

美国7月份CPI保持平稳

8月15日，美国劳工统计局发布数据显示，美国7月份剔除食物和能源的核心价格指数环比上升0.1%，而此前四个月每月上涨0.2%，同比上升2.1%，为2011年10月份以来涨幅最小的月份。住所价格指数连续两个月上升0.1%。医疗、烟草、家居装饰装修和服装的价格指数均上涨，而机票、二手车、娱乐和新车价格指数均下降。

7 月份未经季节性因素调整的 CPI 指数同比上升 1.4%，为 2010 年 11 月份以来同比改变最小的月份。经季节性因素调整后，美国所有城市消费者 CPI 环比保持不变。

7 月份，能源指数环比下降 0.3%，其中电力、天然气和燃油价格指数的降幅抵消了汽油价格指数的小幅上升。食品价格指数环比上升 0.1%，同比上升 2.3%，其中，国内食品价格指数维持不变，主要的杂货店食品组合价格指数表现不一，出口食品价格指数环比上升 0.2%。

（来源：美国劳工统计局　摘译）

美国 6 月份企业库存环比微升 0.1%

8 月 14 日，美国商务部发布数据显示，经季节性因素调整后，美国 6 月末企业库存价值 15803 亿美元，环比上升 0.1%，同比上升 5.0%。但企业销售额环比下降 1.1% 至 12297 亿美元，为 2009 年 3 月份以来单月最大降幅，同比则上升 3%。6 月末，美国企业库存销售比率为 1.29，环比上升 2%，同比上升 3%。

（来源：美国商务部　摘译）

美国 7 月份制成品 PPI 环比上涨 0.3%

8 月 14 日，美国劳工部发布数据显示，经季节性因素调整后，7 月份美国制成品 PPI 环比上升 0.3%。其中，食品价格环比上升 0.5%，能源价格环比下降 0.4%，剔除食品和能源价格的核心 PPI 环比上升 0.4%。过去 12 个月内，美国制成品 PPI 累计同比上升 0.5%（未经季节性因素调整），涨幅自 2011 年 9 月份以来总体呈回落趋势。数据还显示，7 月份美国半成品 PPI 环比下降 0.9%；原材料 PPI 环比上升 1.8%。

（来源：美国劳工部　摘译）

美国7月份44个州失业率上升

8月17日，美国劳工统计局发布数据显示，美国7月份各地区和各州失业率基本保持不变或较6月份小幅上升。44个州失业率上升，2个州及华盛顿哥伦比亚特区下降，另外4个州保持不变。全国失业率为8.3%，环比不变，同比下降0.8%。

7月份，非农业就业人数在31个州及哥伦比亚特区上升，在19个州下降。单月增加最多的为加利福尼亚州、密歇根州及弗吉尼亚州，分别增加25200人次、21800人次和21300人次。单月减少最多的为新泽西州、密苏里州及伊利诺伊州，分别减少12000人次、7700人次和7100人次。

经季节性因素调整后，7月份失业率最高和最低的区域依然为西部和中西部，分别为9.4%和7.5%。按州来看，失业率最高和最低的州依然为内华达州和北达科他州，分别为12.0%和3.0%。

（来源：美国劳工统计局 摘译）

美国发布青年就业数据

8月22日，美国劳工部发布数据显示，4—7月，16—24岁青年就业人数增加210万人至1950万人；青年失业人数增加83.6万人至400万人。

美国每年4—7月份是16—24岁青年工作活跃期，大量高中生和大学生寻找暑期工作，毕业生进入劳动力市场开始寻找长期雇用工作。7月份，青年劳动力增加290万人（增幅为14.2%）至2350万人。青年劳动力参与率为60.5%，低于1989年同期峰值77.5%。

（来源：美国劳工部 摘译）

美国发布2009—2011年失业人数

8月24日，美国劳工部发布数据显示，2009年1月—2011年12月，610万人被迫离开长期岗位（在职超过3年），670万人被迫离开短期岗位（在职不超过3年），非自愿离职工人总计1290万人。

2009—2011年被迫离开长期岗位的失业人员中40%是由于就业岗位不足，

31% 是由于工厂和公司关闭或搬迁。被迫离开长期岗位的失业人员大约 1/5 来自制造业。这些失业人员中，46% 找到了比之前岗位工资更高的工作。

2012 年 1 月份，2009—2011 年离开长期岗位的失业工人有 56% 被重新雇用，较 2010 年 1 月份上升 7%。

（来源：美国劳工部　摘译）

美国初次申请失业救济人数增加 4000 人

8 月 23 日，美国劳工部发布数据显示，经季节性因素调整后，截至 8 月 18 日，当周初次申请失业救济人数增加 4000 人至 37.2 万人。截至 8 月 11 日，当周初次申请失业救济人数经修正为 36.8 万人。当周初次申请失业救济人数的 4 周移动平均值增加 3750 人至 36.8 万人。

数据还显示，经季节性因素调整后，截至 8 月 11 日，当周美国享受失业救济的工人失业率为 2.6%，与上周持平。截至 8 月 11 日，当周持续申请失业救济人数增加 4000 人至 331.7 万人。

（来源：美国劳工部　摘译）

美国发布 7 月份大城市失业率

8 月 29 日，美国劳工统计局发布数据显示，7 月份，在 372 个大城市中，305 个大城市失业率同比下降，52 个大城市失业率同比上升，另 15 个大城市失业率持平。数据还显示，7 个大城市失业率超过 15%，18 个大城市失业率低于 5%，276 个大城市非农业就业人数同比上升，93 个大城市失业率下降，3 个大城市失业率持平。此外，美国 2012 年 7 月份未经季节性因素调整的失业率为 8.6%，同比下降 0.7%。

（来源：美国劳工统计局　摘译）

美国上调二季度实际 GDP 增长率至 1.7%

8 月 29 日，美国商务部经济分析局发布数据显示，美国二季度实际 GDP 增长率由 1.5% 修正至 1.7%，增幅低于一季度的 2.0%。该上调表明，美国个人消费支出、出口及非居民和居民固定总投资的上升弥补了私人存货投资及美国州政府和地方政府开支的下降。

美国二季度实际商品和服务出口上升6.0%，增幅高于一季度的4.4%；实际联邦政府消费支出和投资总额下降0.1%，降幅低于一季度的4.2%。

（来源：美国商务部经济分析局　摘译）

美国劳工部发布二季度劳动生产率修正值

9月5日，美国劳工部发布数据显示，美国二季度非农业劳动生产率修正至2.2%，此前预估值为1.6%；产量增加2.4%，工作时间增加0.1%。

2011年二季度—2012年二季度，生产率上升1.2%，产量和工作时间分别增加3.0%和1.7%。2012年二季度非农业企业劳动力成本上升1.5%，每小时薪酬上升3.7%。过去四个季度，劳动力成本上升0.9%。

2012年二季度，制造业劳动生产率上升0.1%，产量上升1.5%，工作时间上升1.4%。耐用消费品生产率上升3.7%，非耐用品生产率下降3.8%。过去四个季度，制造业劳动生产率上升2.9%，产量上升5.5%，工作时间上升2.6%。2012年二季度，制造业单位劳动力成本上升0.8%，同比下降2.4%。

（来源：美国劳工部　摘译）

美国8月份非制造业活动连续第32个月扩张

9月6日，美国供应管理协会发布数据显示，8月份美国非制造业活动继续扩张，连续第32个月扩张。

数据显示，8月份美国非制造业活动指数环比上升1.1%至53.7%，显示非制造业活动扩张速度稍有提升。非制造业商业活动指数环比下降1.6%至55.6%，为连续第37个月扩张。新订单指数环比下降0.6%至53.7%。就业指数环比上升4.5%至53.8%，显示就业情况在7月份萎缩后出现扭转。价格指数环比上升9.4%至64.3%，月度价格涨幅明显提升。

从细项来看，8月份美国共有10个非制造业行业出现扩张，包括金融业、林业和渔业等，但包括采矿业、信息、娱乐等在内5个行业出现萎缩。

（来源：美国供应管理协会　摘译）

美国 7 月份消费信贷下降 1.5%

9 月 10 日，美联储发布数据显示，美国 7 月份消费信贷经季节性因素调整后按年计下降 1.5% 至 2.7052 万亿美元，为近一年来首次下降。其中循环信贷下降 6.8% 至 8507 亿美元，非循环信贷增速也从 6 月份的 9.8% 下降至 1%，总额为 1.8545 万亿美元。另外，7 月份未经季节性因素调整后的未偿还消费信贷现金流从 6 月份的 1392 亿美元下降至 404 亿美元。

消费信贷反映美国个人消费开支状况，消费信贷下降显示美国民众对待消费态度日趋谨慎。

（来源：美联储　摘译）

美国 8 月份 CPI 环比上涨

9 月 14 日，美国劳工部发布数据显示，经季节性因素调整后，美国 8 月份 CPI 环比上升 0.6%，增幅为 2009 年 6 月份以来最大。其中，能源价格环比上升 5.6%，汽油价格大幅上涨 9%；食品价格环比上升 0.2%。数据还显示，扣除能源和食品价格因素的 8 月份美国核心 CPI 环比上升 0.1%。

截至 8 月份的 12 个月，美国 CPI 未经季节性因素调整的涨幅为 1.7%，核心 CPI 环比上升 1.9%。

（来源：美国劳工部　摘译）

美国二季度实际 GDP 增长下调至 1.3%

9 月 27 日，美国商务部经济分析局发布数据显示，按年率计算，美国二季度实际 GDP 环比增长 1.3%，低于二次修正值 1.7%。一季度实际 GDP 年率增长修正为 2.0%。

数据还显示，二季度美国当前生产利润首次修正为增加 218 亿美元，一季度修正为减少 530 亿美元。

（来源：美国商务部经济分析局　摘译）

美国在家工作者自1999年来持续增加

10月4日，美国人口普查局发布数据显示，目前美国在家工作者约为1340万人，较1999年增加400万人，占全部工作人口的比例由7%上升至9.5%。2005—2010年新增在家工作者200万人，为增幅最大时期。

调查显示，混合地点工作者的年均收入最高，达9.63万美元，在家工作者和工作地点工作者年均收入分别为7.4万美元和6.56万美元。2010年，一周中大部分时间在家的美国工作者有580万人，较2000年增加160万人。

尽管近一半的在家工作者为自由职业，但在家工作人数增幅最大的是政府雇员。2000—2010年州政府在家工作雇员增加133%，联邦政府雇员增加88%。而在家工作的私人公司员工比例增加67%。

2010年，1/10的在家工作者是65岁以上老人；1/4在家工作者从事管理、商业和金融方面职业。

2000—2010年，从事计算机、工程师和科学职业的在家工作者增加69%。混合工作者更多选择周一和周五在家工作。东南、西南和西部城市在家工作者的比例最大。

（来源：美国人口普查局　摘译）

美联储发布9月工业生产数据

10月16日，美联储发布数据显示，继8月份工业生产指数下降1.4%之后，9月份指数环比上升0.4%。其中，制造业产量增加0.2%，矿业产量增加0.9%，公共事业产量增加1.5%。此外，9月份生产能力利用系数达78.3%，环比上升0.3%。

（来源：美联储　摘译）

美国9月份零售和餐饮服务业销售额上升

10月15日，美国商务部发布数据显示，经季节性因素调整后，9月份零售和餐饮服务业销售额预估达4129亿美元，环比上升1.1%，同比上升5.4%。8月份环比增幅由0.9%上调为1.2%。7—9月零售和餐饮服务业销售额同比上升4.8%。

数据还显示，美国 9 月份零售额环比上升 1.2%，同比上升 5.3%。其中，非商店零售额同比上升 15%，汽车和其他机动车销售额同比上升 9.3%。

（来源：美国商务部　摘译）

美国发布三季度非农部门劳工数据

11 月 1 日，美国劳工统计局发布数据显示，按年率计算，三季度美国非农业部门劳动生产率环比上升 1.9%，同比上升 1.5%；劳动力产出环比上升 3.2%，同比上升 3.3%；劳工工作时间环比上升 1.3%，同比上升 1.8%；单位劳动力成本环比下降 0.1%，同比上升 1.1%。

美国制造业三季度劳动生产率环比下降 0.4%，同比上升 1.5%；劳动力产出环比下降 0.6%，同比上升 4.1%；劳工工作时间环比下降 0.2%，同比上升 2.6%；单位劳动力成本环比上升 1.5%，同比下降 0.8%。

（来源：美国劳工统计局　摘译）

美国 9 月份消费信贷连续第二个月上升

11 月 6 日，美联储发布数据显示，美国 9 月份消费信贷按年率计算增长 5%，8 月份增长 8.2%，美国个人消费呈回暖趋势。

美国 9 月份消费信贷总额达 2.7372 万亿美元，环比增长 114 亿美元。三季度美国消费信贷总额按年率计算增长 4%，增幅不及前两个季度（一季度、二季度分别为 5.7% 和 6.5%）。

（来源：美联储　摘译）

美国 2012—2014 年经济前景预测

11 月 8 日，美国知名智库彼得森国际经济研究所高级研究员戴维·斯托克顿（David J. Stockton）对美国主要经济数据作出预测：2012 年、2013 年和 2014 年，美国实际国内生产总值增速分别为 1.6%、2.3% 和 2.8%；失业率分别为 7.8%、7.6% 和 7.4%；个人消费支出平减指数（PCE）分别为 1.8%、1.4% 和 1.7%。

（来源：彼得森国际经济研究所　摘译）

美国 10 月份 CPI－U 上升

11 月 15 日，美国劳工统计局发布数据显示，美国 10 月份 CPI－U 环比上升 0.1%，同比上升 2.2%。其中，食物价格环比上升 0.2%，同比上升 1.7%；能源价格环比下降 0.2%，同比上升 4.0%；排除食品和能源因素的核心 CPI－U 环比上升 0.2%，同比上升 2.0%；居所价格环比上升 0.3%，为 2008 年 3 月份以来最大涨幅，同比上升 2.3%。

注：所有环比数据经季节性因素调整，同比数据未经调整。

（来源：美国劳工统计局　摘译）

美国 10 月份工业产量环比下降 0.4%

11 月 16 日，美联储发布数据显示，受飓风“桑迪”（Sandy）影响，美国 10 月份工业产量环比下降 0.4%，同比上升 1.7%；9 月份环比上升 0.2%。飓风“桑迪”影响了美国东北部工业生产，导致当月总体工业产量下降近 1%。

美国 10 月份制造业产量环比下降 0.9%，采矿业产量环比上升 1.5%，公共事业产出小幅下降 0.1%。此外，当月美国工业设备总开工率为 77.8%，环比下降 0.4%，低于 1972—2011 年间美国工业整体设备开工率 80.3% 的平均值。

（来源：美联储　摘译）

美国 10 月份消费信贷上升 6.25%

12 月 7 日，美联储发布数据显示，美国 10 月份消费信贷总额约为 2.75 万亿美元，同比上升 6.25%。当月用于教育、休假和购买汽车等方面的非周转性信贷年率上升 6.9%，增至 1.90 万亿美元；用于信用卡消费方面的周转性信贷年率上升 4.75%，增至 8576 亿美元。

（来源：美联储　摘译）

美国发布10月份贸易数据

12月11日，美国商务部发布数据显示，美国10月份出口额为1805亿美元，环比减少68亿美元，同比增加18亿美元；进口额为2228亿美元，环比减少49亿美元，同比减少17亿美元。10月份贸易赤字为422亿美元，环比增加19亿美元，好于市场预期。

（来源：美国商务部　摘译）

（二）加拿大

加拿大发布二季度经济数据

8月31日，加拿大国家统计局发布数据显示，加拿大二季度GDP增长率为0.5%，与前两个季度持平。其中，商业投资贡献率最大，工厂和设备领域的商业投资增加2.3%，为上年同期以来最快增速；非农业商业存货也有大幅提升；住房投资继一季度增长2.7%后，二季度增长0.4%；二季度出口仅增长0.2%，相比一季度的1.0%明显放缓；进口则增长1.6%，相比一季度的1.3%稍有提升。消费者货物和服务支出增长0.3%，与一季度的0.2%相比保持稳定。最终国内需求增长0.4%，与前五个季度保持稳定。

（来源：加拿大国家统计局　摘译）

加拿大发布10月份就业数据

11月2日，加拿大国家统计局发布数据显示，10月份失业率维持在7.4%。10月份全职就业人数同比上升1.3%（22.9万人），工作时间同比上升1.3%；公共部门就业人数环比增加3.7万人，同比增加7.4万人；私人部门就业人数环比减少2.03万人，同比增加15.7万人；农业部门就业人数环比减少1.6万人。

（来源：加拿大国家统计局　摘译）

加拿大央行行长重新评估加拿大经济预期

10 月 30 日，加拿大央行行长坎尼（Mark Carney）就 10 月份货币政策报告做进一步论述时指出：加拿大央行预计加拿大 2012 年经济增长率为 2.2%，2013 年和 2014 年分别为 2.3% 和 2.4%。至 2013 年中期，核心通胀率预计达 2%。CPI 通胀率现已下降到 2% 的目标水平以下，但至 2013 年末预计将升回目标水平。

央行曾于 10 月 23 日将隔夜利率目标定于 1%，通胀目标为 2%。

（来源：加拿大央行　摘译）

加拿大经济 8 月份出现 2012 年来首降

10 月 31 日，加拿大国家统计局发布数据显示，加拿大 8 月份实际 GDP 环比下降 0.1%，为 2012 年 8 个月以来首度下滑。其中，采矿和油气开采业产值环比下降 0.7%，制造业下降 0.6%，建筑业下降 0.1%，公共事业下降 0.8%，服务业环比持平。此外，受制造业和能源开采业产值下降影响，商品制造业产值 8 月环比下降 0.5%。

（来源：加拿大国家统计局　摘译）

加拿大 10 月份 CPI 上升

11 月 23 日，加拿大国家统计局发布数据显示，10 月份加拿大 CPI 同比上升 1.2%，连续第三个月上升；经季节性因素调整后，环比上升 0.3%；除能源价格外 CPI 同比上升 1.1%。其中，能源价格同比上升 1.7%，食物价格同比上升 2.0%，交通价格同比上升 1.7%，居所价格同比上升 0.9%。此外，核心价格指数同比上升 1.3%。

（来源：加拿大国家统计局　摘译）

加拿大 11 月份失业率降至 7.2%

12 月 7 日，加拿大国家统计局发布数据显示，加拿大 11 月份失业率环比下降

0.2%至7.2%，就业人数环比增加5.9万人，同比增加29.4万人，工作时间同比增加1.3%。其中，私营部门就业人数增加4.8万人。

（来源：加拿大国家统计局　摘译）

三、亚　　洲

（一）日　　本

日本财务省发布2月份国际收支报告

4月9日，日本财务省发布数据显示，日本2月份国际收支经常项目顺差1.1778万亿日元，同比下降30.7%。

数据显示，2月份出口额为5.2477万亿日元，进口额为5.1456万亿日元，贸易顺差为1021亿日元，同比下降85.8%，是5个月来首次出现贸易顺差。日本财务省表示，尽管日本对美汽车出口势头有所好转，但由于欧洲经济持续不景气以及日本对液化天然气等能源需求持续增加，今后日本贸易盈余可能保持在较低水平。

（来源：日本财务省　摘译）

日本财务省发布日本企业景气指数展望数据

6月11日，日本财务省发布日本企业商业条件、国内经济条件和就业的季节同比展望数据。

（1）商业条件。从企业景气指数（Business Survey Index）看，资本在10亿日元以上的企业，一季度和二季度环比分别下降2.7%和3.1%，预计三季度、四季度将上升8.8%；资本在1亿日元—10亿日元的企业，一季度和二季度分别下降10.1%和7.2%，预计三季度和四季度将分别上升5.7%和8.1%；资本在1000万日元—1亿日元的企业，一季度和二季度分别下降20.8%和20.0%，预计三季度和四季度将分别上升10.3%和5.0%。

（2）国内经济条件。从企业景气指数看，资本在10亿日元以上的企业，一季度环比下降3.4%，二季度上升0.7%，预计三季度和四季度将分别上升4.4%和7.2%；资本在1亿日元—10亿日元的企业，一季度和二季度分别下降14.4%和3.4%，预计三季度和四季度将分别上升0.2%和4.6%；资本在1000万日元—1亿日元的企业，一季度和二季度分别下降30.9%和21.7%，预计三季度和四季度将分别上升17.6%和10.2%。

（3）就业。从就业的企业景气指数看，资本在10亿日元以上的企业，一季度和二季度环比分别上升2.5%和0.4%，预计三季度和四季度将分别上升1.1%和2.1%；资本在1亿日元—10亿日元的企业，一季度和二季度分别上升8.1%和8.0%，预计三季度和四季度将分别上升6.5%和7.7%；资本在1000万日元—1亿日元的企业，一季度和二季度分别上升5.9%和5.6%，预计三季度和四季度将分别上升4.8%和6.5%。其中，从制造业企业来看，资本在10亿日元以上的企业，一季度和二季度分别下降5.0%和5.5%，预计三季度和四季度将分别下降3.4%和1.6%；资本在1亿日元—10亿日元的企业，一季度和二季度分别下降1.8%和1.6%，预计三季度将下降0.1%，四季度将上升2.3%；资本在1000万日元—1亿日元的企业，一季度上升4.3%，二季度下降1.5%，预计三季度将下降0.5%，四季度将上升2.9%。

（来源：日本财务省　摘译）

日本央行发布最新季度性区域经济报告

7月5日，日本央行发布7月份季度性区域经济报告，报告上调了对日本所有9个地区的经济评估，这是自2009年10月份以来日本央行首次同时上调所有地区的经济评估。

报告显示，日本北海道因重建导致相关需求进一步走强，各种经济活动水平高于地震前，经济呈复苏之势；北海道、北陆、东海、四国、九州和冲绳也因个人消费旺盛，经济形势出现好转；近畿和中部地区，报告虽然上调了评估，但却表示这些地区复苏势头较其他地区缓慢。

在公共投资方面，日本东北地区、关东和甲信越地区呈现增长态势，北海道、东海、近畿、四国停止下降，而其他区域则呈现停滞或下降趋势。在企业固定投资方面，除北陆地区外其他8个地区全部实现增长。在私人投资方面，7个地区实现增长，北陆和北海道地区基本维持不变。在房地产投资方面，除北陆地区呈现疲软态势，其他地区均呈现维持稳定或增长态势。在产出方面，除九州和冲绳地区基本维持不变，其他地区均实现增长。

（来源：日本央行　摘译）

日本7月份CPI下降

8月31日，日本国家统计局发布数据显示，日本7月份CPI为99.3，环比下降0.3%，同比下降0.4%；剔除食品和能源因素的核心CPI为98.4，环比下降0.2%，同比下降0.6%。

此外，东京地区8月份CPI为98.8，环比下降0.1%，同比下降0.7%；剔除食品和能源因素的核心CPI为98.3，环比上升0.3%，同比下降0.8%。

（来源：日本国家统计局　摘译）

日本二季度GDP增长率下调至0.2%

9月10日，日本内务省发布数据显示，日本二季度GDP增长率0.3%的初值下调至0.2%。按年率计算，当季GDP增长0.7%，不及之前增长1.4%的预期。

（来源：日本内务省　摘译）

日本发布8月份CPI数据

9月28日，日本国家统计局发布数据显示，以2010年为基期，8月份日本CPI为99.4，环比上升0.1%，同比下降0.4%。其中文化娱乐、燃料和水电费上升幅度最大，分别环比上升1.6%和0.8%，而服装和鞋价格指数环比下降2.0%，降幅最大。核心CPI为99.6，环比上升0.2%，同比下降0.3%。

东京核心区域（Ku-area）CPI为98.9，环比上升0.1%，同比下降0.7%。核心CPI为99.3，环比上升0.2%，同比下降0.4%。

（来源：日本国家统计局　摘译）

日本9月份国内企业商品价格指数同比下降1.4%

10月12日，日本央行发布数据显示，日本9月份国内企业商品价格指数同比下降1.4%，降幅小于上月的1.9%。日本9月份国内企业商品价格指数环比上升0.3%，上月增幅为0.2%。9月份整体最终商品价格指数同比下降0.8%，当月国内最终商品价格指数同比则下降 1.2%。

（来源：日本央行　摘译）

日本央行发布月度制造业投入产出价格指数

10 月 29 日，日本央行发布数据显示，9 月份制造业投入价格指数环比上升 0.9%，同比下降 3.0%。其中，商品、服务领域环比分别上升 0.9% 和 0.6%，同比分别下降 3.1% 和 0.8%。制造业产出价格指数环比上升 0.4%，同比下降 1.7%。

（来源：日本央行　摘译）

日本 10 月份国内企业商品价格指数环比下降 0.3%

11 月 12 日，日本央行发布数据显示，日本 10 月份国内企业商品价格指数（CGPI）环比下降 0.3%，同比下降 1.0%。以合同货币计价，出口价格指数环比下降 0.1%，同比下降 1.8%；进口价格指数环比下降 0.6%，同比下降 1.9%。

（来源：日本央行　摘译）

日本 10 月份 CPI 同比下降

11 月 30 日，日本国家统计局发布数据显示，以 2010 年为基期，日本 10 月份 CPI 为 99.6，环比维持不变，同比下降 0.4%。其中，食物价格指数为 98.8，环比上升 0.1%，同比下降 1.6%；住房价格指数为 99.3，环比维持不变，同比下降 0.4%；商品价格指数为 99.1，环比维持不变，同比下降 0.6%，服务价格指数为 100.1，环比维持不变，同比下降 0.2%。

（来源：日本国家统计局　摘译）

日本 11 月份外汇储备环比减少 33.12 亿美元

12 月 7 日，日本财务省发布数据显示，截至 11 月底，日本外汇储备为 1.27 万亿美元，环比减少 33.12 亿美元。

（来源：日本财务省　摘译）

日本10月份经常收支顺差同比下降29.4%

12月10日，日本财务省发布数据显示，日本10月份国际收支经常项目顺差3769亿日元（约合45.7亿美元），同比下降29.4%。其中，商品贸易收支逆差4503亿日元（约合54.6亿美元），同比上升115.6%；服务贸易收支逆差3568亿日元（43.2亿美元），同比上升4.48%；包括海外投资分红和利息在内的所得收支顺差1.24万亿日元（约合150.8亿美元），同比上升10.9%。

（来源：日本财务省　摘译）

日本2011财年研发支出同比上升1.6%

12月14日，日本国家统计局发布数据显示，日本2011财年研发支出为17.38万亿日元，同比上升1.6%，这是近4年来研发支出首次上升。研发支出占GDP比重为3.67%，同比上升0.11%。

（来源：日本国家统计局　摘译）

（二）韩　　国

韩国央行发布2011年国民经济核算报告

3月30日，韩国央行发布数据显示，韩国2011年实际GDP同比上升3.6%，主要是由于出口持续增长、建设投资减少以及私人消费和设备投资增长率放缓所导致。由于贸易环境恶化，反映实际购买力的GNI上升1.5%，低于实际GDP增长速度。

此外，韩国2011年名义GDP同比上升5.4%，达1237.1万亿美元，创历史新高。韩国2011年人均国民总收入同比增加1927美元，达2.2489万美元。

（来源：韩国央行　摘译）

韩国 3 月份 PPI 同比上涨 2.8%

4 月 9 日，韩国央行发布数据显示，韩国 3 月份 PPI 环比上升 0.6%，同比上升 2.8%，时隔两年再次跌至 3% 以下的水平。其中，农林水产品价格指数分别同比下降 3.1%，工业制成品价格指数同比上升 3.1%，水电煤气和服务项目价格指数分别同比上升 10.8% 和 1.3%。韩国央行表示，国际油价 3 月份的涨幅较 2 月份有所减少是韩国 PPI 增幅下降的主要原因。

（来源：韩国央行　摘译）

韩国央行发布《2012 年经济展望报告》

4 月 16 日，韩国央行发布《2012 年经济展望报告》（修订版），将韩国 2012 年经济增长预期由此前预测的 3.7% 下调至 3.5%。

报告预测，韩国 2012 年上半年经济增长 3.0%，下半年增长 3.9%。其中，韩国央行将 2012 年私人消费增长率预期从 3.2% 下调至 2.8%；设备投资增长率预期从 4.2% 上调为 6.2%，建设投资增长率预期仍保持在 2.8%；商品出口增长率预期从 5.0% 下调至 4.8%；商品进口增长率预期从 5.2% 下调至 4.5%。

韩国 2012 年就业人数将增加至 35 万人，超过此前预测的 28 万人。失业率为 3.3%，低于此前预测的 3.4%。

韩国 2012 年消费者价格指数（CPI）将维持在 3.2%，涨幅低于此前预测的 3.3%。其中，核心通胀率（不包括农产品和石油类产品）由 3.3% 下调至 2.6%。

韩国 2012 年经常项目顺差预计为 145 亿美元，低于 2011 年的 265 亿美元。韩国 2013 年经济增长预期将达 4.2%，失业率为 3.3%，CPI 增长 3.1%，经常性项目顺差降至 125 亿美元。

（来源：韩国央行　摘译）

韩国一季度 GDP 增速创两年多来新低

4 月 26 日，韩国央行发布数据显示，韩国 2012 年一季度实际 GDP 环比上升 0.9%，同比上升 2.8%。其中，一季度私人消费环比上升 1.0%，同比上升 1.6%；设备投资环比上升 10.8%，同比上升 9.1%；建筑投资环比下降 0.7%，同比上升

2.1%；商品出口环比增幅为3.4%，同比上升4.5%；商品进口环比上升4.5%，同比上升4.6%。

数据还显示，韩国一季度GDI环比上升0.2%，同比上升1.9%。

（来源：韩国央行 编译）

韩国发布6月份CPI数据

7月2日，韩国企划财政部发布数据显示，韩国6月份CPI为106.1，环比下降0.1%，同比上升2.2%。剔除农产品和石油后，6月份CPI为104.9，环比上升0.3%，同比上升1.5%。

（来源：韩国企划财政部 摘译）

韩国经济持续放缓

7月6日，韩国企划财政部发布报告显示，由于私人消费萎靡、外部环境不确定，韩国经济持续放缓。

5月份，制造业产量增加造成总产出稍有提高，与4月份保持一致。受耐用消费品影响，私人消费保持上涨趋势，现小幅提高。设备投资增长放缓，而建筑投资持续下降。就业情况持续改善，就业率上升，失业率下降，就业人数增加。

6月份，出口由下降转为上升，而进口现加速下降趋势。由于农产品和石油产品价格涨幅减小，CPI指数现较大降幅。

（来源：韩国企划财政部 摘译）

韩国6月份PPI环比下降1.4%，同比上升0.8%

7月9日，韩国央行发布数据显示，韩国6月份PPI环比下降1.4%，同比上升0.8%。其中，农林水产品价格环比下降5.9%，同比上升0.2%；工业品价格环比下降1.6%，同比上升0.3%；水电煤气价格环比上升0.1%，同比上升7.8%；服务价格环比下降0.2%，同比上升0.8%。

（来源：韩国央行 摘译）

韩国央行发布《2012 年下半年经济展望报告》

7 月 13 日，韩国央行发布《2012 年下半年经济展望报告》，下调韩国 2012 年经济增长预期至 3.0%，低于 4 月份预期的 3.5%。此次下调主要是由于欧洲主权债务危机给韩国经济带来的压力不断加剧以及新兴市场国家经济增速放缓。韩国 2012 年上半年经济增长目标为 2.7%，下半年为 3.2%。预计 2013 年经济增长预期为 3.8%。

韩国央行预计，韩国 2012 年将新增就业岗位 38 万个，高于 4 月份预期的 35 万个，2013 年将新增就业岗位 32 万个；2012 年失业率为 3.3%，低于 2011 年的 3.4%，2013 年为 3.2%；预计 2012 年 CPI 将达到 2.7%，2013 年将上涨至 2.9%；2012 年经常账户盈余为 200 亿美元，2013 年为 180 亿美元。

（来源：韩国央行　摘译）

韩国二季度经济增长 2.4%

7 月 26 日，韩国央行发布数据显示，韩国二季度 GDP 环比上升 0.4%，同比上升 2.4%。其中，私人消费支出环比上升 0.5%，同比上升 1.2%；政府消费支出环比下降 0.2%，同比上升 3.7%；设备投资环比下降 6.4%，同比下降 2.9%；建筑投资环比上升 0.3%，同比下降 1.4%；出口货物和服务环比下降 0.6%，同比上升 3.2%；进口货物和服务环比下降 1.7%，同比上升 0.7%；GDI 环比上升 1.0%，同比上升 2.2%。

（来源：韩国央行　摘译）

韩国 7 月份零售额下滑

8 月 21 日，韩国知识经济部（Ministry of Knowledge Economy）发布韩国 7 月份零售销售数据。韩国三大连锁折扣店销售额同比下降 8.2%，其中家用电器和文化用品销售额下降 6.5%，食品销售额下降 10.8%，服装销售额下降 9.1%，家庭用品销售额下降 4.6%，体育用品销售额下降 6.8%，一般商品销售额下降 8.7%。全国各大百货商店销售额同比下降 1.3%。家庭用品销售额 6 个月来首次微升。

（来源：韩国知识经济部　摘译）

韩国发布8月份综合消费者信心指数

8月27日，韩国央行发布数据显示，韩国8月份综合消费者信心指数为99，环比下降1个基点。其中：关于当前生活水平的消费者信心指数保持在87，对生活水平的预期下降1个基点至92个基点；关于当前国内经济情况的消费者信心指数下跌4个基点至67，对其预期下降3个基点至78；关于家庭收入预期的消费者信心指数下降1个基点至94，预期支出决定上升1个基点至107；关于未来价格变动的消费者信心指数上升5个基点至141，通胀预期保持在3.6%。

（来源：韩国央行　摘译）

韩国发布7月份产业活动指数

8月31日，韩国国家统计局发布数据显示，韩国7月份总产业生产指数环比上升0.3%，同比上升1.6%。

7月份，韩国制造业生产总值环比下降1.8%，同比上升0.3%；生产者交货指数环比下降1.8%，同比上升1.4%；生产者库存指数环比下降0.1%，同比上升7.4%；生产能力指数环比上升0.1%，同比上升3.5%；操作比指数环比下降1.2%，同比上升3.3%；制造业平均操作比为77.2%，环比下降0.9%；服务业指数环比上升0.7%，同比上升1.5%；零售消费指数环比上升3.4%，同比上升2.7%；设备投资指数环比上升2.5%，同比上升1.2%；国内机械出货指数同比下降4.1%；国内机械订单价值指数同比下降6.7%；经济同步指数循环变动值环比上升0.2%；经济先行指数循环变动值环比上升0.2%。

（来源：韩国国家统计局　摘译）

韩国发布8月份PPI数据

9月10日，韩国央行发布数据显示，韩国8月份PPI环比上升0.7%，同比上升0.3%。其中，农林海产品价格环比上升5.5%，同比下降2.9%；制造业产品价格环比上升0.6%，同比下降0.2%；水电煤气价格环比上升2.7%，同比上升7.8%；服务产品价格环比上升0.1%，同比上升1.0%。

（来源：韩国央行　摘译）

韩国8月份就业人口同比增长

9月12日，韩国国家统计局发布数据显示，韩国8月份经济活动人口总数达2562.3万人，同比增加36.6万人，增幅为1.4%。劳动力参与率维持在61.5%，同比上升0.1%。其中，就业人口达2485.9万人，同比增加36.4万人，增幅为1.5%；就业率为59.7%，同比上升0.1%。失业人口为76.4万人，同比增加2000人，增幅为0.2%；失业率为3.0%，与上年同期持平。

（来源：韩国国家统计局　摘译）

韩国7月份存款性公司发放家庭贷款增速放缓

9月11日，韩国央行发布数据显示，韩国7月份存款性公司发放家庭贷款增加1.7万亿韩元，同比增加4.6%，低于6月份3.1万亿韩元的增幅。其中，商业和专业类银行发放家庭贷款增加0.7万亿韩元；非银行类存款公司发放家庭贷款增加1万亿韩元。

其他地区家庭贷款增速较首尔和其周边地区（京畿道、仁川）相对缓慢。首尔和其周边地区7月份家庭贷款增加0.6万亿韩元，低于6月份0.9万亿韩元的增幅；其他地区7月份增加1.1万亿韩元，远低于6月份2.3万亿韩元的增幅。

（来源：韩国央行　摘译）

韩国9月份消费者信心指数低于100

9月25日，韩国央行发布数据显示，韩国9月份复合消费者信心指数为99，与上月持平。其中，生活水平现状消费者信心指数环比下跌1个基点至86，未来生活状况展望CSI为92，与上月持平；国内经济现状CSI环比下跌1个基点至66，未来经济状况展望CSI环比上升1个基点至79；家庭收入展望CSI为94，与上月持平；消费支出展望CSI环比下跌2个点至105。

此外，韩国9月份物价水平展望CSI环比下降2个基点至139。预期通胀率为3.6%。

（来源：韩国央行　摘译）

韩国9月份企业景气和经济景气指数双双下降

9月27日，韩国央行发布数据显示，韩国9月份制造业商业景气指数为69，环比下降3个基点。10月份制造业商业景气指数预期值为72，环比下降3个基点；非制造业BSI为66，与上月持平。10月份非制造业商业景气指数预期值为67，环比下降2个基点。

经季节性因素调整后，韩国9月份制造业商业景气指数为69，环比下降1个基点。10月份制造业BSI预期值为70，环比下降3个基点；非制造业BSI为67，环比下降1个基点。10月份非制造业商业景气指数预期值为69，环比下降2个基点。

此外，韩国9月份经济景气指数为89，环比下降1个基点。

（来源：韩国央行　摘译）

韩国发布9月份就业数据

10月10日，韩国国家统计局发布数据显示，韩国9月份劳动力参与率为61.8%，同比上升0.8%。经济活动人口总数达2575.5万人，同比增加67.9万人，增幅为2.7%。其中，就业人口达2500.3万人，同比增加68.5万人，增幅为2.8%；就业率为60.0%，同比上升0.9%。失业人口为75.2万人，同比减少6000人，降幅为0.8%；失业率为2.9%，同比下降0.1%。

（来源：韩国国家统计局　摘译）

韩国发布9月份PPI数据

10月11日，韩国央行发布数据显示，韩国9月份PPI环比上升0.7%，同比上升1.0%。其中，农林海产品价格环比上升5.9%，同比上升7.4%；制造业产品价格环比上升0.7%，同比持平；水电煤气价格环比下降0.1%，同比上升7.5%；服务产品价格环比持平，同比上升1.3%。

（来源：韩国央行　摘译）

韩国9月份企业直接融资环比增加28.2%

10月23日，韩国金融监督院发布数据显示，韩国9月份企业直接融资规模为11.881万亿韩元，环比增加2.617万亿韩元，增幅为28.2%。其中，股票发行额为493亿韩元，环比减少694亿韩元；债券发行额为11.832万亿韩元，环比增加2.686万亿韩元。此外，1—9月韩国企业直接融资总额为99.1741万亿韩元，同比下降3.7%。

（来源：韩国金融监督院　摘译）

韩国10月份消费者信心指数下滑

10月26日，韩国央行发布数据显示，韩国10月份复合消费者信心指数为98，环比下跌1个基点。其中，生活水平现状消费者信心指数和未来生活状况展望CSI分别维持在86和92不变；国内经济现状CSI维持66不变，未来经济状况展望CSI环比下降1个基点至78；家庭收入展望CSI维持94不变，消费支出展望CSI环比下跌1个基点至104。

此外，韩国10月份物价水平展望CSI环比下降2个基点至137；预期通胀率维持3.4%不变。

（来源：韩国央行　摘译）

韩国央行发布三季度宏观经济数据

10月26日，韩国央行发布数据显示，韩国三季度实际GDP同比上升1.6%，环比上升0.2%；实际GDI同比增长2.9%，环比上升1.2%。

从支出领域来看，私人消费同比上升1.5%，环比上升0.6%；基础设施投资同比下降6%，环比下降4.3%；建筑投资同比下降0.1%，环比上升0.2%；进口同比上升0.9%，环比上升1.7%。

从生产领域来看，农林渔业同比下降0.1%，环比下降4%；制造业同比上升1.3%，环比下降0.2%；建筑业同比下降1.8%，环比上升2.9%；服务业同比上升2.4%，环比上升0.1%。

（来源：韩国央行　摘译）

韩国9月份生产指数普遍上升

10月31日，韩国国家统计局发布数据显示，韩国9月份PPI环比上涨0.8%，同比上升1.2%；零售业销售指数环比上升1.5%，同比上升2.5%；设备投资指数环比上升6.2%，同比上升8.2%；一致合成指数环比上升0.3%。

（来源：韩国国家统计局　摘译）

韩国9月份全产业生产指数环比上升0.8%

10月31日，韩国国家统计局发布数据显示，韩国9月份全产业生产指数同比上升1.2%，环比上升0.8%。其中，制造业生产指数同比上升0.7%，环比上升1.0%；服务业生产指数同比上升2.5%，环比上升0.7%；设备投资指数同比下降8.2%，环比上升6.2%。此外，经济同步指数循环变动值（Cyclical Component of Composite Coincident Index）环比持平；经济先行指数循环变动值（Cyclical Component of Composite Leading Index）环比下跌0.7%。

（来源：韩国国家统计局　摘译）

韩国10月份CPI同比上升2.1%

11月1日，韩国企划财政部和统计局联合发布数据显示，韩国10月份CPI同比上涨2.1%，环比下降0.1%。总体上，自3月份以来，韩国CPI涨幅一直维持在2%左右。此外，韩国10月份核心CPI同比上涨1.5%，环比持平。

（来源：韩国企划财政部、国家统计局　摘译）

韩国三季度银行不良贷款规模扩大

11月7日，韩国金融监督院发布数据显示，韩国三季度银行不良贷款规模为21.9万亿韩元，环比增加1万亿韩元。其中，企业不良贷款为18万亿韩元，家庭不良贷款为3.6万亿韩元，信用卡不良贷款为0.3万亿韩元。银行不良贷款比率为1.56%，环比上升0.07%。

韩国三季度银行新增不良贷款 5.8 万亿韩元，环比减少 1.1 万亿韩元；处理不良贷款 4.8 万亿韩元，环比减少 2.2 万亿韩元。

（来源：韩国金融监督院　摘译）

韩国 10 月份 PPI 环比下降 0.7%

11 月 9 日，韩国央行发布数据显示，韩国 10 月份 PPI 环比下降 0.7%，同比上升 0.2%。其中，农林海产品价格环比下降 8.8%，同比上升 3.3%；制造业产品价格环比下降 0.6%，同比下降 0.7%；水电天然气供应价格环比上升 0.1%，同比上升 4.9%；服务业价格环比上升 0.2%，同比上升 1.2%。

（来源：韩国央行　摘译）

韩国发布 10 月份就业数据

11 月 14 日，韩国国家统计局发布数据显示，韩国 10 月份经济活动人口为 2578.7 万人，同比增加 37.8 万人，增幅为 1.5%。其中，就业人数为 2506.9 万人，同比增加 39.6 万人，增幅为 1.6%；就业人口占总人口比例为 60.1%，同比上升 0.2%。失业人数为 71.8 万人，同比减少 1.8 万人，降幅为 2.4%；失业人口占总人口比例为 2.8%，同比下降 0.1%。劳动参与率为 61.8%，同比上升 0.1%。此外，韩国 10 月份非经济活动人口为 1594.3 万人，同比增加 18.3 万人，增幅为 1.2%。

（来源：韩国国家统计局　摘译）

韩国央行发布 11 月份消费者信心指数

11 月 26 日，韩国央行发布数据显示，韩国 10 月份综合消费者信心指数环比下降 1 个基点至 98；11 月份综合消费者信心指数环比上升 1 个基点至 99。预计通胀保持在 3.4% 水平的情况下，有关价格波动展望的消费者信心指数下降 2 个基点至 137。

（来源：韩国央行　摘译）

韩国10月份消费者信心指数小幅下降

11月26日，韩国央行发布数据显示，10月份韩国消费者信心指数为98，环比小幅下降。其中，消费者对生活水平及未来预期的信心指数维持不变，分别为86与92；对经济形势的信心指数维持66不变，对未来预期环比下降1个基点至78；对未来家庭收入的信心指数维持94不变，对未来家庭支出的信心指数环比下降1个基点至104。此外，消费者对未来物价变化的信心指数环比下降2个基点至137，预期通货膨胀率维持3.4%不变。

（来源：韩国央行　摘译）

韩国三季度存款机构工业借贷额环比上升

11月26日，韩国央行发布数据显示，韩国三季度存款机构工业借贷额环比增长11.8万亿韩元。其中，储蓄银行借贷额环比增长11.8万亿韩元，非银行类存款机构借贷额与上季度持平。对设施投资和营运资本的借贷额分别环比增加6.3万亿韩元和5.5万亿韩元。

（来源：韩国央行　摘译）

韩国发布10月份生产活动数据

11月30日，韩国国家统计局发布数据显示，韩国10月份工业生产指数环比下降0.2%，同比下降0.5%。其中，制造业生产指数环比上升0.7%，同比下降0.8%；生产能力指数环比上升0.2%，同比上升2.1%；服务业生产指数环比下降1.0%，同比上升0.9%。此外，韩国10月份零售业销售额指数环比下降0.8%，同比上升2.0%；建筑订单额同比下降22.7%。

10月份韩国经济同步指数环比下降0.1%，经济先行指数环比上升0.1%。

（来源：韩国国家统计局　摘译）

韩国 11 月份 CPI 同比上升 1.6%

12 月 3 日，韩国企划财政部发布数据显示，以 2010 年为基期，韩国 11 月份 CPI 为 100.5，同比上升 1.6%，环比下降 0.4%；剔除农产品和石油价格影响的核心 CPI 同比上升 1.3%，环比上升 0.1%。

（来源：韩国企划财政部　摘译）

韩国下调三季度经济增速

12 月 6 日，韩国央行发布修正后数据显示，经季节性因素调整后，三季度韩国 GDP 环比上升 0.1%，较之前预测数据下降 0.1%，同比增长 1.5%。实际 GNI 环比上升 0.5%，同比上升 2.8%。

（来源：韩国央行　摘译）

韩国发布 11 月份 PPI 数据

12 月 10 日，韩国央行发布数据显示，韩国 11 月份 PPI 环比下降 0.6%，同比下降 0.2%。其中，农林海产品价格环比下降 1.8%，同比下降 0.5%；制造业产品环比下降 0.9%，同比下降 1.1%；水电煤气价格环比下降 0.1%，同比上升 5.2%；服务产品价格环比下降 0.2%，同比上升 1.2%。

（来源：韩国央行　摘译）

韩国发布 11 月份就业数据

12 月 12 日，韩国国家统计局发布数据显示，韩国 11 月份经济活动人口为 2565.2 万人，同比增加 33.4 万人，增幅为 1.3%。劳动参与率为 61.4%，同比维持不变。11 月份就业人数为 2494.1 万人，同比增加 35.3 万人，增幅为 1.4%；失业人数为 71 万人，同比减少 1.9 万人，降幅为 2.6%；失业率为 2.8%，同比下降 0.1%。

（来源：韩国国家统计局　摘译）

（三）印 度

印度与亚行签订一笔 2 亿美元电力贷款

2 月 27 日，印度政府与亚行签订总额 2 亿美元的贷款协议。该贷款将为印度中央邦农户提供 24 小时不间断电力，惠及 260 万户农民。

（来源：印度财政部 摘译）

印度与亚行签订一笔 1 亿美元太阳能贷款

2 月 27 日，印度政府与亚行签订总额 1 亿美元的贷款协议。该贷款将用于改善印度古吉拉特邦 Charanka 太阳能城 5 亿瓦特太阳能的输送系统。

通过公私合作关系管理模式，印度政府实施了一项有吸引力的太阳能支付价格费率系统，同时给予开发商在太阳能城开发项目的选择权。邦政府管理部门向开发商出租土地，提供公用基础设施和服务。

印度政府计划到 2022 年生产 200 亿瓦特太阳能。2010 年，印度实施了到 2013 年生产 10 亿瓦特太阳能的“贾瓦哈拉尔·尼赫鲁国家太阳能计划”。

（来源：印度财政部 摘译）

印度财政部发布政府债务情况报告

3 月 6 日，印度财政部长普拉纳布·慕克吉（Pranab Mukherjee）指出，在 2010—2011 财年预算讲话中，他曾宣布将致力于提出一份详细分析印度政府债务现状的报告和政府控制公共债务的路线图。

普拉纳布·慕克吉表示，该专业报告附债务年度报告的主要内容如下：

中央政府债务和负债的未来趋势：截至 2011 年 3 月份，中央政府债务和负债占 GDP 比重为 45.3%，印度政府计划在 2013—2014 财年将该比重减少至 41.5%。

印度未偿债务的可持续性和未来融资前景：从中期看，印度政府债务总量不断下降确保了未偿债务的可持续性；从债券市场和主要经济参数看，印度未来融资前景向好。

（来源：印度财政部　摘译）

印度从亚行获得 2.4 亿美元基础设施贷款

3 月 21 日，印度政府、亚行和印度基础设施融资有限公司联合签署了总额 2.4 亿美元贷款协议。该贷款包括印度基础设施项目融资贷款二期余额和第三期，目的是通过加强公私伙伴关系促进印度基础设施发展。2009 年，三方达成总额 7 亿美元融资贷款协议，通过该公司为交通、市政和电力部门等基础设施项目融资。

（来源：印度财政部　摘译）

印度财政部发布 2011 年印度外债情况

近日，印度财政部发布 2011 年印度外债务情况。主要数据如下：

截至 2011 年末，印度外债总额 3349 亿美元，比 2011 年 3 月份增加 288 亿美元，同比增加 9.4%。印度外债大幅飙升主要是由于商业借款和短期债务，这两部分占增加的 288 亿美元的 84.7%。美元升值造成了同期印度外债低估了 122 亿美元，这意味着，如果剔除低估效应，印度外债本应该增加 410 亿美元。

印度短期债务和长期债务分别占总债务的 23.3% 和 76.7%。政府主权债和非政府债务分别占总债务的 24.3% 和 75.7%。各种货币计价的债券分别为：美元占 56.9%、印度卢比占 18.6%、日元占 10.4%、特别提款权占 8.9%、欧元占 3.8%。印度外债占 GDP 比重从 2011 年 3 月份的 17.8% 上升至 2011 年 12 月份的 20.0%。短期债务占外汇储备比重从 2011 年 3 月份的 21.3% 上升至 2011 年 12 月份的 26.3%。优惠债券占债券总额比重从 2011 年 3 月份的 15.5% 下降为 2011 年 12 月份的 14.4%。

（来源：印度财政部　摘译）

印度发布 2011—2012 财年四季度印度公共债务季报

4 月 28 日，印度财政部发布 2011—2012 财年四季度公共债务管理报告，报告主要包括近期印度主要宏观经济数据及公共债务相关内容。

（1）近期印度主要宏观经济数据如下：2011—2012 财年三季度的 GDP 增速为

6.1%，环比下降了0.8%，GDP增速连续第四个季度减慢。2012年3月份的通胀年率下降至6.89%，上年同期为9.68%，下降了近3%。

2012年2月份工业生产指数的增幅为4.1%，同比下降2.7%。四季度出口增长14.9%，进口增长40.5%，逆差达528亿美元。2011—2012财年进出口贸易总逆差规模为1849亿美元。2011—2012财年四季度外国对印度的投资有所增加，推高了印度卢比兑美元的汇率，从2011年11月份的53.3∶1升至2012年2月份的48.9∶1。

（2）印度主要公共债务规模数据如下：2011—2012财年四季度印度的公共债务规模达到35.99万亿卢比（约合7200亿美元），同比增长5.4%。内部债务达32.3万亿卢比（约合6600亿美元），占总公共债务的89.7%，同比增加0.56%。其中，可交易的市场证券占总公共债务的79.48%，同比增加1.1%，包括25.93万亿卢比（约合5300亿美元）的政府未偿还债务；非市场证券占总公共债务比例为10.20%，同比减少0.5%。2011—2012财年四季度外部债务为3.7万亿卢比（约合756亿美元），占总公共债务的10.3%，其中多边债务和双边债务分别占到总公共债务的6.42%和2.98%，IMF贷款和其他卢比贷款分别占0.9%和0.02%。

（3）不同期限政府未偿还债务构成情况如下：2011—2012财年四季度印度未偿还的政府债券达25.93万亿卢比（约合5300亿美元），平均到期时间为9.60年，同比下降了0.06年。其中，中期债券占比最高，1—5年期、5—10年期和10—20年期的债券所占比例分别为26.7%、34.7%和22%；短期（1年以下）债券占3.49%；长期（10年以上）债券则为13.12%。

政府债券的持有人主要包括印度商业银行、保险公司及印度储备银行，报告中2011年12月份的最新数据显示，上述三类机构所持有的印度政府债券分别占总债券规模的37.06%、22.43%和13.56%。

（来源：印度财政部　摘译）

印度维持免征侨汇服务税

7月10日，印度中央消费税和关税联邦总局表示，一直以来印度没有对侨汇征收服务税。《印度1994年财政法案》（修订案）规定，货币交易不算作“服务”税收条款。如果对印度境外自然人和企业向印度境内汇款已收费，那么这项交易免征服务税。按照《印度2012年服务规则地域条款》，外汇交易服务被视作印度境外场所，不应缴纳服务税。

此外，即使对外资银行或提供终端服务的其他经济实体收费的合作银行或金融机构也不征收服务税，因为服务接收地在印度境外。

（来源：印度财政部　摘译）

印度发布《2012 年二季度债务管理报告》

7 月 27 日，印度财政部发布印度《2012 年二季度债务管理报告》。该报告主要分为五部分：第一部分主要概述印度二季度宏观经济发展情况，包括经济增长、通货膨胀和资本流动对债券市场的影响；第二部分详述印度二季度一级市场债务管理相关操作细节；第三部分介绍现金管理操作及相关原理；第四部分介绍未偿还债务账户相关情况，包括成本、风险特点、持有模式和到期债务组合；第五部分详细介绍国债市场上的二级市场活动情况。

（来源：印度财政部　摘译）

印度财政部发布 2011—2012 财年印度外债数据

9 月 10 日，印度财政部发行题为《印度外债：2011—2012 财年状态报告》的年度出版物。该报告基于 2012 年 6 月 29 日印度央行发布的数据详细分析了截至 2012 年 3 月底印度外债头寸。除了分析外债趋势、构成和偿债水平外，该报告还对其他发展中国家的外债进行了比较分析并阐述了印度外贸部门的脆弱性。

该报告呈现如下显著特点：近期，印度外部脆弱性指标已显现一些压力信号，反映出不断恶化的欧元区主权债务危机和全球经济下行对印度经济的影响。一些发达国家的疲软复苏、低迷增长前景、持续上升债务和大量融资需求会加大全球经济风险。诸多数据都显示出印度外贸部门风险正在加剧：经常账户赤字增加、储备减少、卢比贬值、外债上升以及总外债中的短期和商业借贷比重上升。

2011—2012 财年，印度外债占 GDP 比重为 20%，偿债比率为 6%。与其他发展中负债国家比较一些外债指标显示，印度外债弹性较强，处于可控范围之内。

2011—2012 财年末的具体数字如下：印度外债总额为 3458 亿美元，比上一财年增加 399 亿美元，主要原因是商业借款、短期贷款和印度非居民存款增加。长期外债总额为 2676 亿美元，同比增加 11.1%；短期外债为 782 亿美元，同比增加 20.3%。其中，长期外债占外债总额的 77.4%。商业借贷、短期贷款、印度非居民和多边债务分别占总债务的 30.2%、22.6%、16.9%、和 14.6%，商业借贷增加主要是由于新兴市场经济和公司正促进经济复苏。主权债务为 819 亿美元，同比增加 38 亿美元，占外债总额的 23.7%，上一财年占比为 25.5%。

世界银行2012年发布的《全球金融发展》报告显示，从外债绝对规模看，印度位列前20个发展中债务国的第5位；从外债占国民总收入比重看，印度排名倒数第5位。

（来源：印度财政部　摘译）

（四）东　　盟

越南2012年新增外资企业数据

越南税务部门统计报告发布数据显示，1—7月，越南新设立企业46818家，其中外资企业为42349家。

同期，停运企业共20471家。值得注意的是，7月份有937家企业以外资企业身份恢复运营，显示企业整体运营情况向好。

此外，相关税收数据显示，2012年二季度税前赢利企业数与一季度相比增长了2.5%，其中本土企业较一季度增长5.8%。

（来源：越南财政部　摘译）

印度尼西亚8月份通胀率上升

9月3日，印度尼西亚中央统计局发布数据显示，8月份通胀率环比上升0.95%，同比上升4.58%，2012年1—8月涨幅为3.48%；核心通胀率环比上升0.97%，同比上升4.16%，2012年1—8月涨幅为3.28%。

8月份，粮食通胀率环比上升1.48%，同比上升7.45%；方便食品、饮料、香烟和烟草通胀率环比上升0.67%，同比上升6.11%；住房、水、电、天然气和燃料通胀率环比上升0.26%，同比上升3.23%；服装通胀率环比上升0.86%，同比上升3.33%；医疗通胀率环比上升0.24%，同比上升2.95%；教育、娱乐和体育通胀率环比上升1.7%，同比上升3.75%；运输、通信和金融服务通胀率环比上升1.5%，同比上升2.58%。

（来源：印度尼西亚中央统计局　摘译）

马来西亚7月份国内PPI小幅上升

7月份，马来西亚国家统计局发布数据显示，受当地PPI上涨0.9%而进口价格指数下降0.1%的影响，马来西亚国内PPI由128.0小幅上涨至128.7，同比下降0.2%，当地PPI同比下降0.5%，进口价格指数同比上升0.8%。

（来源：马来西亚国家统计局　摘译）

越南发布8月份财经数据

8月份，越南财政部发布数据显示，越南8月份CPI较2011年12月份上升2.86%，同比上升5.04%；发布总额约为98亿美元，环比下降3.8%；进口总额约为734.1亿美元，同比下降6.7%。

截至8月15日，越南预算收入约为418.46万亿越南盾，完成年度计划56.5%，同比上升1.7%。同期，总支出约534万亿越南盾，同比上升18.6%。

（来源：越南财政部　摘译）

马来西亚8月份IPI小幅下降

马来西亚国家统计局发布数据显示，马来西亚8月份IPI同比下降0.7%，其中，制造业指数同比下降1.8%，但采矿业指数和电力行业指数均有上升，涨幅分别为1.6%和2.7%。经季节性因素调整后，8月份IPI环比下降0.1%，制造业和电力行业指数环比分别下降3.1%和1.8%，采矿业指数环比上升14.3%。

（来源：马来西亚国家统计局　摘译）

新加坡三季度失业率小幅降至1.9%

10月31日，新加坡人力部发布数据显示，新加坡三季度就业人数增加2.49万人，同比减少0.8万人，环比减少0.68万人。经过前两个季度失业人数减少后，新加坡三季度失业人数增加并且预计为0.33万人。经季节性因素调整后，新加坡三季度失业率为1.9%，环比下降0.1%。但新加坡居民和公民的失业率都没变，分别为2.8%与3.0%。

（来源：新加坡人力部　摘译）

新加坡10月份CPI同比上升4.0%

11月23日，新加坡金融管理局发布数据显示，新加坡10月份CPI同比上升4.0%，9月份上升4.7%。受全球食品和油价下跌影响，核心CPI升幅降至2.2%，环比下降0.2%。新加坡2012年全通胀年率将略高于4.5%，2013年将降至3.5%—4.5%之间。

（来源：新加坡金融管理局　摘译）

马来西亚发布10月份CPI数据

11月23日，马来西亚国家统计局发布数据显示，10月份马来西亚CPI同比上升1.3%至105.4（2010年为基期），环比上升0.2%。其中，食物与非酒精饮料价格同比上升2.0%，环比上升0.4%；非食物类价格同比上升1.1%，环比上升0.1%。此外，1—10月CPI同比上升1.7%至104.8，其中，食物与非酒精饮料价格同比上升2.8%，非食物类价格同比上升1.3%。

（来源：马来西亚国家统计局　摘译）

菲律宾三季度GDP同比上升7.1%

11月29日，菲律宾国家统计局发布数据显示，菲律宾三季度GDP同比上升7.1%，高于市场预期，为2010年三季度以来最高。经济增长主要受服务业增长影响，其中，交通运输、仓储、通信、金融中介、房地产、租赁及商业活动等部门增幅明显。此外，在需求方面，个人消费和政府开支上升、建筑业投资增加和外贸增长等都为三季度经济增长作出了贡献。

2012年前三季度，菲律宾经济同比上升6.5%，高于政府设定的全年经济上升6%的目标。10月份菲律宾GNI同比上升6.6%，人均GDP同比上升5.3%，人均GNI同比上升4.8%，人均家庭消费支出（HFCE）同比上升4.4%。

（来源：菲律宾国家统计局　摘译）

四、其他国家

（一）澳大利亚

澳大利亚3月份失业率为5.2%

4月12日，澳大利亚国家统计局发布数据显示，3月份澳大利亚失业率为5.2%，新增4.4万个就业岗位，总体就业人口增至1149.12万人。其中，全职就业岗位环比增加1.58万个至808.04万个，兼职就业岗位环比增加2.82万个至341.09万个，此外，3月份澳大利亚劳动力参与率为65.4%，环比上升0.2%。

（来源：澳大利亚国家统计局　摘译）

澳大利亚央行发布8月份商品价格指数

9月3日，澳大利亚央行发布数据显示，澳大利亚8月份商品价格指数（预估值），按SDR计算下跌3%，7月份指数（修正后）上涨0.9%；按澳元计算，8月份商品价格指数下跌4.3%。

过去一年商品价格指数，按SDR计算下跌13.7%；按澳元计算下跌18.5%。

8月份商品价格指数下跌主要是因为铁矿石和焦煤价格下跌，农村商品价格和基本金属价格也下降，但石油和黄金价格上升。

（来源：澳大利亚央行　摘译）

澳大利亚央行发布7月份金融总量指数

9月3日，澳大利亚央行发布数据显示，经季节性因素调整后，澳大利亚7月份金融中介机构发放给私营部门的信贷总额增加0.2%，6月份上升0.3%。其中，住房信贷上升0.3%，6月份上升0.3%；其他个人信贷下降0.3%，6月份下降0.2%；商业信贷上升0.1%，6月份增加0.5%；货币供应量增加0.7%，广义货币增加0.6%。

1—7月，信贷总额上升4.2%，住房信贷上升4.9%，商业信贷上升4.2%，其他个人信贷下降1.5%，广义货币增加8.4%。

（来源：澳大利亚央行　摘译）

澳大利亚二季度GDP增长0.6%

9月5日，澳大利亚国家统计局发布数据显示，经季节性因素调整后，澳大利亚二季度GDP增长率为0.6%，较一季度1.4%的增长率有所放缓。其中，最终消费支出和净出口贡献率分别为0.6%和0.3%，部分增长被存货-0.3%和住房投资-0.1%的贡献率抵消。另外，二季度贸易条件指数下降0.6%。

（来源：澳大利亚国家统计局　摘译）

澳大利亚三季度CPI上升

10月24日，澳大利亚国家统计局发布数据显示，澳大利亚三季度CPI环比上升1.4%，高于二季度0.5%的增幅；同比上升2.0%，高于二季度1.2%的增幅。

其中，澳大利亚三季度价格上升最明显的依次为电力价格（+15.3%）、国际旅游住宿价格（+6.6%）和医疗卫生服务价格（+4.5%）；下降最明显的为汽车燃料价格（-3.9%）和机动车价格（-1.0%）。

（来源：澳大利亚国家统计局　摘译）

澳大利亚央行发布9月份私人领域借贷和广义货币量数据

10月31日，澳大利亚央行发布9月份借贷数据显示，私人领域借贷量环比上升0.3%，同比上升4.0%，8月份环比上升0.2%。

其中，住房贷款9月份环比上升0.4%，8月份为0.3%，三个季度内共上升4.7%；其他个人贷款环比上升0.2%，8月份环比减少0.3%，三个季度内其他个人贷款共减少0.9%；商业贷款环比上升0.3%，8月份为减少0.1%，三季度内环比上升 3.8%。

此外，9 月份，M3 货币量上升 0.6%，广义货币量上升 0.6%；三个季度内广义货币量上升 7.1%。

（来源：澳大利亚央行　摘译）

澳大利亚 10 月份物价指数下降

11 月 1 日，澳大利亚央行发布数据显示，澳大利亚 10 月份物价指数初步估计环比下降 3.5%，同比下降 16%。以澳元计算，10 月份该指数环比下降 2.2%，同比下降 19.1%。环比下降的推动因素为焦煤、热能煤和石油价格下降，但部分被铁矿石价格增长抵消；同比下降的推动因素为铁矿石和焦煤价格下降。

（来源：澳大利亚央行　摘译）

澳大利亚三季度 GDP 环比上升 0.5%

12 月 5 日，澳大利亚国家统计局发布数据显示，经季节性因素调整后，澳大利亚三季度 GDP 环比上升 0.5%。其中，私人投资环比上升 0.5%，存货环比上升 0.3%，居民消费支出环比上升 0.2%，采矿业环比上升 0.4%，公共投资环比下降 0.5%。此外，澳大利亚三季度贸易条件指数环比下降 4.0%。

（来源：澳大利亚国家统计局　摘译）

澳大利亚 11 月份失业率下降 0.1%

12 月 6 日，澳大利亚国家统计局发布数据显示，经季节性因素调整后，澳大利亚 11 月份劳动力参与率环比下降 0.1% 至 65.1%，失业率下降 0.1% 至 5.2%，就业人数增加 1.39 万人至 1155 万人。

（来源：澳大利亚国家统计局　摘译）

（二）新西兰

新西兰二季度 GDP 上升

9 月 20 日，新西兰国家统计局发布数据显示，新西兰二季度 GDP 环比上升 0.6%，同比上升 2.6%。

数据显示，新西兰二季度农业和建筑业环比分别上升 4.7% 和 3.3%，为二季度 GDP 增长主要驱动力；交通、邮政和仓储业上升 2.7%；建筑业上升 0.8%。

新西兰二季度 GDP 年率上升 2%，为 2008 年一季度以来最高。截至 6 月份新西兰 2012 年度经济规模达 2050 亿美元。

（来源：新西兰国家统计局　摘译）

新西兰三季度企业商品价格指数上升

11 月 19 日，新西兰国家统计局发布数据显示，新西兰三季度企业商品价格指数（CGPI）环比上升 0.3%，同比上升 1.3%，其中，居民住宅价格指数环比上升 0.8%，土建工程价格指数环比上升 1.0%，交通设备价格指数环比上升 0.6%。

（来源：新西兰国家统计局　摘译）

（三）南　非

南非三季度实际 GDP 增速降至 1.2%

11 月 27 日，南非国家统计局发布数据显示，经季节性因素调整后，南非三季度实际 GDP 同比增速由二季度的 3.4% 下降为 1.2%；2011 年实际 GDP 增速达 3.5%，2010 年为 3.1%。前三季度未经季节性因素调整的实际 GDP 增速预计为 2.6%。

三季度增速放缓主要源于采矿和采石业 0.6% 的萎缩。

（来源：南非国家统计局　摘译）

■ 第二部分

财政、货币政策与数据

一、欧　　洲

（一）欧盟与欧元区

欧洲央行维持基准利率不变

3月8日，欧洲央行宣布，将再融资利率、边际贷款利率和存款工具利率分别维持在1.00%、1.75%和0.25%不变。

（来源：欧洲央行　摘译）

欧洲央行发布2011年度决算报告

3月8日，欧洲央行理事会发布经审计的2011年度决算报告。报告指出，2011年度，欧洲央行盈余达18.94亿欧元（2010年：13.34亿欧元）。截至2010年12月31日，欧洲央行向风险拨备注资11.66亿欧元，其中有13亿欧元由爱沙尼亚银行出资，风险拨备总规模达63.63亿欧元。风险防范账户的目的是为了防范汇率、利息、信贷以及黄金价格风险。欧洲央行理事会对这些风险进行持续监控，且每年都会对风险拨备的资金规模需求进行审核。

由于对风险拨备的注资，欧洲央行2011年净利润由2010年的1.71亿欧元增长至7.28亿欧元。根据欧洲央行理事会的决议，利润中的6.52亿欧元于2012年1月3日前分配至欧洲各国央行。3月8日，理事会进一步决定将于3月12日将余下的7600万欧元分配至欧元区各中央银行。

欧洲央行的固定收入主要来自外汇储备资产投资、资金投资组合收入、利息收入及以货币政策为目的的证券购买净利息。有价证券的购买分别在三个项目下进行：一是2008年7月—2010年6月的首次有价证券购买项目，二是2011年11

月份开始的第二次购买项目，三是始于 2010 年 5 月份的证券市场计划。

根据该报告，欧洲央行 2011 年的净利息收益总额为 19.99 亿欧元（2010 年为 14.22 亿欧元）。其中，欧洲央行在欧元货币流通中所占份额的利息收益达 8.56 亿欧元（2010 年为 6.54 亿欧元），证券购买项目的净利息收入总额为 1.66 亿欧元（2010 年为 1.44 亿欧元），证券市场计划净利息收入为 10.03 亿欧元（2010 年为 4.38 亿欧元）。就各国央行向欧洲央行转移的外汇储备资产总额，欧洲央行对其支付的报酬总额达 4.34 亿欧元（2010 年为 3.46 亿欧元），同时，外汇储备资产的利息收入为 2.9 亿欧元（2010 年为 3.66 亿欧元）；财务经营收益达 4.72 亿欧元（2010 年为 4.74 亿欧元）。投资减值为 1.57 亿欧元（2010 年为 1.95 亿欧元），主要由不以货币政策为目的、未变现的有价证券损失造成。

2011 年度决算报告与管理报告将于 2012 年 4 月 25 日在欧洲央行年度报告上公布。

（来源：欧盟委员会　摘译）

欧盟发布 2011 年欧元区及欧盟财政赤字和负债数据

4 月 23 日，欧盟统计局发布数据显示，2011 年欧元区赤字率从 2010 年的 6.2% 下降至 4.1%。欧盟赤字率从 2010 年的 6.5% 下降至 2011 年的 4.5%。截至 2011 年底，欧元区负债率由 2010 年的 85.3% 上升至 87.2%。同期，欧盟负债率由 2010 年的 80% 上升至 82.5%。

根据欧盟条约规定，成员国赤字率水平不得高于 3%，负债率不得高于 60%。数据显示，爱尔兰为欧盟范围内赤字率水平最高的国家，达 13.1%；希腊和西班牙的赤字率分别为 9.1% 和 8.5%。有 14 个成员国的负债率高于 60%，希腊为负债率最高的国家，达 165.3%；意大利和爱尔兰分别为 120.1% 和 108.2%。

（来源：欧盟统计局　摘译）

欧洲央行维持利率政策不变

5 月 3 日，欧洲央行宣布，将主要再融资操作利率、边际存款利率和边际贷款利率分别维持在 1.00%、0.25% 和 1.75% 不变。

（来源：欧洲央行　摘译）

欧盟一季度对外经常账户赤字达88亿欧元

6月份，欧盟统计局和欧洲央行发布数据显示，欧盟一季度对外经常账户逆差达88亿欧元，较2011年同期313亿欧元的逆差额下降71.9%；2011年四季度对外经常账户为顺差131亿欧元。欧元区2012年一季度的对外经常账户逆差达82亿欧元，较2011年同期的213亿欧元的逆差额下降61.5%；2011年四季度欧元区对外经常账户为顺差339亿欧元。

此外，欧盟一季度货物对外贸易逆差286亿欧元，同比下降39.5%，环比上涨68.2%；服务业对外贸易顺差252亿欧元，同比上涨23.5%，环比下降22%。欧元区货物对外贸易顺差19亿欧元，环比上涨86.7%。2011年欧盟一季度货物对外贸易顺差143亿欧元；服务业对外贸易顺差92亿欧元，同比上涨16.5%，环比下降46.5%。

（来源：欧盟统计局　摘译）

欧洲央行维持利率不变

6月6日，欧洲央行宣布，将主要再融资操作利率、边际存款利率和边际贷款利率分别维持在1%、0.25%和1.75%不变。

（来源：欧洲央行　摘译）

欧盟统计局发布欧盟和欧元区一季度债务情况

7月23日，欧盟统计局发布数据显示，一季度末，欧元区政府债务占GDP比例为88.2%，环比上升0.9%，欧盟环比上升0.9%至83.4%。欧元区政府债务占GDP比例同比上升2.0%至88.2%，欧盟上升3.0%至83.4%。同期，欧元区政府债务包括78.3%的债券（不包括股票）、17.8%的贷款以及2.8%的现金和存款；欧盟的数据分别为79.3%、15.6%和3.8%。另外，欧元区和欧盟政府内部借款占GDP比例分别为1.2%和0.9%。

欧元区和欧盟国别政府债务情况为：

一季度末，政府债务占GDP比例最高的依次为希腊、意大利、葡萄牙和爱尔兰，分别为132.4%、123.3%、111.7%和108.5%；而最低的依次是爱沙尼亚、保加利亚和卢森堡，分别为6.6%、16.7%和20.9%。

较2011年四季度，欧盟21个成员国政府债务占GDP比例上升，6个成员国下降。上升最高的依次是立陶宛、葡萄牙、西班牙和比利时，分别上升4%、3.8%、3.7%和3.6%；下降最多的依次是希腊、匈牙利和丹麦，分别下降33%、1.8%和1.5%。

较2011年一季度，欧盟23个成员国政府债务占GDP比例上升，4个成员国这一比例下降。上升最高的依次是葡萄牙、塞浦路斯和爱尔兰，分别上升17.2%、11%和8.2%；下降最多的依次是希腊和匈牙利，分别下降20%和4.1%。

（来源：欧盟统计局　摘译）

欧洲央行维持利率政策不变

8月2日，欧洲央行宣布，将主要再融资操作利率、边际存款利率、边际贷款利率依次维持0.75%、0.00%和1.50%不变。

（来源：欧洲央行　摘译）

欧元区7月份货币供应M3年增长率为3.8%

8月28日，欧洲央行发布数据显示，欧元区7月份货币供应M3年增长率上升至3.8%，6月份为3.2%。5—7月平均增速为3.4%，4—6月平均增速为3.0%。

M1年增速从6月份的3.5%上升为4.5%。除去隔夜存款的短期存款（M2－M1）年增速从6月份的2.4%降至2%。M3中家庭存款年增长率从2.5%上升至2.7%，非货币性金融中介机构存款年增速从6月份的3.3%上升至4.8%。

（来源：欧洲央行　摘译）

欧洲央行维持主要利率不变

9月6日，欧洲央行宣布，将主要再融资操作利率、边际存款利率和边际贷款利率分别维持在0.75%、0.00%和1.50%不变。

（来源：欧洲央行　摘译）

欧盟二季度经常账户顺差46亿欧元

9月7日，欧盟统计局发布初步数据显示，未经季节性因素调整，欧盟二季度对外经常账户顺差46亿欧元，2011年同期逆差371亿欧元。

其中，商品账户逆差122亿欧元，同比减少288亿欧元；收入账户逆差18亿欧元，同比减少107亿欧元；服务账户顺差325亿欧元，同比增加43亿欧元；经常转移账户逆差138亿欧元，同比增加20亿欧元。

（来源：欧盟统计局　摘译）

欧洲议会否决欧盟2013年财政部分预算缩减

10月23日，为防止欧盟出现支出缺口，促进经济增长和就业，欧洲议会否决了由欧盟理事会7月份提出的19亿欧元预算支出削减方案，该削减所涉项目包括研发支出、教育硕士奖金与社会基金等。

欧洲议会提出，要将欧盟理事会关于地区政治的16亿欧元预算支出削减、针对农业的部分削减以及针对巴勒斯坦和中东地区安全事务的2亿欧元削减都重新纳入预算。此外，议会决定在原有基础上进一步削减欧盟自身预算支出890万欧元。

（来源：欧洲议会　摘译）

欧盟委员会削减2013年预算

10月19日，欧盟委员会根据欧元区秋季农业融资需求和国际渔业谈判内容，决定削减2013年欧盟预算草案支出2510万欧元。农业支出计划拨款441亿欧元。

（来源：欧盟委员会　摘译）

欧盟二季度经常账户逆差68亿欧元

10月19日，欧盟统计局发布二次预测数据显示，欧盟二季度对外经常账户逆差68亿欧元，2011年同期逆差283亿欧元。

其中，商品账户逆差121亿欧元，2011年同期逆差390亿欧元；服务账户顺差 378 亿欧元，2011 年同期顺差 307 亿欧元；收入账户和经常转移账户分别逆差 181 亿欧元和 144 亿欧元，2011 年同期分别逆差 70 亿欧元和 130 亿欧元。

此外，与欧盟对外经常账户呈顺差的国家是：美国（177 亿欧元）、瑞士（167 亿欧元）、香港（77 亿欧元）、巴西（73 亿欧元）、加拿大（34 亿欧元）和印度（15 亿欧元）；呈逆差的国家是：中国（250 亿欧元）、俄罗斯（156 亿欧元）和日本（48 亿欧元）。

（来源：欧盟统计局　摘译）

欧盟发布 2011 年赤字和债务数据

10 月 22 日，欧盟统计局发布数据显示，欧元区和欧盟 2011 年政府赤字占 GDP 比重分别为 4.1% 和 4.4%，政府债务占 GDP 比重分别为 87.3% 和 82.5%。

欧元区 2011 年政府赤字占 GDP 比重由 2010 年的 6.2% 降至 4.1%，政府债务比重由 85.4% 升至 87.3%；欧盟政府赤字占 GDP 比重由 6.5% 降至 4.4%，政府债务比重由 80.0% 升至 82.5%。

从国别看，2011 年政府赤字占 GDP 比重最低的国家是：卢森堡（0.3%）、芬兰（0.6%）和德国（0.8%）。财政盈余的国家是：匈牙利（4.3%）、爱沙尼亚（1.1%）和瑞典（0.4%）。有 17 个成员国赤字占 GDP 比重高于 3%。25 个成员国政府收支平衡状况较 2010 年有所改善，2 个成员国恶化。

截至 2011 年末，政府债务占 GDP 比重最低的国家依次是爱沙尼亚、保加利亚、卢森堡、罗马尼亚、瑞典和立陶宛，分别为 6.1%、16.3%、18.3%、33.4%、38.4% 和 38.5%。14 个成员国政府债务占 GDP 比重高于 60%。6 个成员国政府债务占 GDP 比重情况有所改善，21 个成员国相对恶化。

（来源：欧盟统计局　摘译）

欧盟委员会批准 10 个成员国率先推行金融交易税

10 月 23 日，欧盟委员会发布声明表示，批准 10 个欧盟成员国提出征收欧盟金融交易税（Financial Transaction Tax，FTT）的建议，这 10 个国家包括德国、法国、奥地利、比利时、葡萄牙、斯洛伐克、希腊、意大利、西班牙和斯洛文尼亚。该征收计划启动还需其他欧盟国家和欧洲议会批准。

欧盟委员会主席巴罗佐表示，很高兴 10 个成员国愿意参与欧盟委员会提出的征收金融交易税计划。该税种将为身处债务危机困境的成员国筹集数十亿欧元。

此外，这也事关公平，必须确保债务危机的成本由金融业分担，而非普通民众。

欧盟委员会预计，如果所有欧盟国家都推行金融交易税，每年将带来570亿欧元的税收收入。

（来源：欧盟委员会　摘译）

欧洲审计院发布欧盟2011年预期支出偏差率

11月6日，欧洲审计院发布数据显示，欧盟2011年预期支出偏差率为3.9%，同比上升0.2%，其中在研究和乡村发展方面的支出偏差率最高，同比几乎增加一倍。因此，欧洲审计院呼吁成员国和委员会应更好地控制支出。此外，报告还显示，政策方面预期支出偏差率最高，乡村发展政策为7.7%，地区政策为6.0%，而这些方面的支出则是由国家机构共同管理。研究方面预期支出偏差率为3.0%，同比上升1.6%。行政事务和外部关系的预期支出偏差率最低，分别为0.1%与1.1%。

（来源：欧洲议会　摘译）

欧洲央行维持利率不变

11月8日，欧洲央行宣布，将再融资操作利率、边际贷款利率和存款利率分别维持在0.75%、1.50%和0.00%不变。

（来源：欧洲央行　摘译）

欧洲央行发布9月份欧元区国际收支数据

11月16日，欧洲央行发布数据显示，经季节性因素调整后，欧元区9月份经常账户顺差8亿欧元。金融账户（包括直接和间接投资）净流出36亿欧元（未经季节性因素调整）。经常账户中，商品贸易顺差45亿欧元，服务业贸易顺差64亿欧元，经常转移支付为101亿欧元，收入账户均衡。金融账户中，直接投资净流出90亿欧元，间接投资净流入50亿欧元。

（来源：欧洲央行　摘译）

“三驾马车”发布对葡萄牙第六次经济项目评估报告

11 月 19 日，欧盟委员会、欧洲央行和国际基金组织（“三驾马车”）发布对葡萄牙第六次季度性经济评估报告显示，葡萄牙经济发展虽然面临更大阻碍，但总体已经步入正轨。

葡萄牙实际 GDP 继 2012 年下降 3% 后，预计 2013 年仍将继续下降 1%，但季度增长率将转正，2014 年将达 0.8%。2013 年对外经常账户赤字将有所改善，占 GDP 比重将低于 1%。葡需加强财政整顿力度，赤字占 GDP 比重力争于 2012 年和 2013 年分别达到 5% 和 4.5% 的目标。

葡政府积极推进各项经济改革以刺激经济增长。首先，不断改善企业融资条件；私有化战略已步入正轨，国有企业根据收入状况减少运营成本，但在减赤、减债方面仍需努力；公私合营模式有效进行，但仍需进一步减少港口建设成本以刺激出口增长。其次，减少解雇费以增强劳动力市场的灵活性，促进就业增长。再次，在欧盟法规框架下，推行全面的公司税收改革。最后，相关司法改革也已基本完成。此外，债券交换成功后，葡萄牙政府计划 2013 年回归债券市场融资。

欧盟对葡萄牙援助贷款总计 520 亿欧元，IMF 总计 260 亿欧元中期贷款（Extended Fund Facility）。该评估结束后，葡萄牙将再获得 25 亿欧元援助贷款（欧盟 16 亿欧元，IMF9 亿欧元）。若 IMF 执委会、欧盟经济及金融事务委员会（ECOFIN）和欧洲集团同意该决定，贷款将于 2013 年 1 月份发放。

（来源：欧盟委员会　摘译）

欧盟三季度经常账户盈余 284 亿欧元

12 月 7 日，欧盟统计局发布数据显示，欧盟三季度对外经常账户盈余 284 亿欧元，2011 年同期为赤字 91 亿欧元。

其中，商品账户赤字由上年同期的 344 亿欧元大幅减少至 101 亿欧元，服务业账户盈余由 311 亿欧元增至 409 亿欧元。收入账户盈余由 121 亿欧元增至 149 亿欧元，而经常转移账户赤字由 180 亿欧元降至 173 亿欧元。

（来源：欧盟统计局　摘译）

欧盟委员会正式通过2013年预算案

12月9日，欧盟委员会正式通过2013年预算案，该预算案包括1328亿欧元的预算支出和1509亿欧元的预算承诺，分别占欧盟GNI的0.99%和1.13%。2012年预算支出和承诺占GNI比例分别为1.05%和1.15%。

预算主体包括三方面：一是拨付60亿欧元用以弥补2012年预算差额；二是将2013年的预算优先使用于促增长、保就业领域；三是提出用以解决2013年支出短缺的策略。

（来源：欧盟委员会　摘译）

（二）德　　国

德国通过2012年补充预算案

3月份，德国议会通过了德国2012年财政补充预算案。该补充预算案的通过，将增强德国在应对欧洲主权债务危机中的影响力，确保德国完成对预计在2012年7月份成立的“欧洲稳定机制”的注资。

“欧洲稳定机制”（ESM）是欧洲地区的永久性援助基金，基金总规模预计达到7000亿欧元，包括成员国800亿欧元的直接注资和6200亿欧元的承诺注资。其中，德国将为该基金提供大约217亿欧元的直接注资并承诺注资1682亿欧元。

根据3月2日的欧盟峰会联合声明，成员国需要完成各自融资配额的2/5。德国议会此次通过大约87亿欧元的补充预算案，正是为了使德国实现该联合声明的要求。这一预算案同时也使德国政府2012年的净借款从261亿欧元上升到348亿欧元。

根据德国“债务限制”要求，此次对“欧洲稳定机制”的注资基金属股权购买，因此此次补充预算案的通过不会增加德国的联邦赤字。

德国2012年补充预算案的通过，不仅保证德国在解决欧洲主权债务危机中持续发挥作用，也将提高投资者对重振欧洲经济的信心。

（来源：德国财政部　摘译）

德国实施“2012 年稳定计划”

4 月 18 日，德国政府开始实施最新的“2012 年稳定计划”（2012 Stability Programme），并已将该计划递交欧盟委员会和欧洲经济与金融事务理事会。该计划显示，德国政府将全面落实 3 月份欧盟春季峰会上签署的《欧洲经济伙伴联盟稳定、协调和治理公约》（即“财政契约”），削减政府财政开支。作为欧洲最重要的国家之一，德国的经济增长政策将有利于整个欧洲经济与货币联盟的稳定。按德国紧缩财政中期目标的要求，德国政府 2012 年财政赤字将控制在 GDP 的 0. 5% 以内，在未来几年这一比例将持续降低，直至 2016 年实现政府赤字水平不超过 GDP 的 0. 35% 的目标。同时，从现在到 2016 年德国稳定计划结束，政府债务比率也将从现在占 GDP 的 82% 降至占 GDP 的 73% 。

德国财政部表示，德国政府将一直采取有效措施实现中期财政紧缩的目标。特别是 2011 年以来，联邦政府严格的预算控制政策也是实现这一目标的重要因素之一。

（来源：德国财政部　摘译）

德国发布近期德国预算与其他财政相关数据

4 月 20 日，德国发布了联邦财政预算与财政相关数据，包括联邦预算收支月报、联邦债券、税收收入及政府担保债务等统计数据。3 月份的德国联邦财政预算收支月报显示，截至 3 月底，财政总收入为 586 亿欧元，完成全年预算的 21. 1% ，同比增加 0. 3% 。其中，税收收入完成 538. 6 亿欧元，占全年预算的 21. 6% ，同比增长 3. 76% 。截至 3 月底，财政总支出共计 826. 7 亿欧元，占全年预算的 26. 4% ，同比减少 1. 48% 。财政赤字 240. 4 亿欧元，占全年赤字预算的 68. 4% ，同比下降了近 5. 5% 。

从月报来看，德国正有效落实 2011 年冬天欧盟峰会达成的“财政契约”，实施紧缩性财政政策。从联邦市场债券主要数据看，1 月份，新增联邦市场融资债券共 119. 3 亿欧元，其中新增联邦债券 50 亿欧元，新增特别联邦债券 40 亿欧元。值得注意的是，联邦市场债券余额结构有所变化。1 月份，短期（1 年以下）和长期（4 年以上）债券余额分别出现了 20 亿欧元和 70 亿欧元的回落，而中期（1 年至 4 年）债券余额则增加近 210 亿欧元。

此外，截至 3 月底，联邦担保债务共完成配额 4540 亿欧元，占 2011 年总预算框架的 32% 。其中主要的常规担保项目包括出口信用担保和国内担保，已完成配额 1203 亿欧元和 1086 亿欧元，分别占 2011 年该项预算框架的 89% 和 64%。除常规担保项目外，为防止欧洲债务危机进一步恶化并保持欧洲金融稳定，按照 2010 年 5 月份货币联盟金融稳定法案的规定，截至 3 月底，德国已实现为希腊提供 224 亿欧元贷款担保的要求。此外，截至 3 月份，德国对欧洲稳定机制已提供 953 亿欧元贷款担保，占 2011 年该项预算框架目标的 45%。

（来源：德国财政部　摘译）

德国财政部提交 2012—2016 年预算规划

7 月 4 日，德国财政部提交了一份新的中期（2012—2016 年）公共预算规划，旨在支持德国稳定理事会的工作。该规划将遵守《稳定与增长公约》和财政协定所规定的有关标准。按照该规划，德国社会保障基金和地方政府都将实现大幅盈余。由于德国经济获得良好发展，尤其是劳动力市场趋好，2012 年德国财政赤字占 GDP 比重将降至 0.5%，低于此前预估。

该规划也表明，德国将平稳实现《2012 年德国稳定计划》所设定的中期预算目标。该规划还预测德国债务占 GDP 比重将从 2011 年的 81.2% 上升至 2012 年的 83.5%，但经过财政整顿，这一比重将稳步下降。

（来源：德国财政部　摘译）

德国 2012 年税收收入将增长 58 亿欧元

10 月 31 日，德国财政部预计，2012 年税收收入将增长 58 亿欧元（较 5 月份预期高）。税收预期的提高主要以德国秋季宏观基准数据和税法变动为基础。

德国秋季经济形势良好，工资收入和商业利润均有所增加。预计 2012 年和 2013 年实际 GDP 同比分别增长 0.8% 和 1.0%，2014—2017 年实际 GDP 年均增幅预计为 1.4%。同时，2012 年和 2013 年直接工资成本预计分别增长 3.8% 和 2.8%（之前预计分别为 3.7% 和 2.8%，基本持平），2014—2017 年直接工资成本年均增幅预计为 2.6%。2012 年企业和资本收益预计增长 0.7%，高于春季 0.3% 的预期，但 2012 年之后几年的收益增长可能将低于预期。

此外，德国税法有以下两条主要变动：6 月 12 日欧洲法院立法落实欧洲移民工人在德国申请儿童补助金；自 6 月 30 日起增加梅克伦堡—西波莫瑞州的实际财产转让税税率。

（来源：德国财政部　摘译）

（三）英　　国

英国央行维持利率和 QE 规模不变

3 月 9 日，英国央行宣布，维持基准利率 0.5% 不变，同时将 QE 规模维持在 3250 亿英镑不变。

英国央行货币政策委员会表示，还需要两个月才能完成资产购买计划，并将继续审查资产购买计划规模。

（来源：英国央行　摘译）

英国央行维持利率和 QE 规模不变

6 月 7 日，英国央行宣布，维持针对商业银行储备的官方银行利率 0.5% 不变，维持央行储备资金的资产购买项目总额 3250 亿英镑不变。英国央行前一次利率调整在 2009 年 3 月 5 日，下调利率 0.5% 至 0.5%。2009 年 3 月 5 日首次宣布启动央行储备购买资产项目。该项目前一次调整在 2012 年 2 月 9 日，增加购买额度 500 亿英镑至 3250 亿英镑。根据 2009 年 1 月 29 日和 2011 年 11 月 29 日公布的计划，英国央行将继续代表财政部购买高品质的私营部门资产，其资金将来自国库券发行。

（来源：英国央行　摘译）

英国央行维持利率和 QE 规模不变

8 月 2 日，英国央行宣布，将基准利率维持在 0.5% 不变，同时维持债券购买计划规模 3750 亿英镑不变。

（来源：英国央行　摘译）

英国央行向财政部返还资产购买计划所得利息

11 月 9 日，英国央行宣布已与英国财政部达成一致，将央行资产购买计划所得利息收入逐步转移给财政部，帮助政府减少负债，实现债务缩减目标。

截至目前，英国资产购买计划总规模已达 3750 亿英镑。英财政部表示，央行大量持有现金盈余是效率低下的做法，因为这些现金是由政府借债支付的。此外，根据双方达成的协议，未来当基准利率上调导致资产购买机制净收入下降或央行因解除量化宽松而造成资本损失时，财政部需要将这些资金再返还给央行。

（来源：英国央行　摘译）

（四）其他欧洲国家

俄罗斯央行维持利率不变

3 月 13 日，俄罗斯央行宣布，维持再融资利率 8% 和其他主要利率不变。俄罗斯央行称，该行是通过综合评估通胀风险、经济增长前景以及全球经济不确定性等因素作出如上决议的。公告指出，自 2012 年 2 月份以来，俄罗斯通胀增长持续放缓，主要原因在于政府将计划上调限价和税费等举措推迟到 2012 年年中以及近期卢布持续走强。这使得该央行可以依据中期通胀预期制定货币政策。

（来源：俄罗斯央行　摘译）

挪威央行下调基准利率 25 个基点至 1.50%

3 月 14 日，挪威央行宣布，下调基准利率 25 个基点至 1.50%，并表示政策利率将在较长一段时间内维持低位。在 6 月 20 日发布新一期货币政策报告之前，该国政策利率将维持在 1%—2% 的区间内。

挪威央行行长奥尔森表示，全球经济普遍面临下行风险，挪威克朗表现强势，使挪威通胀维持低位，且对经济构成压力。因此挪威央行决定下调政策利率。

该行称，尽管 2012 年以来国际金融市场得到改善，但大多数发达国家面临长期经济增速低迷和低利率态势。虽然挪威经济发展平稳，但经济增长预期逐渐趋弱。挪威克朗表现强劲，央行预计年底以前通胀预期将维持在 1.25%—1.5% 的区间内。2012 年货币政策报告显示，通胀需要数年时间才能恢复至目标水平。

（来源：挪威央行　摘译）

瑞士央行维持欧元兑瑞士法郎汇率下限不变

3 月 15 日，瑞士央行宣布，维持 1 欧元兑 1.20 瑞士法郎的汇率下限政策不变，并准备无限量购买外汇以实现该下限。

该央行称，将 3 个月期银行间拆借利率目标范围维持在 0%—0.25% 不变，并将继续把货币市场流动性维持在极高的水平上。

（来源：瑞士央行　摘译）

土耳其央行维持利率不变

3 月 26 日，土耳其央行宣布，维持一周期回购利率 5.75% 不变，维持隔夜拆借利率和贷款利率分别为 5% 和 11.5% 不变。

土耳其央行表示，近期经济数据显示国内外需求已趋平衡。尽管一季度消费需求有所下降，但预计二季度将会有所回升。

土耳其央行表示，尽管目前国内的通胀符合预期水平，但央行仍将密切关注影响通胀的各种因素，不排除必要时采取进一步的货币紧缩措施。

（来源：土耳其央行　摘译）

丹麦央行发行通胀指数国债

4 月 26 日，丹麦央行宣布，计划于 2012 年 5 月 24 日发行通胀指数国债。

此次发行债券的名义年利率为 0.1%，到期日为 2023 年 11 月 15 日，拍卖上限为 60 亿丹麦克朗。丹麦此次发行的债券与丹麦 CPI 以及欧洲债券市场相关。丹麦计划共推出 200 亿丹麦克朗的该类国债。

（来源：丹麦央行　摘译）

丹麦央行降息

5月31日，丹麦央行宣布，下调贷款利率0.15%至0.45%，下调存款固定利率0.15%至0.05%，下调活期存款利率0.15%至0%，维持贴现率0.25%不变。自6月1日起生效。丹麦央行还表示，有可能采取负利率政策。

（来源：丹麦央行　摘译）

希腊1—7月中央政府现金赤字有所收窄

8月13日，希腊央行发布数据显示，希腊1—7月中央政府现金赤字为71.86亿欧元，较2011年同期的150.22亿欧元有所收窄。1—7月希腊政府普通预算收入为259.9亿欧元，同比下降13.13亿欧元；普通预算支出为326.09亿欧元，同比下降82.53亿欧元。

（来源：希腊央行　摘译）

西班牙6月份坏账率创历史新高

8月17日，西班牙央行发布数据显示，西班牙6月份银行业坏账规模增加83.9亿欧元，总额达到1643.6亿欧元，占银行业所持债务总额的9.42%，远高于5月份的8.96%，创西班牙1962年有记录以来新高。

（来源：西班牙央行　摘译）

希腊发布1—8月预算数据

9月12日，希腊财政部发布数据显示，希腊1—8月国家预算赤字为123.65亿欧元，国家基本赤字为12.95亿欧元，远低于2012年补充预算计划设定的152.13亿欧元和42.01亿欧元的目标，并同比分别下降63.07亿欧元和46.27亿欧元。不仅1—8月预算赤字同比减少33.8%，8月份月度预算在2012年首次盈余8.5亿欧元。

1—8月，净预算收入为330.8亿欧元，低于351.6亿欧元的目标，但高于上年同期的 325.7 亿欧元。收入缺口是推迟征收地产与企业税所致，但 8 月份个人所得税大幅提高以及间接税的快速上升缩小了差距。数据显示，8 月份月度直接税收环比增加 26.5%，财政收入同比增加 24.2%。

1—8 月，预算支出为 454.47 亿欧元，低于目标值 49.25 亿欧元，较上年同期下降 10.7%。另外，继 7 月份单月预算支出同比下降 17.4% 后，8 月份又同比下降 17.8%。

（来源：希腊财政部　摘译）

匈牙利央行下调基准利率至 6.5%

9 月 25 日，匈牙利央行宣布，自 26 日起将基准利率从 6.75% 下调 25 个基点至 6.5%，两周期限的央行债券利率为 6.5%，隔夜央行存款利率为 5.5%，隔夜抵押贷款利率为 7.5%。

（来源：匈牙利央行　摘译）

匈牙利央行下调基准利率至 6.25%

10 月 30 日，匈牙利央行称，货币委员会对近期经济及金融发展状况进行评估并决定，自 10 月 31 日起，下调基准利率 0.25% 至 6.25%。评估得出：

通货膨胀率方面，受原材料价格上涨、税收改革和行政措施的影响，9 月份匈牙利 CPI 仍保持较高水平，并主要体现为食物和燃料价格上升。通胀率 2012 年和 2013 年有可能超过 3% 的中期目标。

经济增长方面，最新经济数据证实，匈牙利内需不足且外部经济活动进一步萎缩。目前匈牙利经济已经陷入衰退，不过随着出口市场复苏，经济有望于 2013 年重新出现增长。但企业投资的疲软和持续的高失业率表明，未来的经济增长率将远低于危机前水平。

财政赤字方面，匈牙利政府将维持较低的财政赤字水平。为实现维持较低财政赤字水平的承诺，匈牙利政府近期实施了一系列调整措施，这些调整措施对宏观经济影响存在很大的不确定性：虽然经济增长及通胀率在短期内不会受到影响，但由于银行系统吸资能力下降及借贷行为受限，成本压力会在中期出现且经济增长率未来可能会降低。

（来源：匈牙利央行　摘译）

希腊中央政府1—10月现金赤字同比大幅下降

11月12日，希腊央行发布数据显示，1—10月，中央政府现金赤字达68.4亿欧元，同比减少129.41亿欧元。一般预算收入390.80亿欧元，同比减少6.18亿欧元；一般预算支出445.87亿欧元，同比减少133.58亿欧元。

（来源：希腊央行　摘译）

匈牙利央行下调基准利率至6.0%

11月27日，匈牙利央行宣布，将基准利率从6.25%下调至6.0%，28日起生效。匈牙利央行表示，匈牙利2012年经济依然不景气，2013年有可能重新增长，出口市场有望复苏，但内需将持续疲软。此外，由于投资动力不足和持续的高失业率，经济增长将低于金融危机前的增速。

（来源：匈牙利央行　摘译）

俄罗斯央行上调隔夜存款利率至4.5%

12月10日，俄罗斯央行宣布，自11日起，维持主要再融资利率8.25%和隔夜拍卖回购利率5.5%不变，上调隔夜存款利率25个基点至4.5%。

（来源：俄罗斯央行　摘译）

二、美　洲

（一）美　国

美国2013财年对外援助预算总额达516亿美元

3月份，奥巴马政府请求国会在2013财年为全球卫生项目拨款79亿美元。同时，奥巴马还请求拨款10亿美元，用于帮助“未来粮食保障”计划的20个对象国农民提高粮食产量。

美国2013财年预算案中对外援助项目提出的预算总额为516亿美元，其中很大一部分将由美国国际开发署管理。

美国国际开发署署长拉吉夫·沙阿（Rajiv Shah）指出：“我们通过抗击饥荒和疾病来消除有可能煽动暴力极端主义和种种冲突的绝望情绪。”他说，这项预算案将帮助有关国家“为本国人民提供粮食、医疗和教育，同时增强承担这些责任的能力”。

3月6日，沙阿在众议院拨款委员会作证时表示，从10月1日开始的新财政年度的预算案包括7.7亿美元用于中东和北非地区的政治、经济和贸易改革。

沙阿说：“通过支持表现出有决心推行实质性变革并增强人民自主权的各国政府，美国将继续发挥重要作用，帮助这个地区的人民决定他们自己的前途。”

预算提案将继续实施帮助阿富汗、巴基斯坦和伊拉克向长期稳定、经济增长和民主改革迈进的项目。

沙阿指出，这个预算案略低于2012财政年度的拨款要求数额，原因是效率有所提高、成本有所下降以及合作方政府增加了投资。他说，预算案将用于支持欧洲和中亚地区的款项削减了1.13亿美元，因为全球工作重点有所转移，且有些国家在向市场型经济过渡方面取得了进展。

奥巴马的预算案要求继续为“总统防治艾滋病紧急救援计划”提供资金，该计划将扩大治疗范围，从而拯救600万人的生命。预算案要求拨款6.19亿美元用于防治疟疾，增加用来提供蚊帐和疟疾治疗的资金。沙阿说，上述行动将使疟疾造成的儿童死亡率最多下降30%。预算案还要求继续为孕产妇及儿童健康、自愿计划生育、营养以及防治肺结核和热带疾病等项目提供资金。

沙阿说，“未来粮食保障”计划将把款项重点用于帮助该计划的20个对象国内以妇女为主的小型农户摆脱贫困。选定这20个对象国的标准包括它们对援助的需求、它们实现农业增长的潜能以及缔结合作伙伴的机会。沙阿指出，自2008年以来，美国国际开发署在上述国家的农业项目，帮助他们以年均5.8%的增长率发展农业生产。

预算案要求为更多的科研和创新技术提供资金，并拨款帮助公司企业将更多的贫困农民纳入他们的供应链。

沙阿提到了两个需要资金的研究领域。在农业方面，美国国际开发署正在同肯尼亚农业研究所的科研人员共同开发抗旱的高粱、小米和豆类品种，以及一个含有强化维生素A的番薯品种。在医疗方面，“总统防治艾滋病紧急救援计划”的科研人员已分离出17种抗体，可能会对防治艾滋病病毒/艾滋病起到关键作用。

根据预算提案，美国国际开发署将投资于清洁能源以及保护雨林，发挥碳螯合作用并消除干旱和沙漠的威胁。在教育方面，美国国际开发署将帮助提高1亿名儿童的阅读能力。

（来源：美国国务院国际信息局 摘编）

美联储将拍卖30亿美元28天期定期存款工具

3月19日，美联储表示，将拍卖30亿美元28天期定期存款工具。此举是正在推行的小额操作计划的一部分，将为具备竞拍资格的机构提供一个熟悉定期存款工具的机会，有助于从金融体系回笼过剩的准备金。根据美联储定期存款工具的发行要求，参与机构最多可以递交三份竞争性投标书。每份标书的最低认购额为10000美元，最低授标额为10000美元，最高授标额为12.5亿美元。

（来源：美联储 摘译）

美国财政部出售两房抵押贷款证券获利250亿美元

3月19日，美国财政部表示，已顺利出售其所持有的住房抵押贷款证券，获利250亿美元。此举是美国政府退出金融危机期救市政策的重要一步。

美国财政部表示，2008—2009 年美国财政部通过《2008 年住房和经济复苏法案》投资 2250 亿美元购买房利美和房地美发行的住房抵押贷款证券。美国财政部从 2011 年 3 月份开始出售这些住房抵押贷款证券。通过出售住房抵押贷款证券得到的本金、利息等获得总计 2500 亿美元的现金收入，盈利 250 亿美元。

（来源：美国财政部　摘译）

美国财政部公布季度再融资计划

5 月 2 日，美国财政部分管金融市场的部长助理卢瑟福（Matthew Rutherford）公布了美国财政部季度再融资计划。按计划，美国财政部将新发价值 720 亿美元的国库券用来支付将于 5 月 15 日到期的价值 367 亿美元的债务，并为财政部新筹集大约 353 亿美元资金。此次新发的国库券包括 320 亿美元 3 年期券、240 亿美元 10 年期券和 160 亿美元 30 年期券。

卢瑟福表示，美国财政部希望在未来几个月保持债券种类和债券拍卖规模稳定，现有的融资规模足够支持联邦政府短期融资的需要。同时，财政部也将及时向市场更新可能会影响政府融资需求的财政前景变化趋势。

卢瑟福还透露，美国财政部正在研究发行浮动利率国库券（FRN）的可行性。一旦完成相关研究分析，财政部将及时公布研究结论并启动 FRN 的发行。

（来源：美国财政部　摘译）

美国财政部将出售 AIG 股票

5 月 7 日，美国财政部宣布，将以每股 30.50 美元的价格出售 1.693 亿股 AIG 普通股。此前，美国财政部已宣布将出售金融危机期间购买的 AIG 股票，AIG 将回购价值 20 亿美元的股票。

（来源：美国财政部　摘译）

美国财政部计划出售部分绩优股和次债头寸

7 月 9 日，美国财政部宣布计划出售部分绩优股和次债资本收购项目的注资。该项目是不良资产救助项目中资本收购项目注资的一部分。美国财政部还将拍卖 12 个银行的所有绩优股和次债头寸。美国财政部指出，不良资产救助项目已经为纳税人赚取了非常大的利润。截至目前，财政部在该项目中通过还款、分红、利息和其他收入回收了2640亿美元，其本金为2450亿美元。财政部还在325家银行留有未偿付的项目注资。

（来源：美国财政部　摘译）

美联储评述新兴市场国家2012年上半年货币政策

7月17日，美联储发布了2012年上半年货币政策报告，评述了中国、印度、巴西、墨西哥等新兴市场国家上半年的货币政策，主要内容如下：

2011年年末世界经济走势低迷，但2012年一季度大多数新兴市场国家实际GDP增长有所反弹。亚洲新兴市场国家经济扩张迹象尤为明显，反映出遭泰国洪灾破坏的供应链正在快速恢复。但中国和印度经济增长放缓的趋势仍在持续。一些学者认为，新兴市场国家2012年二季度经济下行压力增大与欧债危机和中国经济增长放缓密切相关。

2012年上半年中国实际GDP增长率约为7%，显著低于2011年下半年的8.5%。出口萎缩、内需不足和中国政府对房地产业严格的调控政策共同导致了中国经济增长放缓。5月份和6月份的宏观经济数据表明，中国经济形势在二季度末有所好转，投资总额、零售总额和贷款总额均有所提高。食品价格下降减轻了持续12个月的通胀压力，6月份CPI为2.2%。由于通胀压力减小，为使经济增长企稳回升，中国人民银行在2012年2月份和5月份分别下调0.5%的存款准备金率，并在6月份和7月份分别下调0.25%和0.31%的一年期贷款利率。这是自2011年7月份上调该利率后的首次调整。2012年上半年，人民币兑美元汇率基本稳定，但以实际贸易加权衡量，人民币实际汇率升值1.5%。

印度受财政改革和结构性改革进展缓慢以及紧缩货币政策的影响，经济增长同样有所放缓。一些信用评级机构认为，印度紧张的财政与货币状况导致其增长前景不容乐观，印度主权债务危机的隐患使印度正在丧失其现有的信用评级。

墨西哥2012年一季度经济表现反弹的增长源主要来自农业部门。持续4个季度干旱的结束、国内需求上涨以及对美国出口需求增加使农业回暖。但经济学家认为二季度墨西哥经济仍有下行压力。7月1日，墨西哥革命制度党候选人恩里克·培尼亚·涅托赢得大选，并称将推动市场导向的改革以促进经济发展。

巴西因投资疲软和气候因素导致的农业问题，实际GDP在一季度仅小幅增长，已连续四个季度增长缓慢。工业产出下滑趋势自2011年年初开始，到2012年5月份仍在持续，这表明2012年二季度，巴西经济情况仍然不容乐观。

食品价格下降和经济增长放缓减小了新兴市场国家的通胀压力。除中国外，其他新兴市场国家，包括巴西、智利、印度、印度尼西亚、菲律宾、韩国和泰国等国央行，均放宽了国内货币政策。

（来源：美联储　摘译）

美国财政部宣布拍卖绩优股和次级债

7 月 23 日，美国财政部宣布将开始拍卖其所有不良资产救助项目与资本购买项目中在 12 家金融机构的绩优股和次级债。这是美国财政部第一次拍卖没有上市股本的金融机构拥有的资本购买项目证券。

（来源：美国财政部　摘译）

美国财政部公布 2012 年下半年有价债券发行额

7 月 30 日，美国财政部公布 2012 年下半年发行有价债券预估值。

三季度，美国财政部计划发行 2760 亿美元有价债券，高出 4 月份预估值 120 亿美元，预计 9 月底现金余额为 600 亿美元。较低的收入、较高的支出、美联储偿付组合证券以及州和地方政府较高的证券发行是发债增加的主要原因。

四季度，美国财政部预计发行 3160 亿美元有价债券，预计 12 月底现金余额为 400 亿美元。

二季度，美国财政部发行了 1720 亿美元有价债券，截至季度末现金余额为 910 亿美元。4 月份，财政部原本预计发行 1820 亿美元有价债券，截至 6 月底现金余额为 950 亿美元。借款减少主要是由于州和地方政府发行了更多的证券抵消了超预期支出。

（来源：美国财政部　摘译）

美国财政部下周将发行 720 亿美元国债

8 月 1 日，美国财政部表示，将于下周发行 720 亿美元国债，为将在 8 月 15 日到期的 542 亿美元国债进行再融资，预计将筹得 178 亿美元现金。

美国财政部称，8 月 7 日、8 日和 9 日三天将分别发行 320 亿美元 3 年期国债、240 亿美元 10 年期国债和 160 亿美元 30 年期国债。

美国财政部预计，未来几个月国债拍卖规模将保持稳定，相信目前的国债发行计划和规模能够充分满足政府短期内的资金需求。

财政部还称，将尝试推出浮动利率债券，以补充现有的债券组合并支持更广泛的债务管理目标。首批浮动利率债券拍卖时间至少在一年后。

（来源：美国财政部 摘译）

美国财政部宣布出售50亿美元AIG股份

8月3日，美国财政部宣布，计划出售50亿美元AIG普通股。其中，AIG计划购买其中30亿美元股份。财政部授予承购人30天期超额配股权，允许额外发行约2460万股份。

在此次出售生效后，美国政府对该公司的救助金额将从1820亿美元减少86%至250亿美元。除还本支出外，美联储和财政部其他收入总和达到140亿美元，其中130亿美元为美联储投资所得，10亿美元为财政部投资所得。

出售AIG股份是美国财政部强化不良资产救助项目的一部分。此前，财政部共拨款4160亿美元用于不良资产救助项目，其中近83%（3440亿美元）已收回成本。

（来源：美国财政部 摘译）

美国财政部发布6月份美国国际资本流动数据

8月15日，美国财政部发布数据显示，6月份包括购买美国长、短期证券和通过银行业注资在内的国际资本净流入总额为167亿美元，其中海外私人资本净流入额为288亿美元，官方资本净流出额为121亿美元。

海外居民增加持有美国长期证券，净购买额为55亿美元。海外私人投资者净卖出14亿美元，官方机构净买入68亿美元。同期，美国居民减少持有美国长期证券，净卖出额为39亿美元。

如果合计外国证券和美国证券的交易额，海外对长期证券的净购买额为93亿美元。经过数据调整后，5月份海外购买长期证券净额为－60亿美元。

海外居民增加持有美国国库券17亿美元，对美元计价的美国短期证券和其他资产减持10亿美元，增加持有美国银行业资产237亿美元。

（来源：美国财政部 摘译）

美国财政部出售 5 家金融机构优先股

8 月 21 日，美国财政部宣布将在二级市场公开出售 5 家金融机构的优先股，分别为 BNC 银行、第一社区银行、第一国民银行、联邦担保银行和麦基诺克金融公司。

（来源：美国财政部　摘译）

2012 年美国联邦政府财政赤字达 1.1 万亿美元

8 月 22 日，美国国会预算办公室发布最新报告预测，2012 财年美国联邦政府财政赤字将达 1.1 万亿美元，这意味着奥巴马政府连续 4 个财年财政赤字都超 1 万亿美元。但是，这一最新预测值略低于 2012 年 3 月份的预测，该机构 3 月份曾预测，2012 财年美国联邦政府财政赤字将达 1.2 万亿美元。

该机构预测的 1.1 万亿美元占美国 GDP 的 7.3%，相当于 2009 年赤字规模的 75%。截至 2012 财年末，公众承担联邦债务将达 GDP 的 73%，为 1950 年以来的最高值，约是 2007 年债务规模的两倍。

（来源：美国国会　摘译）

美国财政部宣布出售部分所持金融优先股

9 月 5 日，美国财政部宣布，将通过拍卖方式，出售其不良资产救助项目下的资本购买项目的部分优先股，包括科罗拉多阿尔平银行、第一社区金融伙伴有限公司、克拉克斯维尔 F&M 金融公司和萨里斯伯瑞 F&M 金融公司 4 家公司份额。

美国政府已经通过不良资产救助项目得到相当利润。到目前为止，财政部已从相关银行项目中回收 2660 亿美元，此前投入为 2450 亿美元。

（来源：美国财政部　摘译）

美国财政部发布 8 月份住房数据

9 月 13 日，美国住房和城市发展部和财政部联合发布 8 月份修正后的住房积分卡，该数据能全面反映美国全国住房市场。数据显示，住房市场正在复苏，上半年住房价格改善已帮助130万个家庭脱离困境，但政府官员提醒称，住房市场总体复苏仍然脆弱。

（来源：美国财政部 摘译）

美国7月份资本净流入737亿美元

9月18日，美国财政部发布数据显示，7月份外国居民长期美国证券持有量增加，月度净购入额为602亿美元，其中377亿美元为外国私人投资者购入，另外225亿美元为外国官方机构购买。同时，美国居民减持长期外国证券，净卖出额为68亿美元。7月份，外国居民对美国长期证券持有量为511亿美元。

外国居民减持美国国债125亿美元，并对美元标价的短期美国证券及其他代管负债减持80亿美元，而对美元标价的银行债务增持306亿美元。

（来源：美国财政部 摘译）

美国财政部计划销售优先股头寸

10月18日，美国财政部宣布计划出售若干资本购买项目投资的优先股，旨在放缓并维持该项目投资，并将在不良资产救助项目下进行。财政部将于10月22日拍卖11个指定机构的所有优先股头寸。

不良资产救助项目已经为纳税人创造大量收益。迄今为止，财政部原始投资2450亿美元，回收成本2670亿美元。

（来源：美国财政部 摘译）

美国财政部宣布公开拍卖优先股

10月22日，美国财政部宣布公开拍卖11个指定机构的所有资本购买项目下的优先股。该计划是在不良资产救助项目下进行的。

（来源：美国财政部 摘译）

美联储上调 2013 年准备金豁免金额

10 月 25 日，美联储发布 2013 年准备金豁免金额和低储备部分贷款（Low Reserve Tranche）年度指标。此外，美联储还宣布了存款免税上限（Nonexempt Deposit Cut Off Level）和减少申报限制的年度指标。

根据规定，所有银行必须按存款的一定比例提取准备金，而其中部分资金可免于准备金要求。通过存款准备金率计提净交易账户（Net Transaction Accounts）中存款准备金额。准备金豁免额和低储备部分贷款每年将调整一次，该项调整建立在净交易账户及所有银行计提准备金总额增加的基础上。存款机构必须定期提交存款和其他储备债权报告。

在 2013 年净交易账户中，准备金豁免额由 2012 年的 1150 万美元上调至 1240 万美元。1240 万—7950 万美元（2012 年为 7100 万美元）的净交易存款法定准备金率为 3%；超过 7950 万美元部分的法定存款准备金率为 10%。

（来源：美联储　摘译）

美国财政部发布 2011 年外国证券投资组合报告

10 月 31 日，美国财政部发布数据显示，截至 2011 年末，美国共持有外国证券投资组合约 6.8 万亿美元，同比基本持平。其中外国股权 4.5 万亿美元，同比下降 0.1 万亿美元；长期债券 2 万亿美元，同比上升 0.3 万亿美元；短期债券 0.4 万亿美元，同比基本持平。

从国别来看，美国持有投资组合额度最大的国家依次为英国、加拿大、开曼群岛和日本，额度分别为 9890 亿美元、7360 亿美元、7090 亿美元和 5090 亿美元。对这四个国家持有的额度占总投资组合的 43%。

（来源：美国财政部　摘译）

美国财政部宣布净适销债务发行计划

10 月 29 日，美国财政部发布 2012 年四季度及 2013 年一季度净适销债务（Net Marketable Debt）发行计划。

2012 年四季度，美国财政部计划发行净适销债务 2880 亿美元，预计 12 月底现金余额为600亿美元。该发债规模较7月份宣布的减少290亿美元。2013年一季度，计划发行净适销债务3420亿美元，预计3月底现金余额为300亿美元。

此外，7月份，美国财政部预计2012年三季度将发行净适销债务2760亿美元，9月底现金余额为600亿美元；实际发行净适销债务2640亿美元，季度末现金余额为850亿美元。

（来源：美国财政部　摘译）

美国财政部发布10月份住房计分卡

11月9日，美国住房和城市发展部与财政部联合发布10月份住房计分卡修正数据显示，美国住房市场正在复苏。随着住房价格改善，至少130万户家庭住房水平得到提高，尽管整体上仍呈零碎化。美国政府已为受飓风桑迪影响的参加房贷可支付计划户主提供服务和流动性支持。

（来源：美国财政部　摘译）

（二）加拿大

加拿大2月份国际储备增加34.19亿美元

3月5日，加拿大财政部发布数据显示，加拿大2月份官方国际储备增加34.19亿美元。截至2月29日，加拿大官方国际储备总计697.95亿美元，其中包括：556.18亿美元债券、8.06亿美元存款、1.93亿美元黄金、90.83亿美元SDR以及存放在IMF的储备头寸40.95亿美元。

加拿大央行表示，此次债券和存款的变化主要是政府外汇交易活动导致的；储备资产市场价值的变化，反映了“升值效应”的后果，主要是欧元升值的影响。

报告显示，加拿大2月份没有达成黄金出售交易，也未对外汇市场进行官方干预。

（来源：加拿大财政部　摘译）

加拿大发布3月份财政数据

5月25日，加拿大财政部长吉姆·弗莱赫蒂（Jim Flaherty）发布了加拿大3月份财政监测报告结果，重点数据如下：

加拿大3月份财政赤字为90亿美元，同比增加28亿美元。其中，财政收入上升6.8%，增加额达16亿美元，这主要是由于个人所得税收入和其他收入的增加；项目支出上升16.3%，增加额达43亿美元，这主要表现为各级政府转移支付和其他项目支出的增加；公共债务支出增加1亿美元。

2011年4月份至2012年3月份，加拿大财政赤字为235亿美元，较2010年至2011年同期增加109亿美元。其中，财政收入上升4.9%，增加额达114亿美元，这主要是由于个人所得税收入的增加，但部分增加额被商品和服务税收入的下降所抵消；项目支出上升0.2%，增加额达4亿美元；公共债务支出增加1亿美元。

（来源：加拿大财政部　摘译）

加拿大6月份国家储备减少

7月5日，加拿大财政部发布数据显示，截至6月29日，加拿大国际储备减少24.81亿美元至662.18亿美元。其中，有价证券和存款为532.73亿美元，黄金为1.74亿美元，SDR为86.23亿美元，在IMF中的储备头寸为41.48亿美元。

（来源：加拿大财政部　摘译）

加拿大央行发布7月份货币政策报告

7月18日，加拿大央行发布7月份货币政策报告显示，4月份以来，全球经济增长前景堪忧，加拿大面临通胀风险。

全球经济形势不利将拖累加拿大经济活动，国内因素将支持加拿大经济温和增长。消费和企业投资是经济成长的主要动力，但外部阻力、大宗商品价格下跌、家庭高负债等因素也会对经济产生负面影响。预计2012年加拿大经济将增长2.1%，2013年增长2.3%，2014年增长2.15%。

加拿大央行还指出，中国和其他新兴经济体的经济增长放缓程度超预期，反映了过去政策收紧和外部需求疲软。全球经济活动放缓导致大宗商品价格大幅下降。全球产能过剩增加和商品价格下跌将缓和全球通胀压力。

（来源：加拿大央行　摘译）

加拿大公布 2012 财年加拿大外汇储备管理报告

10 月 15 日，加拿大财政部公布外汇储备年度管理报告，报告提供了 2012 财年（2011 年 4 月 1 日—2012 年 3 月 31 日）加拿大官方外汇储备运营的具体情况。

报告显示，加拿大官方外汇储备的市场价值由 2011 财年的 606 亿美元上升至 2012 财年的 694 亿美元。外汇资金账户（EFA）资产的增加与政府在审慎流动性计划下就 2011 年预算所作出增加外汇储备的承诺相一致。此外，2012 财年 EFA 继续获得净收益，外币资产高于外币负债 45 个基点，较上年的 49 个基点有所下降。根据投资政策声明中的具体规定，EFA 投资风险在可接受的程度下应遵守审慎管理原则。投资由收益较低主权国家及机构产品向流动性较强且信用质量较高的证券产品转移。

（来源：加拿大财政部　摘译）

（三）其他美洲国家

墨西哥央行维持利率 4.5%不变

3 月 17 日，墨西哥央行宣布，将隔夜拆借利率维持在 4.5% 不变。墨西哥央行表示，当前的货币政策有利于实现墨西哥 3% 的通胀预期，有利于经济持续、平稳地增长。

（来源：墨西哥央行　摘译）

巴西央行下调基准利率至 9%

4 月 20 日，巴西央行宣布，将基准利率下调 75 个基点至 9%。巴西央行表示，由于通货膨胀风险减轻，全球经济依然脆弱，来自海外的通胀压力不大，因此央行决策委员会作出上述决定。

（来源：巴西央行　摘译）

巴西央行下调基准利率至 8%

7 月 11 日，巴西央行宣布，将基准利率下调 50 个基点至 8%。此次降息旨在应对全球经济形势恶化，确保巴西经济实现适度增长。目前巴西通胀压力明显减轻，为进一步降息和刺激经济增长提供了空间。

（来源：巴西央行　摘译）

巴西央行下调基准利率至 7.5%

8 月 29 日，巴西央行宣布，将基准利率由 8% 下调至 7.5%。自 2011 年 8 月份以来，巴西央行已将利率下调 5%。当时利率为 12.5%。

（来源：巴西央行　摘译）

巴西 9 月份名义赤字额达 123 亿雷亚尔

10 月 30 日，巴西央行发布数据显示，巴西 9 月份名义赤字额达 123 亿雷亚尔。截至 9 月底，名义赤字额为 856 亿雷亚尔，占 GDP 比重为 2.63%，同比增加 0.24%。

从融资构成来看，债券和净外部融资分别增加 496 亿雷亚尔和 9.8 亿雷亚尔，而银行债务减少 379 亿雷亚尔，其他国内融资渠道共减少 4.61 亿雷亚尔。

（来源：巴西央行　摘译）

三、亚　洲

（一）日　本

日本央行进一步扩大量化宽松货币规模

3 月 13 日，日本央行表示，将保持货币政策稳定，并进一步扩大量化宽松货币规模。日本央行宣布，将无担保隔夜贷款利率维持在 0.0%—0.1% 区间不变。

日本央行称，将把增长支持融资工具贷款规模从 3.5 万亿日元扩大到 5.5 万亿日元。同时还把新贷款申请的最后期限从本月底延长两年至 2014 年 3 月 31 日。作为上述贷款计划的一部分，日本央行还将设立新的贷款规则，发放以美元计价的 1 万亿日元贷款。

（来源：日本央行　摘译）

日本央行宣布调整通胀指数债券和浮动利率债券购买量

5 月 24 日，日本央行宣布，因受市场通胀指数债券数量下降影响，日本央行将每年减少 1200 亿日元通胀指数债券购买量。同时，日本央行还决定每年增加 1200 亿日元的浮动利率债券购买量。上述调整将自日本央行下一次国债购买操作起生效。

日本央行还表示，将继续每年购买总额 21.6 万亿日元的日本国债。

（来源：日本央行　摘译）

日本财务省发布5月份财政融资资金平衡表

6月20日，日本财务省发布数据显示，日本5月份财政融资资金平衡表中，从资产看，现金/存款总额为1314亿日元，环比上升0.08%；证券总额为11.2429万亿日元，环比上升6.87%；贷款总额为152.2971万亿日元，环比上升93.04%；其他类资产总额为230万亿日元，环比上升0.01%。从负债看，贷款总额为50.7746万亿日元，环比上升31.02%；长期债券总额为111.7018万亿日元，环比上升68.24%；其他类负债总额为1.218万亿日元，环比上升0.74%。

（来源：日本财务省　摘译）

日本发布5月份国际收支状况

7月9日，日本财务省发布数据显示，日本5月份经常项目盈余2151亿日元，环比减少21.2%，同比减少62.6%。具体而言，贸易与服务项目逆差9410亿日元；进出口贸易收支逆差8482亿日元，同比上升10%。其中，出口额为50542亿日元，同比上升11.3%；进口额为59025亿日元，同比上升11.1%。服务收入逆差928亿日元，投资收入顺差12737亿日元，转移支付项目逆差1176亿日元。此外，资本与金融项目逆差7446亿日元。

（来源：日本财务省　摘译）

日本央行因LIBOR调查推迟发放首笔美元贷款

8月9日，日本央行表示，由于监管部门正在对LIBOR利率进行调查，该行将推迟其首次向市场注入美元贷款操作的时间。该项贷款主要用于支持成长型企业计划项目下的美元融资。该项贷款原计划于2012年9月6日首次发放，利率水平相当于6月期美元LIBOR。

日本央行称，希望尽快启动该项贷款，但具体时间将取决于2012年秋季LIBOR改革的进展情况。

（来源：日本央行　摘译）

日本央行宣布维持利率政策不变

8月9日，日本央行宣布，维持无担保隔夜拆借利率在0—0.1%之间不变。

（来源：日本央行 摘译）

日本政府债务创历史新高

8月10日，日本财务省发布数据显示，截至6月底，包括国债、借款和短期政府债券在内的政府债务达976.1853万亿日元，再创历史新高。其中占比最高的为一般债券，比上季度末增加9.0227万亿日元，总额达到678.8902万亿日元。财政投资和贷款项目债券比上季度末减少0.8397万亿日元，目前总额为110.0725万亿日元。

目前，日本公共债务占GDP比例超过200%，为发达国家之最。

（来源：日本财务省 摘译）

日本央行宣布再次推出宽松货币政策

9月19日，日本央行宣布，将基准利率维持在0—0.1%的实质零利率水平，同时决定将用于购买资产的基金规模扩大10万亿日元（约合1264亿美元），从70万亿日元（约合8850亿美元）增至80万亿日元（约合1.0114万亿美元）。其中，5万亿日元用于购买贴现票据，另外5万亿日元用于购买政府债券。这是2012年4月份以来日本央行第二次推出宽松货币政策。

（来源：日本央行 摘译）

日本央行宣布继续维持宽松货币政策

10月5日，日本央行宣布，将继续维持现行的宽松货币政策不变，包括将隔夜无抵押活期贷款利率维持在0—0.1%，同时将继续通过资产购买计划等方式进一步放松银根。

（来源：日本央行 摘译）

日本央行维持基准利率不变

11 月 20 日，日本央行宣布，维持基准利率在 0—0.1% 不变。日本央行表示，海外经济处在减速阶段，日本经济近期有所下降，并将在一段时期内相对疲软。此外，日本央行将通过实施零息政策以及稳步提高资产购买规模，来持续推行更大力度的货币宽松措施。

（来源：日本央行　摘译）

（二）韩　　国

韩国银行宣布维持基准利率在 3.25%不变

4 月 13 日，韩国央行宣布，将基准利率保持在 3.25% 不变，这是韩国自 2011 年 7 月份以来连续第 10 个月维持基准利率不变。

（来源：韩国央行　摘译）

韩国央行发布外汇储备数据

6 月 4 日，韩国央行发布数据显示，截至 5 月底，韩国外汇储备为 3108.7 亿美元，比 4 月底的 3168.4 亿美元减少 59.7 亿美元。其中，持有债券 2823.5 亿美元，比 4 月底减少 22.7 亿美元；储备金 203.4 亿美元，减少 34.9 亿美元；IMFSDR34.6 亿美元，减少 9000 万美元；IMF 储备头寸 25.5 亿美元，减少 1.2 亿美元；黄金储备维持 21.7 亿美元不变。

韩国央行表示，5 月份外汇储备总额减少主要是由于欧元和英镑等货币贬值，使得以该货币计价的资产换算成美元后价值下跌。

截至 2012 年 4 月底，韩国外汇储备规模位列全球第七位。

（来源：韩国央行　摘译）

韩国央行下调基准利率 25 个基点至 3%

7 月 12 日，韩国央行宣布，将基准利率由 3.25% 下调 25 个基点至 3%。这是韩国自 2009 年 2 月份以来首次下调基准利率。

（来源：韩国央行　摘译）

韩国央行宣布维持利率政策不变

8 月 9 日，韩国央行宣布，维持基准利率 3% 不变。

（来源：韩国央行　摘译）

韩国发布最新《国际投资头寸》报告

8 月 21 日，韩国央行发布最新《国际投资头寸（IIP)》报告显示，截至 6 月底，韩国对外投资总额为 7701 亿美元，比 3 月底增加 25 亿美元；韩国吸引海外投资 8767 亿美元，比 3 月底减少 205 亿美元。净国际投资头寸为 -1065 亿美元（资产减去负债为净 IIP)。

数据还显示，截至 6 月底，韩国外部资产达 5067 亿美元，比 3 月底减少 24 亿美元；对外债务达 4186 亿美元，比 3 月底增加 61 亿美元。净外部资产为 881 亿美元（外部资产减去对外债务）。其中，短期外债增幅较大，截至 6 月底，韩国短期外债达 1414 亿美元，比 3 月底增加 56 亿美元；长期外债达 2772 亿美元，比 3 月底增加 5 亿美元。

（来源：韩国央行　摘译）

韩国 6 月末国内银行 BIS 资本充足率下降

8 月 27 日，韩国金融监督院发布数据显示，韩国 6 月末国内银行 BIS 资本充足率为 13.83%，较一季度末降低 0.05%。6 月末韩国银行一级资本比率为 11.02%，较一季度末降低 0.03%。

数据还显示，由于二季度韩国国内银行创下 2.2 万亿韩元的净利润以及进出口银行资本增加 8000 亿韩元，韩国国内银行资本增加 2. 3 万亿韩元。但韩国农业协同银行贷款损失准备金减少 9000 亿韩元。

尽管如此，韩国国内银行加权风险资产额增加 21. 3 万亿韩元，部分银行二季度放贷增加，仍导致银行 BIS 资本充足率下滑。

（来源：韩国金融监督院　摘译）

韩国央行发布 7 月份韩国国际收支数据

8 月 29 日，韩国央行发布数据显示，韩国 7 月份经常项目账户顺差 61 亿美元。7 月份韩国商品项目顺差从 6 月份的 50. 5 亿美元增长至 53. 2 亿美元；服务项目顺差从 6 月份的 1. 7 亿美元增加至 5. 8 亿美元；主要收入账户盈余从 6 月份的 9 亿美元下降至 4 亿美元，主要由于股票收益减少所致；二级收入账户赤字从 6 月份的 2. 5 亿美元收窄至 1. 9 亿美元。

数据还显示，7 月份金融账户净流出额为 79. 4 亿美元，低于 6 月份的 52. 7 亿美元。资本账户净流入额为 0. 4 亿美元。

（来源：韩国央行　摘译）

韩国发布 7 月份货币供应量数据

9 月 12 日，韩国央行发布数据显示，经季节性因素调整后，韩国 7 月份 M1 供应量达 443. 1 万亿韩元，环比增长 0. 7%，同比增长 5. 4%；M2 供应量达 1805. 9 万亿韩元，环比增长 0. 9%，同比增长 6. 0%；金融机构流动性达 2390. 9 万亿韩元，环比增长 0. 9%，同比增长 8. 4%；整体流动性达 3156. 6 万亿韩元，环比增长 0. 9%，同比增长 9. 0%。

（来源：韩国央行　摘译）

韩国央行发布 8 月份韩国国际收支数据

9 月 28 日，韩国央行发布数据显示，韩国 8 月份经常项目账户顺差 23. 6 亿美元。其中商品项目顺差从 7 月份的 53. 4 亿美元下降至 23. 7 亿美元；服务项目出现 2. 6 亿美元逆差，7 月份为顺差 5. 9 亿美元；主要收入账户盈余从 7 月份的 4 亿美元上升至 4. 4 亿美元；二级收入账户赤字 1. 9 亿美元，环比持平。

此外，8 月份金融账户净流出额为 6.4 亿美元，远低于 7 月份的 78.8 亿美元。资本账户净流入额为 0.1 亿美元。

（来源：韩国央行　摘译）

韩国发布 8 月份货币供应量数据

10 月 10 日，韩国央行发布数据显示，经季节性因素调整后，韩国 8 月份 M1 供应量达 444.5 万亿韩元，环比上升 0.3%，同比上升 4.0%；M2 供应量达 1822.9 万亿韩元，环比上升 0.9%，同比上升 5.7%；金融机构流动性达 2410.9 万亿韩元，环比上升 0.8%，同比上升 7.8%；整体流动性达 3162.4 万亿韩元，环比上升 0.2%，同比上升 9.2%。

（来源：韩国央行　摘译）

韩国央行下调基准利率至 2.75%

10 月 11 日，韩国央行宣布，将基准利率下调 25 个基点至 2.75%。同时，下调总信贷上限贷款（Aggregate Credit Ceiling Loans）利率 25 个基点至 1.25%。

（来源：韩国央行　摘译）

韩国 10 月份外汇储备额环比上升

11 月 5 日，韩国央行发布数据显示，截至 10 月底，韩国外汇储备额达 3234.6 亿美元，环比增加 14.5 亿美元。其中，有价证券为 2965.6 亿美元，环比增加 23.2 亿美元；存款额为 176.9 亿美元，环比减少 7.4 亿美元；IMFSDR 为 35.3 亿美元，环比持平；IMF 储备头寸为 27 亿美元，环比减少 1.3 亿美元；黄金储量为 29.8 亿美元，环比持平。

韩国央行表示，10 月份韩国外汇储备额提高，主要受外汇资产投资运作收益增加的影响。截至 2012 年 9 月底，韩国外汇储备额位列世界第七。

（来源：韩国央行　摘译）

韩国央行发布 10 月份韩国国际收支数据

11 月 28 日，韩国央行发布数据显示，10 月份韩国经常项目账户顺差 58.2 亿美元，自 2012 年 2 月份以来连续 9 个月实现顺差。其中，10 月份韩国商品项目顺差维持 52.1 亿美元高位；服务项目顺差从 9 月份的 3.2 亿美元上升至 3.8 亿美元；主要收入账户顺差从 9 月份的 2 亿美元上升至 5.2 亿美元；二级收入账户逆差从 9 月份的 1 亿美元上升至 2.9 亿美元。

此外，10 月份金融账户净流出额为 72.7 亿美元，远高于 9 月份的 49.3 亿美元。资本账户基本保持平衡。

（来源：韩国央行　摘译）

韩国将视情况下调银行离岸债务税率

12 月 4 日，韩国企划财政部通过《外汇交易法案》修订执行法案。根据该法案，如果银行增加外币存款，银行离岸债务税率至多下调至 30%。这是对 2010 年 6 月份发布的“增加外币存款长期计划”的补充和完善，旨在维护外资稳定。

修订后的执行法案将于下周宣布，新的宏观谨慎稳定税将于 2013 年生效。从 2013 年开始，各家银行的离岸债务税额将根据其外币存款总额和存款时间按比例下调。外币存款量越大、存款时间越长，税额下调的幅度就越大，且对新开外币存款账户将给予大幅减税额度。

（来源：韩国企划财政部　摘译）

（三）印　　度

印度央行维持基准利率不变

3 月 15 日，印度央行宣布，将存款准备金率维持在 4.75% 不变。同时，维持回购利率 8.50% 不变、逆回购利率 7.5% 不变。

该行称，受原油价格高涨、财政赤字规模巨大和印度本币贬值等因素影响，通胀风险已有所上升。虽然目前的通胀水平符合央行预期，但通胀风险已有所加大。

（来源：印度央行　摘译）

印度央行下调回购利率 50 个基点至 8.0%

4 月 17 日，印度央行宣布，将回购利率从 8.5% 下调 50 个基点至 8.0%，反向回购利率和边际贷款利率分别为 7.0% 和 9.0%。为了提高市场流动性，印度央行决定将边际贷款工具借款占银行存款的比例上限从 1% 提高至 2%。

印度央行表示，此次降息决议是基于两个考虑：第一，2011 年三季度 GDP 同比增长 6.1%，四季度经济增速仅是温和反弹，基于此评估，该国经济增速将明显低于金融危机后的水平。第二，通胀率回落。通胀主要指标批发价格指数在近两年内维持在 9% 以上，但在 2012 年 3 月份该指标回落至 7% 以下，非食品类工业产品通胀率由 2011 年 11 月份的 8.4% 降至 2012 年 3 月份的 4.7%，为过去两年来首次低于 5%。

（来源：印度央行　摘译）

印度财政部出台紧缩财政开支政策

5 月 31 日，为了控制一般政府支出和释放更多财政资金用于发展优先项目，印度财政部发布逐步紧缩政府开支的政策指南。该指南包括经济措施、严格财政转移支付和平衡支出进度等内容，主要如下：

（1）利用经济措施缩减计划外开支。2012—2013 年，各部委或部门必须强制削减 10% 的非计划开支，不包括利率支出、偿债支出、国防支出、工资、养老抚恤金和联邦政府对邦的拨款。绝大多数会议开支必须限定在有组织的一般会议、研讨会或工作组会议，只有少量必须召开的会议可以使用会议费；即使是这些会议，也必须削减 10% 的预算安排。除促进贸易发展的情况之外，一般的展览、研讨会等会议不允许在国外举行。禁止在五星级酒店举办会议。禁止利用车辆购置费购置车辆。政府官员出国所花费用必须与级别相对应。代表团规模和出国时间必须最小化。出国作报告时不允许用政府经费观光旅行，除非有机构全额资助。在削减 10% 后，每个部委必须将出国费用限定在指定预算规模内。任何重新申请拨款的计划都不会获得批准。

（2）严格遵守联邦政府对邦政府、公共事业部门以及联邦、邦和地方政府自治组织的财政转移政策。除了中央政府特许援助资金（Utilization Certificates）外，如果没有财政部特许，不得向包括邦政府事业单位在内的任何事业单位拨款。

（3）平衡支出进度。一个财年最后一个季度财政支出不得超过财政预算总额的1/3（33%）。此外，财年最后一个月（3月份），必须将支出限定在预算总额的15%以下。

（来源：印度财政部　摘译）

印度央行公布最新利率政策

6月18日，印度央行宣布，维持存款准备金率4.75%不变；维持商业银行向央行借贷的回购利率8%不变，维持央行从商业银行回收流动性的逆回购利率7%不变；维持边际贷款工具利率和央行利率9%不变。

印度央行称，维持货币政策不变主要是由于欧洲主权债务危机引起外部经济环境恶化，全球经济复苏前景不明朗。印度国内通胀率超过了与可持续经济增长相适应的水平，且零售通胀呈上升趋势。

报告显示，2011—2012年度，印度经济增速放缓，2011年四季度印度经济同比增长率仅为5.3%，全年经济增长率为6.5%。2012年4月份印度工业生产指数上涨0.1%。

此外，2011—2012年度，印度以批发价格指数衡量的通胀率从2011年9月份的最高值10%下降至2012年3月份的7.7%。2012—2013年度，受食品和燃料因素影响，批发价格指数（WPI）从4月份的7.2%上升至5月份的7.6%；印度以CPI衡量的通胀率从2012年2月份的8.8%上升至3月份的9.4%，4月份进一步上涨至10.4%。这表明批发价格通胀放缓并未影响零售行业。

印度央行表示，尽管国内的核心通胀率有放缓迹象，但批发和零售整体通胀居高不下将会导致国内供应“瓶颈”出现以及通胀预期上升。在未来政策方向上，该行认为持续上升的通胀压力将会继续影响该行的基准利率立场。

（来源：印度央行　摘译）

印度央行下调银行存款准备金率25个基点

10月31日，印度央行宣布，自11月3日起下调银行存款准备金率25个基点至4.25%，同时维持回购利率、逆回购利率和边际贷款工具利率分别在8.0%、7.0%和9.0%不变。

（来源：印度央行　摘译）

（四）东 盟

马来西亚央行：将把人民币纳入实时全额结算系统

3 月 21 日，马来西亚央行宣布，马来西亚央行实时资金转账和结算系统将提供人民币全额结算服务，即日生效。马来西亚央行已经指定中国银行马来西亚分行作为人民币结算业务的结算机构。

马来西亚央行表示，使用人民币结算业务将提高马来西亚银行业的运营效率，促进马来西亚和中国的双边贸易发展，且在消除人民币结算风险的同时能降低因使用其他货币结算带来的汇率波动风险。

为推行人民币结算业务，马来西亚央行决定在 12 月 31 日前免除所有人民币结算业务产生的额外费用。

（来源：马来西亚央行　摘译）

泰国央行将维持基准利率 3.0%不变

5 月 2 日，泰国央行宣布，维持现有基准利率 3% 不变。泰国央行表示，近期宽松的货币政策有助于重塑私营企业信心且速度远超预期，通胀仍处于可控范围，但外围因素仍对泰国经济增长构成较大风险，现有利率水平对支持经济平稳复苏和控制通胀在目标区间之内都是适宜的。

（来源：泰国央行　摘译）

菲律宾前 7 个月财政赤字约 17.6 亿美元

8 月份，菲律宾财政部发布数据显示，前 7 个月，菲律宾财政赤字为 737.31 亿比索（1 美元兑换 41.86 菲律宾比索）。同期，政府税收收入总计 8842.3 亿比索，总支出 9579.61 亿比索，同比增长 15.1%。

（来源：菲律宾财政部　摘译）

印度尼西亚央行宣布维持利率政策不变

8 月 9 日，印度尼西亚央行宣布，维持隔夜基准利率 5. 75% 不变，主要是由于二季度经济增长使印度尼西亚央行能继续致力于抑制通货膨胀和稳定印度尼西亚盾。

（来源：印度尼西亚央行　摘译）

菲律宾上半年吸引外商直接投资 9. 17 亿美元

9 月 10 日，菲律宾央行发布数据显示，菲律宾上半年吸引外商直接投资 9. 17 亿美元，同比增加 10. 6%；股权资本净流入同比增长近 4 倍至 11 亿美元；再投资收益净流入为 740 万美元，同比下降 57%；包括外国直接投资者及其子公司之间借贷的其他资本账户净流入为 2. 27 亿美元，同比下降 1. 7 亿美元。此外，6 月份，菲律宾外商直接投资净流入为 730 万美元，同比增加 15. 9%；股权资本净流入同比增加 4 倍至 780 万美元；再投资收益净流入为 230 万美元。

（来源：菲律宾央行　摘译）

印度尼西亚央行维持基准利率 5. 75% 不变

12 月 11 日，印度尼西亚央行宣布维持基准利率 5. 75% 不变。此外，印度尼西亚央行表示，2012 年全球经济下滑，印度尼西亚经济维持稳定。印度尼西亚国际收支一、二季度为赤字，三季度出现盈余且四季度有望出现更大盈余。印度尼西亚卢比二、三季度贬值但四季度已稳定。通胀有望在年底达到低于中期目标 3. 5%—4. 5% 的水平。

（来源：印度尼西亚央行　摘译）

四、其他国家

（一）澳大利亚

澳大利亚央行维持基准利率4.25%不变

3月6日，澳大利亚央行宣布，将基准利率维持在4.25%不变。澳大利亚央行表示，澳大利亚经济增速趋于中等水平，通胀也将接近预期目标。澳大利亚央行还认为，未来两个季度内通胀率还将进一步下降。该行预计，澳大利亚未来通胀率将维持在2.5%左右。若剔除碳排放价格影响，未来两年通胀年率将在2%—3%区间内波动。

总体上，当前的货币政策是适当的。

（来源：澳大利亚央行　摘译）

澳大利亚央行下调基准利率50个基点至3.75%

5月1日，澳大利亚央行宣布，下调基准利率50个基点至3.75%，5月2日起生效。该行表示，降息主要是由于国内经济增长出现疲软，通胀处于温和水平。

澳大利亚央行表示，自2011年下半年全球经济增速开始下降，预计该趋势2012年仍将持续，但不会进一步下降。相反，部分机构还将全球经济增长预期上调。

澳大利亚央行认为，在过去一年里，尽管内需仍保持较高增速，但澳大利亚经济产出增长还是低于长期增长趋势。产出增速放缓部分是源于暂时性因素，但也受澳元利率持续保持高位的影响。

澳大利亚央行指出，2012年以来澳大利亚金融市场得到改善，资本市场能够为企业和高评级银行提供资金支持。

澳大利亚央行称，自 2011 年 12 月份降息以来，国内通胀前景的好转为澳央行实施更宽松的货币政策以支持国内经济发展提供了基础，此次降息对于将国内借贷利率降至合适的水平来说是必须的。

（来源：澳大利亚央行　摘译）

澳大利亚央行下调基准利率 25 个基点至 3.5%

6 月 5 日，澳大利亚央行宣布，降息 25 个基点至 3.5%，自 2012 年 6 月 6 日起生效。

澳大利亚央行行长史蒂文斯（Glenn Stevens）表示，澳大利亚国内经济增长缓慢，国际环境恶化、不确定性增强，而通胀前景预期允许央行实施更为宽松的货币政策。

澳大利亚央行表示，过去几个月金融市场信心恶化。未来 1—2 年，通胀受煤炭价格因素影响将降低，通胀预期仍将处于央行 2%—3% 的目标范围内。

（来源：澳大利亚央行　摘译）

澳大利亚央行维持基准利率 3.25%不变

11 月 6 日，澳大利亚央行宣布，维持基准利率 3.25% 不变。澳大利亚央行表示，全球经济状况有所改善，但全球经济前景仍面临下滑风险；澳大利亚大宗商品价格比年初有所下降；通胀率略高于预期，但未来 1—2 年将处于目标范围；劳动力市场疲软有助于控制劳动力成本。

（来源：澳大利亚央行　摘译）

澳大利亚发布联邦政府 8 月份财务报告

11 月 16 日，澳大利亚财政部发布 2012—2013 财年联邦政府财务报告显示，截至 2012 年 8 月 31 日，澳大利亚联邦政府部门现金结余的实际赤字额为 74.18 亿美元，较预算数字增加 3.98 亿美元；实际财政收支赤字额为 52.3 亿美元，较预算数字增加 3 亿美元；由于利息收益和税收收入减少，实际财政收入较预期减少 19.2 亿美元，达 588.22 亿美元；由于补助金支出减少，实际财政支出低于预期

73.8 亿美元，达 640.37 亿美元。

（来源：澳大利亚财政部　摘译）

（二）新西兰

新西兰维持基准利率 2.5%不变

10 月 25 日，新西兰央行决定，维持 2.5% 基准利率不变，主要是由于全球经济依旧脆弱，且国内通胀仍较为温和。

新西兰央行行长 Graeme Wheeler 表示，虽然全球经济依然脆弱，但市场人气已较年初时有所改善，表明全球经济前景面临的风险更趋平衡。他指出，新西兰经济仍在以温和速度扩张。正如预期那样，房地产市场在增长，装修业、建筑业在提振。但也存在不利因素：财政整顿在制约需求增长，新西兰元升值不利出口。

Wheeler 称，当前新西兰通胀年率为 0.8%。不过，他预计通胀率将朝着预期区间的中端回升。他还表示将密切关注未来数月的通胀指标。

（来源：新西兰央行　摘译）

（三）南　　非

南非发布《2012 年南非财政预算案》

3 月份，南非财政部长普拉温·戈登（Pravin Gordhan）在《2012 年南非财政预算案演讲稿》（2012 Budget Speech）中概述了 2012 年南非财政预算案，主要内容如下：

2012—2013 财年，南非财政赤字估计将占 GDP 的 4.6%。2014—2015 财年，南非计划将削减财政赤字至占 GDP 的 3%，并将稳定公共债务总水平，约占 GDP 的 38%。2012 年中央财政预算将优先用于增加基础设施投资。重点支持提高工业竞争力、增加技术投资、促进企业发展和扶持农业。

下一财年，财政总支出将达 1.1 万亿南非兰特，约占 GDP 的 32%。确保最大比重的支出用于支持教育、医疗和社会救助，并支持提高社会工资水平。增长和发展战略的核心是财政资金“取之于民、用之于民”。继续支持创造就业，重点关注青年失业问题。减免个人收入税 95 亿南非兰特，并采取措施提高税收遵从度。采取措施鼓励居民储蓄。加强公共部门财政管理，最大限度地提高公共财政资金使用效率。通过实施政府采购政策以及严格执法，严厉打击欺诈和腐败行为。

此外，他还概述了 2012 年南非财政政策框架，主要内容如下：

一个可持续财政政策框架应遵循反周期、债务可持续和代际公平原则。财政支出实际增速在中期平均达 2.6%，并按照长期收入增长趋势决定支出。未来 3 年额外分配 559 亿南非兰特财政资金，其中包括为一项经济刺激整套方案安排的 95 亿南非兰特。税收收入稳定在约占 GDP 的 1/4。财政赤字占 GDP 比重从 2011—2012 财年的 4.8% 降为 2014—2015 财年的 3%。随着政府基础设施项目建设加快，公共部门融资缺口占 GDP 比重应从 2011—2012 财年的 7.1% 降为 2014—2015 财年的 5%。

（来源：南非财政部　摘译）

■ 第三部分

贸易政策与数据

一、欧　洲

（一）欧盟与欧元区

欧盟发布欧盟和欧元区 2012 年 1 月份及 2011 年外贸统计数据

3 月 16 日，欧盟统计局发布了 2012 年 1 月份欧盟和欧元区外贸预估数据及 2011 年外贸统计数据。据估算，欧元区 2012 年 1 月份对外贸易赤字 76 亿欧元，同比减少 85 亿欧元；欧盟 2012 年 1 月份对外贸易赤字 238 亿欧元，同比减少 74 亿欧元。据统计，2011 年 12 月份，欧元区对外贸易盈余 91 亿欧元；欧盟对外贸易盈余 16 亿欧元；2010 年 12 月份，欧元区对外贸易赤字 17 亿欧元，欧盟对外贸易赤字 121 亿欧元。

（1）贸易盈余与赤字产业：欧盟 2011 年全年的能源贸易赤字的增长最为显著，同比增加 808 亿欧元，达 3877 亿欧元；制造业产品贸易盈余 2648 亿欧元，同比增加 911 亿欧元。

（2）进出口贸易额：除对朝鲜的进口出现下降外，欧盟 2011 年与主要贸易伙伴的贸易额同比均有所增长。从出口来看，对俄罗斯、中国和土耳其出口额的增长最为显著，分别为 26%、20% 和 19%；从进口来看，对俄罗斯、挪威、印度和巴西进口额的增长最为显著，分别为 24%、18%、18% 和 16%。

（3）贸易伙伴：2011 年，欧盟与美国、瑞士及土耳其贸易的盈余额增长最为显著，同比分别增加 44 亿欧元、85 亿欧元及 62 亿欧元，贸易盈余分别达 763 亿欧元、305 亿欧元及 251 亿欧元；欧盟与中国、日本及朝鲜贸易赤字的下降最为显著，同比分别减少 134 亿欧元、34 亿欧元及 76 亿欧元，贸易赤字分别达 1559 亿欧元、185 亿欧元、37 亿欧元。此外，欧盟与俄罗斯和挪威的贸易赤字出现增长，同比分别增加 160 亿欧元和 94 亿欧元，赤字分别达 899 亿欧元和 469 亿欧元。

（4）贸易盈余国与赤字国：在欧盟成员国中，贸易盈余规模最大的国家为德国，其次是荷兰、爱尔兰、丹麦和比利时，盈余分别为 1570 亿欧元、451 亿欧元、437 亿欧元、111 亿欧元和 110 亿欧元；贸易赤字规模居首位的国家为英国，其次是法国、西班牙、意大利、希腊、葡萄牙和波兰，赤字分别为 1171 亿欧元、845 亿欧元、472 亿欧元、246 亿欧元、208 亿欧元、153 亿欧元和 146 亿欧元。

（来源：欧盟统计局　摘译）

欧盟 2011 年四季度经常账户贸易顺差 131 亿欧元

4 月 18 日，欧盟统计局发布第二次估计值显示，2011 年四季度欧盟 27 国经常账户贸易顺差 131 亿欧元，2010 年四季度则为逆差 145 亿欧元。这是欧盟 2002 年三季度以来首次出现经常账户顺差。

2011 年四季度的商品逆差同比明显下降，由 312 亿欧元降至 170 亿欧元；服务业顺差同比由 259 亿欧元增至 323 亿欧元，是当季顺差的最大影响因素；收入顺差同比由 112 亿欧元增至 178 亿欧元；经常性转移账户逆差同比由 203 亿欧元降至 200 亿欧元。

四季度欧盟 27 国与以下经济体保持经常账户顺差：美国（224 亿欧元）、瑞士（172 亿欧元）、巴西（75 亿欧元）、中国香港（55 亿欧元）、印度（22 亿欧元）和加拿大（21 亿欧元）。逆差国分别有：中国（292 亿欧元）、俄罗斯（133 亿欧元）和日本（51 亿欧元）。

（来源：欧盟统计局　摘译）

美国与欧盟就加强双方经贸关系发布联合声明

6 月 19 日，美国总统奥巴马、欧盟委员会主席巴罗佐及欧洲理事会主席范龙佩就加强美欧经贸关系发布联合声明，主要内容如下：

美、欧之间的跨大西洋关系是世界上最大的经济纽带，占据了全球近一半的经济产出，货物和服务贸易接近 1 万亿美元，支撑了大西洋两岸数以百万计人口的就业。为进一步加深和拓宽双边关系，双方还需作出更大努力。特别是在此刻，扩大贸易和投资将为推动经济增长和创造就业作出显著贡献。

近期，我们收到了就业与增长高层工作组的中期报告。工作组就实现这一目标的各种选择作出了全方位评估，双方对评估结果表示肯定。报告对于有关农业及工业产品、服务和投资的全方位且雄心勃勃的市场开发计划进行了收益分析，明确了如何推动协调监管方式、消除境内壁垒和保护知识产权，报告结果令美、欧双方深受鼓舞。良好的研究成果不仅能加强两岸经贸关系，同时也有助于共同解决市场准入的挑战并促进具有前瞻性的多边贸易自由化格局的形成。为此，美、欧双方督促工作组尽快完成工作，包括与公共及私人利益相关者进行磋商，争取在2012年下半年形成领导人建议以供谈判时参考。

（来源：欧盟委员会 摘译）

欧盟统计局发布5月份欧元区和欧盟国际商品贸易数据

7月16日，欧盟统计局发布数据显示，欧元区5月份国际商品贸易盈余69亿欧元，同比增加81亿欧元，环比增加32亿欧元。欧盟27国赤字38亿欧元，同比减少107亿欧元，环比减少88亿欧元。盈余最大的国家依次为德国、荷兰和爱尔兰。赤字最大的国家依次为英国、法国和西班牙。

（来源：欧盟统计局 摘译）

推动新的自贸协定将促进欧盟GDP增加2%

7月20日，欧盟委员会发布一份最新调查表明，加深欧盟与其关键贸易合作伙伴关系可显著促进欧洲经济复苏。如果欧盟继续其雄心勃勃的外贸议程，将促进欧盟GDP增加2%或者增长超过2500亿欧元。这一数据相当于一个奥地利或者丹麦的经济规模。该贸易议程还将给欧盟增加200万个工作职位。

欧盟经济增长和就业增加的2/3都将通过与美、日的贸易协定来实现。7月18日，欧盟委员会要求欧盟成员国同意与日本开展自贸协定谈判。2012年6月，一份关于《欧盟—美国高层工作小组》（EU－US High Level Working Group）的报告指出，欧盟经济增长和就业增加显示出欧盟和美国全面贸易合作关系的好处。2012年晚些时候，还会有一份就双方开展谈判前景的建议案。

到2015年，90%的欧盟经济增长将来源于欧盟外部，仅中国就占到1/3。因此，开发重要贸易合作伙伴的市场将会对欧盟未来发展起至关重要作用。

2012年，欧盟将与加拿大、新加坡签订自由贸易协定。与这两国签订自贸协定会带来与周边国家建立自贸区的可能性。与东盟国家的积极动态关系会加强欧盟在亚洲的地位。

2006年，自由贸易区贸易额约占欧盟贸易总额的1/4。如果与加拿大、新加坡以及其他东盟国家达成贸易协定，该数据将上升至欧盟贸易总额的一半，而且欧盟—日本自贸区将进一步把该数值推升至欧盟贸易总额的2/3。

目前，外部需求是欧盟经济增长的主要动力，而内部需求仍然较弱。2012 年只有贸易对 GDP 增长的贡献率提高0.7%，才能避免欧盟重陷衰退。根据欧盟委员会2012 年春季预报，内部需求和库存将分别下降0.4%和0.3%。

（来源：欧盟委员会　摘译）

欧元区和欧盟6 月份国际商品贸易顺差分别达149 亿欧元和4 亿欧元

8 月17 日，欧盟统计局发布数据显示，欧元区6 月份商品贸易顺差149 亿欧元，同比上升0.2%；5 月份商品贸易顺差71 亿欧元，同比下降0.9%。6 月份经季节性因素调整后，出口量环比上升2.4%，进口量环比持平。

6 月份欧盟商品贸易顺差4 亿欧元，同比下降15.3%；5 月份商品贸易逆差38 亿欧元，同比下降14.2%。6 月份经季节性因素调整后，出口量环比上升2.1%，进口量环比上升0.9%。

（来源：欧盟统计局　摘译）

欧盟统计局发布7 月份商品贸易数据

9 月17 日，欧盟统计局发布数据显示，欧元区7 月份外贸顺差初步估计为156 亿欧元，同比增加135 亿欧元。6 月份顺差调整为136 亿欧元，同比增加134 亿欧元。经季节性因素调整后，2012 年7 月份出口和进口环比分别下降2.0%和1.2%。

欧盟7 月份贸易顺差31 亿欧元，而上年同期为逆差109 亿欧元。6 月份贸易平衡，上年同期为逆差153 亿欧元。经季节性因素调整后，2012 年7 月份出口和进口环比分别下降1.7%和1.3%。

2012 年1—6 月，欧盟能源逆差2086 亿欧元，同比增加214 亿欧元，而制造业商品顺差1678 亿欧元，同比增加557 亿欧元。同期，欧盟与美国的贸易顺差406 亿欧元，同比增加66 亿欧元；与中国的贸易逆差675 亿欧元，同比减少75 亿欧元；与俄罗斯的贸易逆差481 亿欧元，同比减少36 亿欧元；与日本的贸易逆差61 亿欧元，同比减少54 亿欧元。

上半年，欧盟成员国中贸易顺差最大的国家依次为德国、荷兰和爱尔兰，分别为924 亿欧元、256 亿欧元和209 亿欧元；而逆差最大的国家为英国、法国和西班牙，分别为738亿欧元、439亿欧元和189亿欧元。

（来源：欧盟统计局　摘译）

欧盟统计局发布8月份商品贸易数据

10月16日，欧盟统计局发布数据显示，欧元区8月份商品贸易顺差初步预估为66亿欧元，上年同期为逆差57亿欧元。7月份贸易顺差调整为147亿欧元，同比增加126亿欧元。经季节性因素调整后，欧元区8月份出口和进口环比分别上升3.7%和2.1%。

欧盟8月份贸易逆差初步预估为126亿欧元，低于上年同期的221亿欧元。7月份贸易顺差调整为27亿欧元，上年同期逆差为109亿欧元。经季节性因素调整后，欧盟8月份出口和进口环比分别上升2.9%和3.3%。

1—7月，欧盟能源逆差2397亿欧元，同比增加197亿欧元；制造业贸易顺差2046亿欧元，同比增加668亿欧元。同期，欧盟与美国的贸易顺差490亿欧元，同比增加80亿欧元；与中国的贸易逆差805亿欧元，同比减少68亿欧元；与俄罗斯的贸易逆差520亿欧元，同比减少73亿欧元；与日本的贸易逆差62亿欧元，同比减少67亿欧元。

从欧盟成员国来看，贸易顺差最大的国家依次为德国、荷兰和爱尔兰，分别为1091亿欧元、291亿欧元和248亿欧元；而逆差最大的国家依次为英国、法国和西班牙，分别为851亿欧元、489亿欧元和205亿欧元。

（来源：欧盟统计局　摘译）

欧盟与亚欧会议伙伴国国际贸易额稳步增长

10月29日，欧盟统计局发布数据显示，2000—2011年，欧盟与19个亚欧会议伙伴国的国际商品贸易额稳步增长，其中出口份额由22%升至30%，进口份额由36%升至44%。增幅最大的国家依次为中国、俄罗斯和印度，降幅最大的国家是日本。2000—2011年，欧盟与亚欧会议伙伴国始终保持贸易逆差，逆差由2000年的1740亿欧元增至2008年的3000亿欧元，后又回落至2011年的2800亿欧元。

2012年上半年，欧盟与亚欧会议伙伴国的国际商品贸易额持续增长，出口额为2550亿欧元，同比增加290亿欧元；进口额为3790亿欧元，同比增加60亿欧元。贸易逆差1240亿欧元，同比减少220亿欧元。亚欧会议伙伴国在欧盟商品出口和进口总量中所占份额分别达31%和43%。

（来源：欧盟统计局　摘译）

欧盟统计局发布 9 月份零售贸易数据

11 月 7 日，欧盟统计局发布数据显示，欧元区 9 月份零售业贸易额环比下降 0.2%，欧盟环比上升 0.1%。欧元区 8 月份零售业贸易额环比上升 0.2%，欧盟环比持平。欧元区 9 月份零售业销售指数同比下降 0.8%，欧盟同比上升 0.3%。

（来源：欧盟统计局　摘译）

欧盟统计局发布欧盟 9 月份商品贸易数据

11 月 16 日，欧盟统计局发布数据显示，欧元区 9 月份商品贸易顺差 98 亿欧元，同比上升 1.7%。8 月份贸易顺差 52 亿欧元，上年同期为贸易逆差 59 亿欧元。经季节性因素调整后，欧元区 9 月份出口额环比下降 1.1%，进口额环比下降 2.7%。

非欧盟成员国商品贸易赤字 126 亿欧元，上年同期贸易逆差 109 亿欧元。8 月份贸易逆差 132 亿欧元，上年同期逆差 225 亿欧元。经季节性因素调整后，9 月份出口额环比下降 1.5%，进口额环比下降 1.7%。

1—8 月，能源贸易逆差同比增加 245 亿欧元至 2770 亿欧元，工业制成品贸易逆差同比增加 784 亿欧元至 2329 亿欧元。

1—8 月，欧盟对以下国家的出口显著上升：俄罗斯和韩国（均 +18%）、日本（+17%）、美国和巴西（均 +14%），仅对印度出口下降（-5%）；从美国（+11%）和挪威（+10%）进口增幅最大，从印度（-9%）和日本（-5%）进口降幅最大。与欧盟贸易顺差大幅上升的国家有美国（同比上升 100 亿欧元至 561 亿欧元）和土耳其（同比增加 11 亿欧元至 179 亿欧元），顺差减少的国家是瑞士（同比减少 28 亿欧元至 241 亿欧元）；与欧盟贸易逆差减少的国家有中国（减少 86 亿欧元至 951 亿欧元）、俄罗斯（同比减少 64 亿欧元至 582 亿欧元）和日本（同比减少 78 亿欧元至 66 亿欧元），逆差上升的国家是挪威（同比减少 43 亿欧元至 360 亿欧元）。

1—8 月，欧盟成员国中，贸易顺差最大的国家依次为德国（1253 亿欧元）、荷兰（310 亿欧元）和爱尔兰（293 亿欧元）。贸易逆差最大的国家依次为英国（1012 亿欧元）、法国（565 亿欧元）、西班牙（238 亿欧元）和希腊（102 亿欧元）。

（来源：欧盟统计局　摘译）

欧盟2011年国际服务贸易顺差额同比上升

11月26日，欧盟统计局发布数据显示，欧盟2011年国际服务业贸易顺差1210亿欧元，2010年顺差1030亿欧元，2009年顺差830亿欧元。2011年欧盟国际服务贸易出口额和进口额分别增至6040亿欧元和4830亿欧元，同比分别上升7%和4%。

从顺差构成来看，主要来源于“其他商业服务”，包括专业技术、金融、计算机和信息、交通、建筑和保险服务等。顺差额被版税及许可证费用和旅游的逆差额所抵消。

从国别来看，与欧盟进行国际服务贸易逆差额最大的国家依次是欧洲自由贸易联盟国家（350亿欧元）、俄罗斯（100亿欧元）、中国（80亿欧元）、日本和加拿大（均为60亿欧元）以及美国（50亿欧元）。

（来源：欧盟统计局　摘译）

（二）德　　国

德国6月份出口同比上升7.4%

8月8日，德国国家统计局发布数据显示，德国6月份出口商品946亿欧元，进口767亿欧元，同比分别上升7.4%和1.5%，贸易盈余179亿欧元，同比增加54亿欧元。经工作日和季节性因素调整后，德国6月份出口环比下降1.5%，进口下降3%，贸易盈余162亿欧元。

按地区划分，德国6月份对欧盟出口商品536亿欧元，同比下降0.5%，进口商品493亿欧元，同比下降1.4%；对欧元区国家出口355亿欧元，同比下降3%，进口349亿欧元，同比下降2.8%；对欧盟外国家出口411亿欧元，同比上升19.8%；进口275亿欧元，同比上升7.2%。

此外，德意志银行发布数据显示，德国6月份国际收支表经常账户盈余165亿欧元，同比增加55亿欧元，其中服务贸易逆差10亿欧元，要素收入盈余47亿欧元，经常转移项逆差23亿欧元，补充贸易逆差27亿欧元。

（来源：德国国家统计局、德意志银行　摘译）

德国 8 月份进出口价格指数上升

9 月 27 日，德国国家统计局发布数据显示，德国 8 月份进口价格指数环比上升 1.3%，同比上升 3.2%。剔除原油和矿油产品价格因素的进口价格指数同比上升 1.1%，环比持平；8 月份出口价格指数环比上升 0.4%，同比上升 1.8%。

（来源：德国国家统计局　摘译）

德国发布 10 月份进出口价格指数

11 月 27 日，德国国家统计局发布数据显示，德国 10 月份进口价格指数同比上升 1.5%，环比下降 0.6%。其中，除原油和石油制品外，进口价格指数同比上升 0.4%，环比下降 0.4%。此外，德国 10 月份出口价格指数同比上升 1.7%，环比下降 0.2%。

（来源：德国国家统计局　摘译）

（三）英　国

英国 7 月份商品和服务贸易赤字环比下降

9 月 11 日，英国国家统计局发布数据显示，英国 7 月份商品和服务贸易赤字 15 亿英镑，低于 6 月份的 43 亿英镑。其中，服务贸易盈余 56 亿英镑，部分抵消商品贸易赤字 71 亿英镑。7 月份英国对欧盟商品贸易赤字 43 亿英镑，对非欧盟国家商品贸易赤字 29 亿英镑。

此外，5—7 月，英国商品和服务贸易赤字总额 80 亿英镑，环比减少 25 亿英镑。排除石油和其他不稳定因素，5—7 月，英国出口额环比上升 0.9%，进口额环比下降 0.8%。

（来源：英国国家统计局　摘译）

英国7月份进出口贸易逆差达近年最高

9月18日，英国国家统计局发布数据显示，英国7月份出口额为118亿英镑，环比减少3亿英镑，降幅为2.2%；同比减少11亿英镑，降幅为8.2%。进口额为171亿英镑，环比增加2亿英镑，增幅为1.3%；同比增加2亿英镑，增幅为1.2%。英国7月份进出口贸易逆差达53亿英镑，环比上升10.0%，同比上升18.9%，为近几年单月贸易逆差最大额。

（来源：英国国家统计局 摘译）

（四）其他欧洲国家

荷兰6月份出口增长下降

8月10日，荷兰国家统计局发布数据显示，荷兰6月份出口货物数量同比上升4%，进口同比上升近3%，5月份出口和进口分别同比上升9%和6%。

6月份出口货物总额为359亿欧元，同比上升近8%，进口总额为321亿欧元，同比上升近6%，贸易盈余37亿欧元，同比增加9亿欧元。另外，6月份出口原材料和矿物燃料总额同比显著增长，进口机械和交通设施总额也明显增长。

与以往几个月相同，向非欧盟国家出口额增长率高于欧盟国家。出口和进口价格则同比分别上升0.7%和1.3%，导致贸易条件相对恶化。

（来源：荷兰国家统计局 摘译）

荷兰发布9月份进出口相关数据

11月12日，荷兰国家统计局发布数据显示，经工作日因素调整后，荷兰9月份货物出口量同比上升2%，连续3个月处于较低水平；货物进口量同比上升3%，连续3个月基本维持不变。9月份荷兰货物出口额为351亿欧元，同比上升近1%；货物进口额为315亿欧元，同比上升近1%；贸易顺差36亿欧元，同比减少4亿欧元。

9 月份荷兰出口价格和进口价格同比分别上升 2.9% 与 3.1%，因此贸易条件较上年同期有所恶化。此外，9 月份荷兰向非欧盟地区出口额上升，进口额减少；向欧盟地区出口额减少，进口额上升。

（来源：荷兰国家统计局 摘译）

二、美　洲

（一）美　国

奥巴马政府公布2012年贸易议程

3月6日，奥巴马政府发布了2012年美国政府加强参与全球贸易的计划。该文件强调建立有规可循的国际贸易体系及共享全世界扩大贸易利益的重要意义。

美国贸易代表罗恩·柯克（Ron Kirk）准备并发布了《2012年贸易政策议程》（以下简称《议程》）和《2011年度报告》。

柯克表示，奥巴马政府在2011年取得贸易重大成就的基础上，提出各项宏大的计划，旨在获得支持就业的贸易机会并为在世界各地销售产品和服务的各种规模的公司提供公平竞争的环境。

《议程》概述了政府2012年的重要贸易目标，其中包括坚持实现奥巴马提出的在2014年年底前美国出口翻一番的目标。这项文件还包括执行最近与韩国、哥伦比亚和巴拿马签署的贸易协定以及完成跨太平洋伙伴关系区域贸易协议谈判的计划。

3月1—9日，跨太平洋伙伴关系国家的代表在澳大利亚墨尔本举行第11轮谈判。伙伴合作协议要求在快速增长的亚太地区促进贸易、投资和经济增长。

奥巴马总统的贸易议程还呼吁加强调查世界各地不公平贸易行为的执法行动，要求所有贸易伙伴承担责任，履行对WTO的承诺。该议程还包括一个维护美国在世贸组织和其他论坛领导地位的计划，以促进更大的国际贸易自由化。

《议程》还指出，这项文件阐述了奥巴马政府将如何通过出口和双向贸易，通过在强大的、有规可循的贸易体系内维护美国权利，并通过加强国际贸易关系，继续增多美国的就业机会。这项政策包括为消除贫困和扩大机会与发展中国家建立伙伴关系，以及在全世界扩大贸易联系的过程中努力维护美国透明、开放和效率的价值观。

（来源：美国国务院国际信息局 摘编）

美韩自由贸易协定将促进两国经济增长

美韩自由贸易协定于 3 月 15 日正式生效。

美国贸易代表罗恩·柯克（Ron Kirk）对此发表声明称，该项协定取消了数千种出口关税，撤消了商品和服务贸易的非关税壁垒并向出口商、投资者和知识产权持有者提供新的保护措施。该贸易协定为服务业提供了更宽广、更可靠的途径，涉及国际递送服务、电信服务、外国法律咨询服务和金融服务等。该协定为工业和农业产品的出口商提供新的机会。此外，该协定为知识产权提供了更大的保护，条款涉及保护知识著作版权的禁止盗版及伪冒商品等。协定还建立了开创性的环境保护与劳工待遇标准。

柯克称，这项协定将有助于美国扩大出口，平衡国家经济，促进奥巴马总统关于在 2014 年年底前使美国出口翻番的目标，也是奥巴马总统为美国创造就业机会的重要组成部分。在出口方面，该协定就将提供至少 7 万个就业机会。随着两国进一步开放市场，还会带来更多的潜在工作岗位。提高对韩国 1 万亿美元经济的市场准入也将促进两国经济增长并加强双边经贸关系。这项协定也将有助于推动韩国经济增长。据新闻报道，韩国经济学家预计，今后 10 年该协议将使韩国国内生产总值提高 0.6%，为服务行业创造约 27 万个新的就业机会，为制造业增加 9000 个工作岗位，为农业增加 1 万个工作岗位。

（来源：美国国务院国际信息局 摘编）

2011 年美国对中国出口首超千亿美元

3 月 28 日，美国中美贸易全国委员会发布报告显示，十年来，美国对中国的出口从 2000 年的 162 亿美元增长至 2011 年创纪录的 1039 亿美元，增长了 524 %，首次超过 1000 亿美元。

中国目前是美国第三大出口市场，仅次于加拿大和墨西哥。同期美国向加拿大和墨西哥的出口分别增长 1020 亿美元和 860 亿美元。美国向巴西的出口增长了 280 亿美元，位列第四。

委员会副主席埃琳·恩尼斯（Erin Ennis）表示，扩大对中国的出口对美国经济增长和创造就业至关重要。经济危机之后，美国对中国出口的恢复速度比其他地区要快。

（来源：美国中美贸易全国委员会　摘译）

IOM：加强对全球食品与药品贸易的监管

4 月份，美国国家医学研究院（IOM）发表报告指出，必须加强对全球食品与药品贸易的监管。

该报告建议，美国食品和药物管理局与其他发达国家的相应机构和业界团体应共同努力，建立一个相互承认的共同标准体系，减少重复检查。

报告建议美国食品和药物管理局、美国疾病控制与预防中心、美国国际开发署和美国农业部设置相关项目来帮助发展中国家完善药品和食品的技术能力和监管水平。建议这些机构在以后 3—5 年中采取以下措施：鼓励开发防止生产假冒伪劣药品和食品的技术。使各合作国家间的监管机构能够分享检查信息。鼓励国际捐助，帮助发展中国家提升食品和药品监管能力。

IOM 还建议，美国各机构采取激励措施，鼓励私营部门投资于开发能够系统地追踪产品供应链的各个步骤并能用来防止并发现假冒行为的低成本技术。

（来源：美国国务院国际信息局　摘编）

TPP 贸易谈判取得新进展

5 月 18 日，美国贸易代表罗恩 · 柯克表示，5 月 16 日结束的 TPP 第 12 轮谈判取得新进展。9 个 TPP 国家表示，将继续致力于制定彼此之间开放工业品、农产品和纺织品市场的一揽子关税计划，同时会议还讨论了开放服务业与政府采购市场方面的具体内容。

柯克称，TPP 国家已结束中小型企业问题的讨论，该议程旨在支持把小型企业纳入全球贸易。关于监管协调、加深 TPP 国家之间的供应联系、促进发展等问题的讨论也已接近尾声。9 国还讨论了美国提出的关于国有企业的建议，涉及制定规则确保国有企业与民营公司进行公平竞争。各方还就另外一些新问题进行了沟通，这些问题涉及贸易与环境、数码经济和该地区供应链的发展。

各方还明确了解决剩余问题的途径，相关讨论侧重于使各项贸易承诺最有效地鼓励开发与创新，其议题包括：服务业、投资、电信、电子商务、海关、知识产权、劳工、环境保护和竞争。此外，9 国还就加拿大、日本和墨西哥加入 TPP 问题交换看法。

（来源：美国国务院国际信息局　摘编）

加拿大将应邀参加 TPP 谈判

6 月 19 日，美国总统奥巴马宣布，美国与其他 8 个参加 TPP 贸易协定谈判的国家已向加拿大发出加入谈判的邀请。

除美国外，目前参加 TPP 的国家有澳大利亚、文莱、智利、马来西亚、新西兰、秘鲁、新加坡和越南。墨西哥已于 6 月 18 日被邀请参加谈判。

美国贸易代表罗恩·柯克（Ron Kirk）说："邀请加拿大参加 TPP 贸易协定谈判为美国提供了独特机会，要进一步发展这一充满活力的贸易关系。通过 TPP，我们将把同我们最大贸易伙伴的关系带入 21 世纪。"

TPP 国家已举行了 12 轮谈判。下一轮谈判定于 7 月 2—10 日在美国圣迭戈举行。

（来源：美国国务院国际信息局　摘编）

美国与全球合作伙伴努力实现服务业贸易自由化

7 月份，WTO 部分成员进行谈判，试图通过新国际协议为服务业贸易自由化达成多边共识奠定基础。

7 月 5 日，美国贸易代表罗恩·柯克（Ron Kirk）发布声明称，服务业贸易谈判是巩固和加强 WTO 贸易体制总目标中的重要组成部分。参加服务业贸易谈判的经济体发布联合声明表示，WTO《服务业贸易总协定》为服务业贸易自由化提供坚实基础，自 1995 年生效后已取得很大进展。最终达成的协议将基于《服务业贸易总协定》的成果及该协定生效以来取得的进展。新协议还应有广泛的覆盖面，提供改善市场准入机会。声明称，鼓励其他同样高度期望服务业贸易自由化的 WTO 成员国参与进来。上述经济体还特别考虑如何用最好的方法进一步扩大发展中国家和最不发达国家参与范围。

（来源：美国国务院国际信息局　摘编）

美中高级别官员就美中贸易问题举行年中审议

7 月 27 日，美中商贸联合委员会（JCCT）年中审议会议在华盛顿举行，美中两国贸易部门高级官员讨论了美中贸易与投资关系的近阶段发展。

美国贸易代表办公室表示，两国政府官员审议了在2011年美中商贸联合委员会会议上所作承诺的实施情况，并为将举行的“2012年美中商贸联合委员会会议”进行准备。美国商务部主管国际贸易的副部长弗朗西斯科·桑切斯（Francisco Sánchez）表示，美中贸易关系是世界上最重要的贸易关系之一，但这一关系必须是公平、平衡和互利的。美国将继续敦促中国采取切实步骤开放市场，为美国的商品与服务提供公平的竞争环境。美国贸易副代表迪米特里欧斯·马兰提斯（Demetrios Marantis）称，美国利用美中商贸联委会机制来解决贸易与投资政策方面的难题，年中审议是为2012年的JCCT全体会议造势的一个重要机会，并保证中国将其2011年的承诺完全付诸实施。

作为仅次于加拿大和墨西哥的美国第三大出口市场，中国是美国制造业产品和服务极为重要的出口地，2009—2011年，美国出口至中国的商品增加了近50%。

（来源：美国国务院国际信息局　摘编）

美国6月份贸易赤字环比收窄

8月9日，美国商务部发布数据显示，由于出口持续增长，美国6月份贸易赤字环比显著收窄10.7%，降至429亿美元。6月份美国出口额达1850亿美元，进口额环比下降1.5%至2279亿美元。其中，6月份商品出口1328亿美元，创记录新高；商品进口环比降至1903亿美元。服务出口环比减少2亿美元；服务进口环比增加1亿美元。

数据还显示，6月份美国对中国香港、澳大利亚、新加坡和埃及的贸易出现顺差；对中国、OPEC、欧盟、日本、墨西哥、德国、爱尔兰、加拿大、尼日利亚、韩国、委内瑞拉和中国台湾的贸易存在逆差。

美国商务部代理部长丽贝卡·布兰克（Rebecca Blank）对此表示，尽管经济状况严峻，但美国6月份的出口在2012年第二次创下纪录。美国仍有望超越2011年2.1万亿美元的出口总额。美国正朝着奥巴马总统提出的到2014年年底将美国出口翻番的目标前进。丽贝卡称，自2009年宣布国家出口计划以来，美国出口已出现显著增长，并帮助创造了450万个就业岗位。

（来源：美国国务院国际信息局　摘编）

美国发布7月份进出口价格指数

8月10日，美国劳工统计局发布数据显示，美国7月份进口价格指数环比下跌0.6%，连续第4个月下跌。过去的一年内，美国进口价格指数累积下跌3.2%。7月份进口燃料价格下跌1.2%，其中石油价格下跌1.6%；扣除燃料后的进口价格下跌0.4%。

由于农产品价格大幅上涨，美国7月份出口商品价格指数环比上涨0.5%，结束连续2个月下跌势头。过去一年内，美国出口商品价格累计下跌1.2%。7月份，农产品价格上涨6.4%，其中大豆、玉米和小麦分别上涨16.2%、19.2%和18%；非农产品出口价格下跌0.3%。

（来源：美国劳工统计局　摘译）

美国增强其贸易关系

8月10日，美国总统奥巴马签发重要贸易法案，提振国内制造业，加强美国与中美洲和撒哈拉以南非洲地区（sub－Saharan Africa）的经济合作。两党极力支持，美国国会立即通过此法案。

该法案将重点解决美国与撒哈拉以南非洲地区的首要贸易问题，即将2012年秋季到期的《非洲增长与机会法案》（African Growth and Opportunity Act，AGOA）的贸易政策延期至2015年9月，这使撒哈拉以南非洲地区部分服装出口美国享受零关税。《非洲增长与机会法案》仍是美国与撒哈拉以南非洲地区保持良好贸易和投资关系的重要纽带。

该法案还修改了《中美洲——多米尼加共和国——美国自由贸易协定》（Central America－Dominican Republic－United States，CAFTA－DR）中的纺织品和服装条款。该修正案将促进这些发展中地区经济增长，为美国纺织和服装业工人创造就业机会。

（来源：美国白宫　摘译）

美国发布8月份进出口价格指数

9月13日，美国劳工部发布数据显示，继7月份下降0.7%后，美国8月份进口价格环比上升0.7%，这是继3月份上升1.4%以来首次提高。继7月份提高0.4%后，8月份出口价格再次上升0.9%。同比来看，8月份进、出口价格分别下降2.2%和0.9%。

8月份进口燃料价格继连续四个月下降后环比提高4.1%，其中石油和天然气价格环比分别上升4.1%和6.8%。燃料价格同比下降7.4%，其中石油和天然气价格同比分别下降6.4%和33.2%。8月份农产品出口价格环比上升5.1%，其中玉米、大豆和小麦环比分别上升11.1%、5.6%和9.0%。农产品同比价格上升7.7%。

（来源：美国劳工部　摘译）

美国9月份贸易逆差环比下降5.1%

11月8日，美国商务部发布数据显示，美国9月份贸易逆差415亿美元，环比下降5.1%。其中，出口额为1870亿美元，环比上升3.1%；进口额为2285亿美元，环比上升1.5%。商品贸易出口额为1340亿美元，环比增加54亿美元；服务贸易出口额为530亿美元，环比增加3亿美元。

（来源：美国商务部　摘译）

（二）其他美洲国家

加拿大9月份贸易逆差收窄至8.26亿加元

11月8日，加拿大国家统计局发布数据显示，加拿大9月份贸易逆差由8月份的15亿加元收窄至8.26亿加元。其中，出口额为379.7亿加元，环比上升1.9%；进口额为387.9亿加元，环比基本持平。

（来源：加拿大国家统计局 摘译）

巴西大幅提高百种进口商品关税

9月4日，巴西政府大幅提高100种进口商品关税，以提振国内经济。100种进口商品包括钢材、石化产品、轮胎和建筑材料等，此外还包括农产品如土豆，都从零关税提高至平均关税税率25%。

巴西工业和贸易部长皮门特尔（Fernando Pimentel）表示，世界贸易组织给巴西规定的关税上限为35%，此次提税符合该规定。巴西财政部长曼特加表示，此次提税是在巴西经济增长缓慢的情况下为激励国内生产商所采取的特别举措。

（来源：美国商会　摘译）

三、亚　洲

（一）日　本

日本财务省发布2月份贸易数据

3月21日，日本财务省发布数据显示，日本2月份出口额为5.44万亿日元，同比下降2.7%；进口额为5.41万亿日元，同比上升9.2%。

（来源：日本财务省　摘译）

日本2011财年贸易逆差4.41万亿日元

4月19日，日本财务省发布数据显示，2011财年（2011年4月—2012年3月）日本贸易收支逆差4.41万亿日元，超过1979年因第二次石油危机导致的3.1万亿日元，创历史新高。

受日本大地震、泰国洪水、日元升值、电力不足以及世界经济减速等多重因素影响，2011年日本出口额为65.2819万亿日元，同比下降3.7%；进口额为69.692万亿日元，同比上升11.6%。受福岛第一核电站事故影响，为弥补电力空缺，导致用于火力发电的燃料进口剧增，成为日本进口额增加的主要原因。

数据显示，2012年3月份日本贸易收支逆差825.54亿日元。其中，进口额为6.204万亿日元，同比上升10.5%；出口额6.287万亿日元，同比上升5.9%。

（来源：日本财务省　摘译）

日本发布4月份贸易数据

5月23日，日本财务省发布数据显示，日本4月份出口额同比上升7.9%，至5.567万亿日元；进口同比上升8.0%，至6.087万亿日元；4月份商品贸易逆差5203亿日元。4月份日本对中国出口同比下降7.1%，但对美国出口同比上升42.9%。

（来源：日本财务省 摘译）

日本5月份贸易赤字同比减少约30%

6月8日，日本财务省发布数据显示，未经季节性因素调整，日本5月份贸易逆差7488亿日元，同比下降29.1%。其中，出口额为2.989万亿日元，同比上升9.3%；进口额为3.737万亿日元，同比减少1.4%。

（来源：日本财务省 摘译）

日本发布2012年上半年贸易统计数据

7月25日，日本财务省发布数据显示，日本2012年上半年贸易逆差2.916万亿日元，出口总值为32.596万亿日元，同比上升1.5%；进口总值为35.511万亿日元，同比上升7.4%。其中6月份贸易顺差616.54亿日元，同比下降4.3%。

2012年上半年日本对中国贸易逆差1.405万亿日元，日本对美国贸易顺差2.483万亿日元，日本对欧洲贸易顺差1716.27亿日元。

（来源：日本财务省 摘译）

日本7月份贸易赤字达5173.82亿日元

8月22日，日本财务省发布数据显示，日本7月份出口额为5.313万亿日元，同比下降8.1%；进口额为5.831万亿日元，同比上升2.1%。日本7月份贸易赤字5173.82亿日元，上年同期盈余697.4亿日元。

（来源：日本财务省 摘译）

日本8月份进出口同比下降

9月7日，日本财务省发布数据显示，未经季节性因素调整，日本8月份进出口同比下降，贸易盈余566.777亿日元，同比上升8.6%。其中，进口额为3569.653亿日元，同比下降10.1%；出口额为3002.876亿日元，同比下降12.9%。

（来源：日本财务省　摘译）

日本8月份贸易逆差达7541亿日元

9月20日，日本财务省发布数据显示，日本8月份贸易逆差7541亿日元，同比下降3.0%。其中，出口额为5.45868万亿日元，同比下降5.8%；进口额为5.799995亿日元，同比下降5.4%。

（来源：日本财务省　摘译）

日本9月份前20天贸易逆差达5145.18亿日元

10月5日，日本财务省发布数据显示，日本9月份前20天进口总额为38974.56亿日元，高于2011年同期水平的35945.16亿日元，同比上升8.4%；出口总额为33829.38亿日元，低于2011年同期水平的37606.71亿日元，同比下降10%。日本9月份前20天贸易逆差达5145.18亿日元。

（来源：日本财务省　摘译）

日本财务省发布9月份贸易数据

10月22日，日本财务省发布贸易数据显示，日本9月份出口额为53597.52亿日元，同比下降10.3%；进口额为59183.07亿日元，同比上升4.1%。当月贸易逆差5585.55亿日元，2011年同期贸易顺差2887.73亿日元。

（来源：日本财务省　摘译）

日本10月上旬贸易逆差3150.41亿日元

10月30日，日本财务省发布10月上旬贸易数据。其中，出口额为15189.41亿日元，同比下降4.8%；进口额为18339.82亿日元，同比上升23.6%。贸易逆差3150.41亿日元，2011年同期顺差1119.96亿日元。

（来源：日本财务省　摘译）

日本上半财年贸易逆差同比增长113%

11月8日，日本财务省发布数据显示，日本2012上半财年贸易逆差2.62万亿日元，同比上升113%。其中，出口总额30.98万亿日元，同比下降0.9%；进口总额33.60万亿日元，同比上升3.4%。经常项目顺差2.72万亿日元，同比下降41.3%。

（来源：日本财务省　摘译）

日本10月份贸易逆差同比涨幅达94%

11月21日，日本财务省发布数据显示，日本10月份出口额为5.15万亿日元，同比下降6.5%；进口额为5.7万亿日元，同比下降1.6%。贸易逆差达5489.72亿日元，同比上升94%。

（来源：日本财务省　摘译）

（二）韩　　国

韩国发布2012年上半年韩国进出口趋势

7月1日，韩国知识经济部发布2012年上半年进出口趋势，韩国2012年上半年贸易顺差107.4亿美元，同比下降30%以上。数据显示，韩国上半年出口额为

2753.8 亿美元，同比上升 0.7%；进口额为 2646.4 亿美元，同比上升 2.5%。

从行业来看，上半年汽车出口同比上升 15.7%，汽车零部件同比下降 1.2%；对美国出口同比上升 10.7%，对东盟出口同比上升 9.6%，对中东出口同比上升 18.3%，对日本出口同比上升 2%。

韩国知识经济部表示，受欧债危机等因素影响，下调 2012 年全年贸易顺差预期不可避免。

（来源：韩国知识经济部　摘译）

韩国召开第 23 次危机应对会议

7 月 4 日，韩国企划财政部召开第 23 次危机应对会议，韩国财长朴宰完（Bahk Jae－wan）就提高服务业出口的必要性、12 月份要实施的《合作法案》（Cooperatives Act）以及如何在外国政府采购市场上支持本国出口商等问题作了发言。

朴宰完称，虽然韩国贸易顺差正在收窄，但是服务贸易账户正转向顺差，并已现改善迹象。然而，由于服务业缺乏竞争力，服务贸易账户随时可能变为逆差。基于此，朴宰完就以上三个问题提出了应对措施：

韩国政府选择了竞争力较强的医药服务、工程、娱乐业以及电子教育等四个服务行业，为它们选定了适当的海外市场并制定了详细的出口计划。

定于 12 月份执行的《合作法案》则是为了加强社会企业间的合作，以使这些企业在同一起跑线上与其他公司竞争。

关于外国政府采购市场，迄今为止韩国只与国际组织和美国分别签订了 1100 万美元和 1600 万美元的采购协议。但是，随着韩美、韩欧自由贸易协定生效以及《世界贸易组织政府采购协议》（World Trade Organization's Government Procurement Agreement，WTO－GPA）的修改，韩国企业会有更多机会与外国政府合作。韩国政府也会为本国企业进入世界政府采购市场提供切实支持。

（来源：韩国企划财政部　摘译）

越韩启动双边自贸协定谈判

8 月 6 日，越南工贸部部长武光辉（Vu Huy－hoang）与韩国外交通商部部长朴泰镐（Bark Tae－ho）举行会谈并宣布，越韩双方正式启动双边自由贸易协定（FTA）谈判，以加强双方之间的经济贸易往来。双方表示将尽早就细节问题进行商议。

双方财长承诺，将在WTO规则下建立自贸区，在韩国—东盟自贸区规定的义务基础上，充分考虑各国国情以及两国发展差距。该贸易协定将包括商品贸易、服务贸易、投资、法规、经济合作和其他双边利益等内容。

双方同意通过双边自由贸易谈判进一步加强贸易投资自由化。2011年越韩双边贸易额达180亿美元，预计在2015年之前越韩双边贸易额将达到200亿美元。

（来源：韩国外交通商部　摘译）

韩国发布9月份进出口价格指数

10月15日，韩国央行发布数据显示，韩国9月份出口价格指数环比上升0.3%，同比下降1.9%。其中，农林海产品出口价格指数环比下降5.2%，同比下降11.7%；制造业产品价格指数环比上升0.3%，同比下降1.9%。

数据还显示，韩国9月份进口价格指数环比上升0.9%，同比下降2.4%。其中，原材料价格指数环比上升4.6%，同比上升0.2%；生产资料价格指数环比上升0.9%，同比下降4.7%；资本货物价格指数环比上升0.4%，同比下降1.0%；消费品价格指数环比上升1.7%，同比上升0.2%。

（来源：韩国央行　摘译）

（三）东　　盟

马来西亚与澳大利亚签署自由贸易协定

5月22日，马来西亚国际贸易与工业部长慕斯塔法（Mustapa Mohamed）与澳大利亚贸易部长克莱格·埃莫森（Craig Emerson）正式签署马来西亚—澳大利亚自由贸易协定（MAFTA），以加速两国贸易发展。该协定将于2013年1月1日起生效。

双方表示，该协定为两国间最全面的贸易协定，将为澳大利亚商品和服务进入马来西亚市场开辟新道路，也将进一步加快澳大利亚经济与亚洲地区经济一体化进程。

目前，马来西亚为澳大利亚第十大贸易合作伙伴，2011年两国双边贸易额达160亿美元。

（来源：澳大利亚外交贸易部　摘译）

新加坡7月份非石油国内出口同比增长5.8%

8月17日，新加坡国际企业发展局发布数据显示，新加坡7月份非石油国内出口同比上升5.8%，低于6月份的6.6%；环比下降3.6%，低于6月份的6.7%。其中，电子产品出口同比上升2%，非电子产品出口同比上升7.9%。

新加坡7月份对美国、欧盟27国、日本和马来西亚非石油国内出口同比分别下降16%、1.5%、7%和5.0%。除上述4个国家，对其他国家非石油国内出口均有不同程度上升，其中，对中国香港地区、中国台湾地区和韩国同比分别上升53%、31%和25%。

新加坡7月份非石油转口贸易同比上升7.1%。

（来源：新加坡国际企业发展局　摘译）

老挝获准加入 WTO

10月26日，WTO与老挝共同签署《加入世贸组织议定书》（the Protocol of Accession），批准老挝成为WTO成员国。预计老挝“入世”在获得该国议会批准后，于2013年初将正式成为WTO成员国。

（来源：WTO　摘译）

泰国9月份进出口同比下降

10月31日，泰国央行发布数据显示，泰国9月份出口同比下降0.1%，进口同比下降7.2%。其中，商品出口（不包括黄金出口）同比下降7.9%。由于出口持续低迷导致制造业产出下降，泰国9月份制造业生产指数同比下降13.7%。该月整体通胀率同比上涨3.38%，核心通胀率同比上涨1.89%。总体而言，三季度经济环比增速放缓。

（来源：泰国央行　摘译）

四、其他国家

（一）澳大利亚

澳大利亚3月份贸易逆差达16亿美元

5月8日，澳大利亚国家统计局发布数据显示，经季节性因素调整后，澳大利亚3月份出口额同比上升2%至245.21亿美元，进口额同比上升5%至261.07亿美元，贸易逆差16亿美元，高于2月份的修正值7.54亿美元，创过去两年半以来最大逆差规模。

（来源：澳大利亚国家统计局　摘译）

（二）新西兰

新西兰发布2011—2012财年国际贸易数据

11月9日，新西兰国家统计局发布数据显示，新西兰2011—2012财年商品贸易逆差7.63亿美元。其中，出口额达467亿美元，同比上升1.3%；进口额达475亿美元，同比上升5.3%。此外，服务业贸易逆差7.99亿美元。

（来源：新西兰国家统计局　摘译）

新西兰发布10月份贸易数据

11月27日，新西兰国家统计局发布数据显示，新西兰10月份货物出口额同比下降11%（4.23亿美元）至35亿美元，环比下降14%。其中，奶制品出口额降幅较大。10月份货物出口额同比上升1.7%（0.7亿美元），环比下降8%。其中，资本货物进口额同比减少0.94亿美元，消费品进口额同比减少0.64亿美元，中间商品进口额同比减少0.83亿美元。

新西兰10月份贸易赤字7.18亿美元，同比增加4.92亿美元。

（来源：新西兰国家统计局　摘译）

■ 第四部分

经 济 政 策

欧洲理事会春季峰会讨论欧盟 2012 年经济增长战略

3 月 1—2 日，欧洲理事会召开 2012 年春季峰会，各成员国领导人就 2020 年欧盟经济增长战略的实施情况进行讨论。该战略旨在继续推动财政整顿、刺激经济增长和促进就业。会议认为，赤字和巨额债务规模不利于经济可持续增长和增加就业。

欧洲理事会对欧盟委员会《年度经济增长调查》报告提出的 2012 年五大优先事项表示认可，并分别从国家层面和欧洲层面就这五大优先事项提出行动建议。其中，国家层面的行动建议包括：成员国必须就欧洲 2020 战略取得更快进展，就“2011 年国别建议”（2011 Country - Specific Recommendation）中提及的改革继续努力；就“国家改革计划”（National Reform Programmes）和“稳定与集中计划”（Stability and Convergence Programmes）提出具体措施。欧洲层面的行动建议包括继续完成市场内外部统一，积极推动创新和调研。

在峰会上，除英国和捷克之外的欧盟成员国共同签署了《欧洲经济货币联盟稳定、协调与治理公约》（Treaty on Stability，Coordination and Governance in the EMU）。

欧洲理事会就即将举行的“G20 峰会和联合国可持续发展大会”（又称“里约 +20 地球峰会”）制定了欧盟的首要任务，并特别强调了推动经济增长改革措施。此外，欧洲理事会宣布塞尔维亚成为欧盟成员候选国，并同意恢复保加利亚和罗马尼亚的申根国身份。

此外，会议选举范龙佩继续担任欧洲理事会主席。

（来源：欧洲理事会　摘译）

欧洲央行将再次允许希腊债券作为抵押品

3 月 8 日，欧洲央行宣布，将再次允许希腊发行或担保的债务工具作为欧元体系内信贷操作的抵押品。按照计划，该债务工具将在即使未通过作为抵押品的最低信贷评级的情况下，再次作为欧洲信贷操作的抵押品。

2011 年 7 月 21 日，欧元区各国领导人一致通过了旨在帮助希腊债务重组的“债券回购计划”。2011 年 10 月 26 日，又通过了一系列与之配套的其他措施。通过该计划，希腊获得了 EFSF 提供的 350 亿欧元债券资金救助。

（来源：欧洲央行　摘译）

欧盟理事会就希腊第二轮救助的实施条件作出决定

3 月 13 日，继希腊与欧盟“三驾马车”就第二轮救助方案达成协议后，欧盟理事会在欧盟经济与财政事务理事会（Economic and Financial Affairs Council）会议上决定，作为欧盟对希腊实施第二轮财政救助方案的前提条件，希腊政府需在超额赤字程序（EU's Excessive Deficit Procedure）监管之下对财政整顿措施进行调整。同时，欧盟理事会授权欧盟委员会代表全体欧盟成员国与希腊签署备忘录。

第一轮财政救助资金必须在希腊下一次债务到期日，即 3 月 20 日之前到位。新一轮财政救助方案为希腊“第二轮经济调整计划”（Economic Adjustment Programme）中的一部分。希腊第二轮经济调整计划的目标是公共债务占 GDP 比重逐步下降，到 2050 年降至 120.5%。在满足政策条件的情况下，希腊将在 2014 年获得 EFSF 和 IMF 共同出资的救助资金，资金额度最高达 1300 亿欧元。此外，对希腊改革措施实施进程的强化监管将有力补充新一轮经济调整计划。

（来源：欧盟理事会　摘译）

欧盟理事会外交事务委员会贸易会议取得重要成果

3 月 16 日，欧盟理事会外交事务委员会贸易会议在布鲁塞尔召开。会议就欧盟对外贸易双边协议，关税普惠制，自由贸易协议，欧盟未来十年贸易、增长与发展政策及欧盟贸易关系等议题进行了讨论。会议取得主要成果如下：

（1）欧盟关税普惠制：理事会就针对发展中国家的关税普惠制度（EU's Generalized Scheme of Tariff Preferences，GSP）调整草案的五个关键领域达成一致意见，其中包括国家范围、优惠幅度、产品范围、产品分级、GSP 为可持续发展和良好治理而实施的奖励政策及保障措施。GSP 自 1971 年开始实施，目前欧盟正致力于根据全球格局的转变对其作出相应调整以更好地满足受益国的需求。

（2）欧盟与哥伦比亚及秘鲁自由贸易协议：理事会就欧盟与哥伦比亚及秘鲁签署自由贸易协议达成一致意见，该协议获得欧洲议会批准后将正式签订。协议的主要内容为降低关税税率、应对技术性贸易壁垒、服务市场自由化、保护地理标志及开放政府采购市场。

（3）欧盟与新加坡自由贸易协议：理事会就欧盟与新加坡自由贸易协议制定的最新进展进行讨论，尤其是有关金融服务、地理标志、关税以及非关税障碍的内容。该协议旨在为新加坡市场创造机会，并创造欧盟与亚洲国家自由贸易协议的良好先例。双方就该协议的谈判计划将于2012年上半年完成。

（4）未来十年贸易、增长与发展政策：理事会对欧盟未来十年的贸易、增长与发展政策达成共识。其中包括：国际贸易开放是发展中国家实现可持续互利性增长及削减贫困的关键因素；在发展中国家经济多样性日益增加的背景下，欧盟贸易、增长与发展政策的制定和执行应着重倾向于最不发达国家和最需帮助的发展中国家。

（来源：欧盟理事会 摘译）

韩国设立财政创新基金帮助拉美国家经济发展

3月18日，韩国政府派代表团出席了在乌拉圭举行的第53届美洲开发银行年会，参与讨论促进中南美洲地区经济持续发展的议题。会后，韩国企划财政部副部长善济尹与美洲开发银行行长莫雷诺签署协议，成立了旨在提高中南美洲国家经济发展和财政创新的信托基金。根据合约，韩国政府将在未来5年内向基金提供总计4000万美元的资金支持。

（来源：韩国企划财政部 摘译）

希腊央行：必须严格执行救助计划

3月19日，希腊央行在年度货币政策报告中表示，希腊必须严格执行欧盟和IMF的救助计划，以重振市场信心、促进经济复苏。

希腊央行称，希腊救助方案能否成功取决于是否切实执行严格的改革计划。希腊财政整顿计划的目标是于2013年实现财政盈余，于2014年盈余达到GDP的4.5%。

希腊央行表示，该国2012年经济将连续第五年陷入衰退，GDP将萎缩4.5%，失业率将超过19%。希腊经济可能在2013年开始复苏，2013年总体增速预计为-0.5%。此外，希腊通胀2012年将回落至1%，2013年将降至0.5%。

（来源：希腊央行 摘译）

日本与美国联手援助非洲

3月21日，美国国际开发署（USAID）和日本国际协力银行（JICA）宣布了一项合作计划，以促进非洲撒哈拉沙漠以南地区的水资源部门进行投资和融资。

这项合作计划旨在刺激私人投资和融资及增强非洲有关机制的能力，以设置并开展长期水资源项目。该计划将建立在美国国际开发署和日本国际协力银行已有关系的基础上。这两个机构已在水资源部门促进私人投资和机制改革，其中包括在菲律宾和越南的联合项目。

美国国际开发署表示，该署和日本国际协力银行正在寻求在非洲国家进行短期合作的机会，以带动长期投资。美国国际开发署副署长唐纳德·斯坦伯格（Donald Steinberg）称，美国国际开发署在水资源和环境卫生方面的独到经验与日本国际协力银行建立非洲水投资基金（Africa Water Investment Fund）的构想相辅相成。

日本国际协力银行高级特别顾问木山茂（Shigeru Kiyama）表示，日本国际协力银行和美国国际开发署共同致力于改善非洲可持续、可负担的供水服务。日本国际协力银行承诺增加在非洲水资源部门和公私伙伴计划的投资。

（来源：美国国务院国际信息局　摘编）

欧盟委员会计划制定政府采购新规则

3 月 21 日，欧盟委员会宣布，欧盟拟就政府采购制定新规则，以推动全球政府采购市场开放，并确保欧盟内外所有企业在欧盟政府采购市场获得平等竞争机会，增加欧盟贸易伙伴对欧盟开放政府采购市场的意愿。新规则不仅将为欧盟和欧盟企业增加商业机会，同时也能推动中小企业的国际化经营，增加欧盟就业并推动创新。

政府采购在世界贸易流动中占据很大份额，年规模约为 1 万亿欧元。在欧洲，政府采购占 GDP 的 19%。欧盟表示，欧盟政府一直高度重视政府采购市场的开放，然而，并非所有贸易伙伴都具有同等的开放程度，全球范围内只有 1/3 的采购市场对全球开放。贸易伙伴现行的一些限制措施给欧盟一些具有竞争力的行业带来负面影响，比如建筑、公共交通、医疗器械、发电机设备以及制药行业。

新规则拟包括以下关键内容：

（1）明确欧盟政府采购市场的开放程度。

（2）当前相关的国际协议未开放 500 万欧元以上及包含外国商品和服务的招标，新规则拟开放相应管制。

（3）若欧盟企业在非欧盟国家遭遇严重歧视，委员会将启动处置机制。若对方不就市场不平衡问题进行谈判，该机制将限制对方进入欧盟市场。新规则扩大了反制范围，将针对所有限制措施，比如在非欧盟国家遭遇排斥或价格管制。

（4）为避免非欧盟企业在欧盟市场遭遇不公平竞争，新规则将增加低价竞标的透明度。

（来源：欧盟委员会 摘译）

推动中美经济关系发展的几种途径

3月26日，美国国务院国际信息局发布了负责经济、能源和农业事务的副国务卿罗伯特·霍马茨（Robert Hormats）纪念尼克松访华40周年的讲话。

霍马茨就推动中美经济关系发展的未来政策进行了阐述。霍马茨称，现在美国和中国所处的环境与40年前大有不同，当前美中面临的许多重要问题来自国内，如就业、增长、环境、社会平等。美方必设法确保美中关系能够支持双方的国内目标，并且不会以对方为代价来实现这些目标。霍马茨称，应同心协力，避免使美中关系陷入一场零和游戏，否则美中各自经济的成功都将更为困难。

霍马茨还提出了几种可以推动美中经济关系发展的途径：

（1）增进中国对美国的投资有助于平衡双方的经济，促进国内就业机会和增长，并且支持中国进一步对外开放。我们需要鼓励中国对美国的投资，并确保"选择美国计划"（Select USA）和美中州/省长论坛（U.S. - China Governors Forum）等机制的实施。但是我们还需要确保中国公司在这里或其他地方竞争时，不会使用盗版知识产权，利用不公平优势，或者运用他们在本国获得的补贴和其他类型的政府支持。在尊重当地文化、采用良好环境措施、提倡透明和问责的条件下，中国的投资将得到更有力的保障。

（2）加强农业贸易会在增加美国出口的同时帮助满足中国的粮食保障需求。中国国家副主席习近平访美期间在艾奥瓦州举行的美中农业研讨会（U.S. - China Agricultural Symposium）就是这方面一个令人鼓舞的进展迹象。

（3）利用世界贸易组织和其他多边机制同中国接触交流仍旧至关重要。中国加入世贸组织给中国和世界都带来了好处，但是，就像中国坚持要求其他国家遵守世贸组织规则一样，北京也必须同样遵守。

（4）鼓励国有以及国家扶植的企业保持"竞争中立"，将有助于中国自身的再平衡努力。我们不会就中国希望拥有国有企业进行争论，但政府对于这些经济实体的大量扶植却经常严重扭曲国际和国内公平竞争。这不只会伤害外国投资者和出口商，也会伤害中国公司。

（5）坚持要求中国保持一个尊重知识产权和贸易机密并且不实行歧视的创新环境。这对中国创新者和美国公司都有好处。它会促进中国与外国公司之间的合作并增加信任。如果中国期待——而它理当如此——其日益增加的知识产权能够在世界受到保护，它就必须保护在中国的外国知识产权，不只在国家层次，也在省级和国有企业层次。

（6）由于大量的美国食品、药物和其他美国进口产品是来自中国，产品安全方面的合作可以增进两国公民的健康。我们已经通过食品和药物管理局（FDA）和其他机构取得极好的进展，并通过亚太经合组织之类的机制进行多边努力。我们需要加强彼此合作，中国也需要作出更多努力，提升作为安全供应商的声誉。

（7）促进科学家和决策者在环境、清洁水和气候变化领域进行协作，这有助于应对中国的环境问题和全球气候变化问题，也有助于中国处理由于大幅依赖煤炭和其他主要二氧化碳排放源所带来的社会不稳定和健康问题。

（8）让中国的省长和美国的州长聚在一起，就经济、能源和环境议题开展合作并且促进商机，这将可以带来一系列的共同利益，包括促进美国向中国出口和鼓励中国在美国投资。

（来源：美国国务院国际信息局　摘编）

欧洲议会与“三驾马车”讨论希腊“第二轮经济调整计划”相关问题

3 月 27 日，欧洲议会经济与货币事务委员会、就业与社会事务委员会共同主持希腊“第二轮经济调整计划”（The Second Programme of Economic Adjustment for Greece）研讨会，“三驾马车”的代表及欧洲议会议员代表（MEPs）共同就希腊第二轮经济调整计划进行讨论。

“三驾马车”的代表均表示，虽然“三驾马车”可就设计和实施希腊经济调整计划提供帮助，但计划成败的关键是希腊自身加强经济体制改革、达成政治共识以及提高行政管理能力等。IMF 欧洲部副主任保尔·汤姆森（Poul M. Thomsen）和欧洲央行执委会委员约格·阿斯姆森（Jorg Asmussen）称，经济体制改革和削减工资是希腊的唯一选择。

欧洲议会的多位议员则表示，希望加强该计划的公平性和经济增长的导向性，并制定应急计划，以预防第二轮经济调整计划的失败。

（来源：欧洲议会　摘译）

美国将继续促进欧洲经济复苏

3 月 27 日，美国副国务卿罗伯特·霍马茨（Robert Hormats）出席众议院对外事务小组委员会的听证会时表示，欧盟的经济健康与美国息息相关，欧洲的经济增长和金融稳定对欧洲和全球经济都十分重要。目前，欧盟努力解决当前经济难题的决心坚定，不仅为改善债务可持续性进行财政整顿，而且出台了创造工作岗位和结构性改革的政策和恢复经济增长的途径。在欧洲经济走向复苏之际，美国将继续与欧洲伙伴共同努力，促进金融稳定和平衡、可持续的增长。

霍马茨称，美国与欧盟的经济关系是世界经济的核心动力之一。美国和欧盟国内生产总值之和几乎占全球的50%。美国与欧盟每天的贸易来往超过27亿美元；FDI已为双方创造了数百万个就业机会。美国和欧盟在经济、政治、防务等方面进行全方位合作，双方通过G20、WTO、OECD等多边机构促进了全世界开放、透明、无歧视的贸易和投资氛围。美国和欧洲还合作改善了供应链安全，采用以规则为基础的经济政策，为全世界工商业创造公平的竞争环境。未来美欧应继续努力消除贸易壁垒，创造更多的就业机会和商业机会，增进大西洋两岸的共同利益。

（来源：美国国务院国际信息局　摘编）

金砖国家经贸部长联合声明

3月28日，第二次金砖国家经贸部长会议发表联合新闻稿。全文如下：

（1）全球经济形势概览及其对贸易投资的影响。金砖国家部长们评估了全球经济形势，并注意到许多国家面临的经济困境，强调各方需加强政策协调，以实现全球经济的稳定、繁荣。鉴此，部长们强调有必要抵制保护主义倾向，并推动国际贸易成为经济增长和发展的引擎，同时尊重发展中国家现有的符合WTO规则的政策空间，帮助其实现增长、发展和稳定的正当目标。部长们注意到部分发达国家实行的农业补贴继续扭曲贸易并破坏了发展中国家特别是最不发达国家的粮食安全和发展前景，敦促各方避免此种形式的保护主义。

（2）多哈回合现状和未来走向。已是WTO成员的金砖国家的部长们对多哈发展回合的僵局深表忧虑，重申将在维护2001年以来谈判已有成果的基础上，充分致力于早日结束多哈回合谈判。为此，部长们表示，在坚持以发展为核心的多哈回合授权前提下，在一揽子协议的总框架内，愿在可能取得进展的具体领域内探寻成果。最重要的是多哈回合任何部分的谈判都应与现有授权相吻合。部长们不支持任何与透明、包容、多边主义等基本原则相悖的诸边倡议。部长们相信此类倡议不仅使得各成员无法专注于实现一个共同成果，而且无法解决从此前数轮谈判中衍生出的发展缺陷。

部长们重申他们高度重视开放、基于规则的多边贸易体系。他们着重指出，在维护和强化反映发展中国家，特别是最不发达国家关切的规则方面，WTO 起到了核心作用。

部长们对俄罗斯在获得完全成员身份后以建设性的积极方式参与多哈回合谈判表示欢迎。一个平衡的多哈回合谈判结果将加强并进一步促进多边贸易体制。

（3）在多边论坛的合作。部长们同意在 WTO 以及其他多边论坛，如即将举行的 G20 贸易部长会议上协调立场。

他们表示下个月于多哈召开的联合国第十三次贸发会议，“我们再次确认联合国贸发会议在贸易、发展及相关议题方面的重要作用，我们相信其授权应该得到维持并加强”。在全球经济深陷危机、多哈贸易回合陷入僵局、多边主义遭到挑战的时刻，贸发会议加强其在政策对话、构建共识和发展中国家能力建设方面的作用，是十分关键的。

（4）金砖国家的未来方向。部长们注意到经贸联络组已就俄罗斯为促进联合项目发展而倡议建立的金砖国家项目平台展开了讨论。他们指示高官探讨关于加强和深化金砖国家间合作的方式和途径，特别是在海关合作、分享贸易便利化经验、投资促进、中小企业、贸易数据采集和一致化、电子商务合作和知识产权合作等领域。

此外，部长们也同意各方应合作，促进金砖国家贸易，包括高附加值制造品的出口，以支持各国工业化和就业。

（来源：中国商务部　摘编）

德国与瑞士签署税收补充协议

4 月 5 日，德国财长朔伊布勒（Wolfgang Schaeuble）与瑞士财长艾维琳（Eveline Widmer - Schlumpf）签署了一项税收补充协议。该协议旨在防止德国公民将资产转移到瑞士各银行并瞒报收入以达到避税目的，减少德国税收收入的流失。此举将促进德国和瑞士双边关系的长远发展。协议将于 2013 年开始实施。

该协议主要内容包括：一旦协议生效，将对通过瑞士各银行账户继承遗产且不愿公开申报的德国公民征收 50% 的遗产税，否则将公开必要的相关信息。德国公民在瑞士银行存款的税率将上调至 21%—41%，高于此前的 19%—34%。德国纳税人不得在不向政府申报的情况下，私自向瑞士或其他第三方国家转移资产。

德国财政部长朔伊布勒表示，新协议的实施将为德国带来每年约 100 亿欧元（约 130 亿美元）的财政收入。

（来源：德国财政部　摘译）

英、韩、澳、新四国发表声明注资 IMF

4 月 20 日，英国、韩国、澳大利亚和新加坡四国在 IMF/G20 春季会议上发表声明，决定向 IMF 增资。为加大全球事务参与程度，英、韩、澳、新四国将以发放附加性贷款的增资方式为 IMF 提供 410 亿美元的注资。其中，英国和韩国分别注资 150 亿美元，澳大利亚注资 70 亿美元，新加坡注资 40 亿美元。

IMF 在维护全球金融稳定方面发挥重要作用，此次新增注资将增加其贷款能力并加强其在全球金融体系中的重要性。据注资报告显示，此次四国注资将被主要用于支持 IMF 已有的相关项目，由 IMF 保证其合理化运作并规避风险。

（来源：韩国企划财政部　摘译）

德国与卢森堡就避免双重课税达成新协议

4 月份，德国与卢森堡在柏林签署关于所得税避免双重课税协议（DTA）。该协议对原有的协议进行了全面修改，其结构和内容在 OECD 相关税法公约要求下，体现了德、卢两国避免双重课税的主要原则。新协议将有效避免两国所得税双重课税的问题，将在两国批文互换后正式生效。

新协议的主要变化包括降低股利所得税、法定养老金与公司养老金纳税额及跨国境交易商与交易行为纳税等内容。

（来源：德国财政部　摘译）

美日制定加强两国关系的新计划

4 月 30 日，美国总统奥巴马与日本首相野田佳彦举行会谈，双方共同制订了一项旨在加强美日两国在贸易、安全和发展等双边、地区和全球问题上合作的新计划。

奥巴马表示，美国将就日本加入 TPP 的意向继续努力，日本加入 TPP 将有益于该地区和全世界的经济发展。奥巴马称，两国领导人同意在核安全、清洁能源和网络安全等问题上深化合作，以提高经济竞争力。此外，双方还表示，将加强美日民间纽带，包括增加交换留学生和研究人员人数以及促进两国旅游业的发展。

（来源：美国国务院国际信息局　摘编）

德国实施新银行业监管改革法案

5 月 2 日，德国召开政府内阁会议，宣布实施新银行业监管改革法案以提高德国金融监管水平。该法案的实施，是为了适应国家监管机构需要以应对当前国内监管者所面临的挑战。同时，该法案落实了 2010 年 12 月 16 日治理联盟达成的国家金融监管改革协议中十项关键措施。

该法案的核心内容是建立德国金融稳定委员会（Financial Stability Commission）以确保德国金融市场的稳定。该委员会由来自德国央行、BaFin 的官员共同组成。此外，来自金融市场稳定机构的一名代表也将成为委员会成员，但不具备投票权。

德国央行在调控国家宏观经济和金融市场问题上具有丰富经验，负责保持德国国内金融市场稳定。长期以来，德国央行负责跟踪分析影响金融稳定的因素、识别潜在风险并提供合理的预警和政策建议。这将使新成立的金融稳定委员会在讨论金融稳定问题并发布预警和提供政策建议时拥有良好的分析基础。BaFin 则负责为德国央行的分析提供信息支持。在必要时，德国央行也可以直接向接受监管的金融机构获取经济和贸易数据。

同时，新法案将对 BaFin 的行政理事会（Administrative Council）构成进行重组，以提高 BaFin 的独立性。原来组成理事会的来自金融产业协会的 10 名代表将由 6 名金融行业专家替代。

此外，法案还加强了对金融领域消费者的保护。这些保护措施包括建立金融消费者咨询理事会和建立金融消费投诉机制。

（来源：德国财政部　摘译）

中日韩签署债券投资协议

5 月 3 日，在马尼拉举行的中日韩财长与央行行长会议上，三方就扩大主权债债券投资，建立三方债券投资框架签署协议并发布联合声明，推动三方债券投资稳定发展。

联合声明称，会议讨论了当前宏观经济形势和区域金融合作，认为当前全球经济前景仍然具有不确定性，经济下行风险依旧存在。为了保持强劲、可持续和平衡经济增长，中日韩三方应继续采取包括加强财政稳定、扩大内需、增加就业和加快结构性改革在内的宏观经济措施。

联合声明对 2011 年秋季中日韩三方相互签署的双边货币互换协议表示欢迎，

称此举将有利于保持地区金融市场稳定。在此基础上，中日韩三方同意动用外汇储备继续扩大三国间主权债务投资规模，加强财政合作与信息交流，促进三国间的区域经济关系。此外，联合声明还表示，中日韩三方官员还将在工作层面进一步讨论扩大相互债券投资合作方式和流程。

（来源：韩国企划财政部 摘译）

日本央行发布《外汇资产管理修订条例》

5月11日，日本央行发布《外汇资产管理修订条例》，表示在全球金融危机背景下，国际金融和资本市场波动不断加剧，相对安全的市场流动资产质量恶化，有可能产生信用危机。在全球金融和资本市场紧密相连的环境下，金融冲击会波及其他市场，且正在加速。因此央行认为以下措施能够使外汇资产得到有效利用：

第一，加强国际金融协作。在金融危机爆发之际，央行亟须在国际机构和其他相关组织采取措施之前提前行动，准备好提供外储资产。

第二，为日本金融机构提供紧急外币流动性支持。尽管目前日本金融机构尚未面临外币融资困难，但是当金融机构面临外币结算的严重困难并且难以解决时，央行需随时准备提供外币流动性支持。

第三，为经济增长提供坚实基础。央行需平稳地实施用于投资的美元借贷安排以及其他旨在促进日本经济增长的外币贷款。

日本央行还认为，由于近期国际金融市场变化导致资产价格波动加大，因此有必要增加持有外汇资产的风险控制措施。

（来源：日本央行 摘译）

韩国召开部长级会议研究稳定物价问题

5月11日，韩国企划财政部召开关于物价问题的部长级会议。会议主要讨论内容包括加强韩国国家农业合作联盟（National Agricultural Cooperative Federation）在平衡韩国农产品供需关系中所发挥的作用、振兴韩国服装业的政策措施及稳定学校和教育部门收费价格的举措。

韩国企划财政部长表示，近期韩国物价保持基本稳定，通胀率连续两个月保持在2%以内。但国际油价和粮食价格波动、公共品成本和产品供给不稳定都是物价稳定的不利因素。

（来源：韩国企划财政部 摘译）

德国实施单一欧元支付区辅助草案

5 月份，德国政府开始实施“单一欧元支付区”（SEPA）辅助草案。SEPA 计划旨在有效改善欧盟国家间的支付交易过程，使欧盟国家内部和跨国境的交易手续更简单、快速和有效。德国政府表示，相对原有支付系统，SEPA 机制将在欧盟国家间建立更加顺畅的交易支付模式。

SEPA 辅助草案的实施将帮助德国采用欧盟的过渡性规则以便逐渐向 SEPA 规则转变。为了使德国企业和消费者能够更好地适应向 SEPA 机制的转变，德国 SEPA 委员会联合德国贸易协会、德意志银行和德国财政部，共同保证这一转型过程的顺利完成。

（来源：德国财政部　摘译）

欧盟启动青年跨境就业支持试点项目

5 月 21 日，欧盟委员会宣布启动一项旨在支持成员国青年在欧盟跨境就业的试点项目。该项目初期阶段的目标为帮助 5000 名青年实现跨境就业。该项目也被当作欧盟将欧盟成员国就业服务网络（EURES）转变为泛欧就业服务的第一步。

欧盟委员会于 2012 年 4 月份公布了一揽子就业方案，作为改革方案中一部分，EURES 运行的改进将有利于进一步提高就业市场的信息透明度，指导就业者找到合适岗位，方便用人单位及时、有效地在人才库中获取所需人才信息。

根据该计划，被选为试点的德国、西班牙、丹麦和意大利四国的就业服务机构将帮助欧盟成员国青年实现跨境就业；欧盟成员国 18—30 岁的青年将被提供招聘信息和就业帮助，同时有可能获得项目申请和培训的资金支持。此外，中小企业可以申请资金支持以支付新员工的培训和安置费用。

（来源：欧盟委员会　摘译）

欧盟宣布对部分高用电行业进行补贴

5 月 22 日，欧盟宣布通过一项有关高用电行业补贴的改革法案，拟对高用电行业因碳排放交易系统（ETS）改革所造成的用电成本增加进行补贴。欧盟 ETS 改革于 2009 年达成并于 2013 年起正式生效，这意味着欧盟企业的用电费用将因 ETS

更加严格的排放上限而上涨。

制定该政策旨在确保欧盟发展低碳经济目标并在欧盟内部市场上维持公平竞争环境。符合补贴政策的行业包括：铝、铜、肥料、钢铁、纸、棉、化学品和部分塑料生产行业。根据该补贴政策，2013—2015 年这些行业将获得上限达 85% 的补贴，2019—2020 年该补贴比率将逐渐下降至 75%。

（来源：欧盟委员会 摘译）

欧洲投行与罗马尼亚商业银行签署贷款协议

5 月 24 日，欧洲投行与罗马尼亚商业银行签署了 5000 万欧元的贷款协议，用于为罗马尼亚小微企业、中型企业以及公共机构项目融资。

欧洲投行贷款将为有助于提高罗马尼亚工业和服务业类小微企业、中型企业区域发展能力和生产效率的项目共同融资。此外，中小企业实施的能效投资项目将通过小企业能效融资机制（SME Finance Facility Energy Efficiency Window）获得欧盟委员会赠款，EIB 与欧盟委员会将通过该机制共同合作减少建筑业和工业的碳排放。

（来源：欧盟委员会 摘译）

奥巴马签署美国《2012 年进出口银行修订法案》

5 月 30 日，美国总统奥巴马签署《2012 年进出口银行修订法案》（Export - Import Bank Reauthorization Act of 2012），将美国进出口银行营业权延长至 2014 年 9 月份，将其贷款能力提高至 1400 亿美元。

奥巴马表示，在过去 12 个月，美国出口货物总额为 2.15 万亿美元，比 2009 年增加 36%，共创造 970 万个工作岗位。延长美国进出口银行经营权将帮助美国数千家企业向海外出售产品与服务，也有利于促进国内就业。

（来源：美国白宫 摘译）

欧盟就各成员国促进就业政策提出六项建议

5 月 30 日，负责就业事务的欧盟委员安多尔（Laszlo Andor）发表题为“促进居民就业”的讲话，并在讲话中对各成员国促进就业提出六项建议。

安多尔首先表示，正如欧盟 4 月份公布的《实现能够促进就业的经济增长》中的一揽子就业政策（Employment Package “Toward a rich recovery”）所述，就业是经济增长的动力而非经济增长的产物，经济整顿、金融改革及打击避税都是欧盟应对危机的重要措施，然而，若不进一步推动就业，则无法确保经济增长和稳定发展。

欧盟针对各成员国促进就业提出的六项建议包括：第一，通过调整就业保护立法、重新评估工资指数化和工资水平管理系统等措施努力完善劳动市场的职能；第二，采取降低青年人失业率措施，推动青年由学校到工作岗位的过渡；第三，通过转移劳动者税负促进就业并提高工作热情，同时，提高公共结业服务机构效率和有效性；第四，通过改革养老金制度等措施延长工作年限；第五，作为推动增长和应对人口老龄化问题的关键，应通过多项措施促进妇女就业；第六，提高社会保障制度的适应性和覆盖面，以确保优质的社会服务并实现更好的社会救助。

（来源：欧盟委员会　摘译）

韩国召开经济形势评估分析会

5 月 30 日，为评估目前的经济金融市场情况，韩国企划财政部长朴宰完（Bahk Jae－wan）召开公共部门代表和相关专家经济形势评估分析会。会议就韩国目前国内与全球经济形势进行了广泛讨论，深入审视了欧债危机，同时就中国可能出现的经济衰退交换了意见。对于全球经济复苏、希腊问题以及韩国金融市场形势等，与会者达成诸多一致观点。

（1）全球经济复苏。会议认为，考虑到欧元区可能出现经济停滞以及包括巴西和印度在内的世界主要新兴经济体可能出现经济下滑，全球经济复苏可能仍需时日，其复苏步伐将主要取决于三个因素：欧债危机将如何发展、中国内需的刺激步伐以及美国是否会实施 QE3。有专家认为，美国经济形势将在原油价格企稳、耐用品消费复苏以及房屋市场重建的支撑下好转。同时，值得关注中国是否将采取新的经济刺激计划以及中国是否将在亚洲扩展贸易。

（2）希腊问题。由于担心希腊退出欧元区，国际金融市场动荡与日俱增。将于 6 月 17 日举行的希腊第二次选举的不确定性不断加剧，市场对希腊动荡可能蔓延至西班牙等国的担忧进一步升级。但 IMF、欧盟和欧洲央行与希腊会谈的成功预示着良好发展前景。

（3）韩国金融市场。尽管对欧债危机的担忧卷土重来，但韩国国内金融市场仍相对稳定，表现为，证券市场由始于 5 月份的下滑中复苏以及信用违约互换点差

（CDS premium）增长放缓。此外，由于外汇储备已上升至适当水平（2012 年 4 月份达 3.168 万亿美元），韩国金融市场基本面被认定为已得到良好改善。

（来源：韩国企划财政部 摘译）

日本财政大臣参加 AfDB 和非洲发展基金年会并发表讲话

5 月 31 日，日本副财政大臣藤田幸久（Yukihisa Fujita）参加第 47 届 AfDB 年会和第 38 届非洲发展基金年会时就日本与非洲关系发表讲话，重点强调双方经济合作，主要内容如下：

（1）加强私营部门对非洲援助计划（Enhanced Private Sector Assistance for Africa，EPSA）。为了通过私营部门发展减贫，在 2005 年 G8 峰会上日本发起 AfDB 与 EPSA 合作倡议，并承诺 10 亿美元的日元贷款授信。为了完成日元贷款目标，日本已向非电力生产设备、道路等基础设施建设提供 11 笔总额 510 亿日元（约 6.4 亿美元）贷款和支持私营部门发展提供 3 笔总额 520 亿日元（约 6.5 亿美元）贷款。按照近期戴维营 G8 峰会决议，日本计划未来五年在 EPSA 倡议下提供 10 亿美元额外日元贷款。同时，日本还将继续通过援助非洲私营部门计划（African Private – Sector Assistance，FAPA）基金开展包括改进非中小企业管理在内的技术合作。

（2）第五次非洲发展东京国际会议（Tokyo International Conference on African Development V，TICADV）。日本从 1993 年开始召开 TICAD。目前，TICAD 已成为日本对非洲的核心政策。2012 年 6 月份，日本将在横滨举办纪念 TICAD20 周年的第五次会议。会议将强调“加速增长”并重点讨论包容性增长、可持续发展和和谐社会等议题。届时，日本还将与坦桑尼亚和其他非洲国家展开合作对话。

（3）AfDB 对外代表处东京办事处（Asia External Representation Office in Tokyo）。2011 年，AfDB 决定设立 AfDB 亚洲对外代表处东京办事处，东京办事处将对促进亚非联系起重要作用。藤田幸久希望东京办事处能在以下几个方面发挥作用：其一，能加强 AfDB 伙伴关系以及促进 AfDB 与亚洲捐助国之间对话；其二，能为渴望致力于非洲发展和经济合作的日本和其他亚洲企业起到桥梁和纽带作用；其三，能为亚洲国家积累人力资本作出贡献。日本计划为 AfDB 金融和人力资本作出贡献。

（来源：日本财务省 摘译）

欧盟委员会公布银行复苏与处置框架的立法草案

6月6日，欧盟委员会公布了银行复苏与处置框架（EU Framework for Bank Recovery and Resolution）的立法草案。该草案为确保欧盟银行问题发生时，能在避免金融不稳定和纳税人成本最小化的方式下有序地进行救助而设立了必要的步骤和措施。该框架分为准备和预防、早期干预及倒闭三个阶段，并在每个阶段针对银行提出了要求和措施建议。

（来源：欧盟委员会　摘译）

美联储批准市场风险资本法案最终案

6月7日，为改变市场风险资本规则，美联储批准了市场风险资本法案最终案，并将于2013年1月1日开始生效。

该法案要求参与重大交易活动的银行业机构调整资本准备金更好地应对市场风险。部分采用了巴塞尔银行监督委员会2005年和2010年针对市场风险框架的修改，以进一步增强金融和经济环境不利情况下美国银行体系的风险承受能力。

（来源：美联储　摘译）

EIB 获得欧盟 100 亿欧元的资本金

6月29日，EIB表示，欧盟27个成员国已同意为EIB增加资本金100亿欧元。增强欧盟长期借贷机构的资本基础将为促进欧盟就业和经济增长提供更坚实、可靠的资金支持。

通过此次增资，EIB的贷款能力将增加到600亿欧元。该新增资金将重点投放于面临财务困难最严峻的四个部门，额外的贷款将用于支持创新和技术培训、中小企业发展、清洁能源项目和欧盟国家基础设施建设。

EIB主席霍耶尔（Werner Hoyer）表示，此次融资将增加EIB的贷款能力，对欧洲走出欧债危机的阴霾起到很大作用。EIB将同各成员国协作确保贷款资金的有效利用。

（来源：欧洲投资银行　摘译）

欧盟政策摇摆将削弱“增长公约”预期效果

6月29日，欧盟领导人批准了“增长公约”（Growth Pact），旨在确保欧盟预算以550亿欧元支持研究、创新并刺激经济增长。而一星期后，欧盟理事会批准的预算草案则采取了相反措施。欧洲理事会的“增长公约”似乎已失去效力。

新草案显示，欧盟2013年研究支出将减少15%；对中小型企业的资金支持将减少28%；欧盟凝聚资金（Cohesion Money）将减少16亿欧元，该资金重点用于援助经济面临重大困难的欧盟成员国。欧盟预算委员会主席拉马苏尔（Alain Lamassoure）表示，这种政策的摇摆不定将大大削弱外界对欧盟金融市场的信心，将降低“增长公约”预期效果。

（来源：欧洲议会　摘译）

欧盟出资1.5亿欧元支持法国中部大区绿色经济发展

7月2日，EIB与法国中部大区（Centre Region）签署总额3亿欧元的融资协议，以帮助该地区发展可再生能源发电和能源设施改扩建等项目。该融资项目由欧洲投行出资1.5亿欧元贷款，其余1.5亿欧元通过法国农业信贷银行和法国BPCE银行集团筹集。

法国中部大区委员会主席弗朗斯瓦·波诺表示，EIB出资有利于支持创造更多就业的经济管理和能源多样化的新发展模式。

EIB副主席菲利普（Philippe de Fontaine Vive）称，EIB高度重视与法国中部大区合作共同促进绿色经济增长项目发展。促进可再生能源发展、提高能源利用率是欧盟的优先发展项目之一，是区域经济发展的关键因素，有助于直接提高人民生活水平。

（来源：欧洲投资银行　摘译）

日本与南非签署关税管理双边互助协议

7月3日，日本政府与南非政府就关税管理签署双边互助与合作协议。双方主要考虑以下因素：准确评估关税和进出口其他税收的重要性和适当实施税收中的禁止、限制和控制措施；非法税收行为不会损害两国经济、财政、社会、文化和商业利益；非法买卖麻醉药和精神病药对公共健康和社会构成威胁等。

该协议包括 12 款内容，主要包括协议涵盖范围、信息沟通机制、协助请求、特别监管和技术合作等。

（来源：日本财务省　摘译）

IMF 结束与美国年度“第四条款磋商”

7 月 3 日，美国财政部发布了由 IMF 撰写的 IMF 与美国 2012 年“第四条款磋商”（Article IV Consultation）最后声明。该声明是 IMF 对美国经济表现和政策的独立判断和评估。发布该声明表明，美国长期高度支持 IMF 透明度的一贯立场。

“第四条款磋商”是 IMF 协议条款中第四条，指成员国的汇率安排义务，包括成员国一般义务、汇率安排通则、汇率安排监管、汇率价格和以一成员国货币计价的其他货币价格等 5 项内容。

按惯例，“第四条款磋商”每年举行一次。IMF 的经济学家会到成员国收集信息，同时与成员国政府和央行官员讨论，并经常与私人投资者、劳方代表以及立法和民间社会组织成员进行讨论。参加这些磋商是 IMF 成员国的核心义务之一。作为反馈，IMF 磋商团将向 IMF 执董会提交一份报告以供讨论，执董会讨论情况将被提炼总结并转达给成员国政府。

（来源：美国财政部　摘译）

美国建议 TPP 谈判增加新的版权条款

7 月 6 日，美国向 TPP 谈判增加一项新的版权条款，要求在整个地区保护知识产权的所有者，同时也为保护消费者的利益提供适当的例外和限制。

美国贸易代表办公室在 7 月 3 日发表声明表示，“美国第一次提议在贸易协议中加入一个新条款，要求各协议方寻求在各自的版权体系中为批评、评论、新闻报道、教学、学术和研究等工作提供适当平衡版权的例外和限制。”声明指出：“版权体制是自由表达的动力，也是世界经济的一个主要组成部分。”版权体制本身的目的是促进和传播有著作权的作品发挥重要作用，同时要求世界各国平衡例外和限制，以有利于大小企业、消费者、著作者、艺术家及信息、娱乐和技术等行业的工作者。声明还表示，这个建议承认并要求尊重 TPP 地区有赖于适度的例外和限制的个人、企业和机构的重要利益。

美国于 7 月 2—10 日在美国圣地亚哥举行的 TPP 会谈期间正式提议加入这一条

款。参加 TPP 第 13 轮谈判的有来自澳大利亚、新西兰、新加坡、马来西亚、越南、文莱、智利、秘鲁和美国的代表。墨西哥和加拿大已被邀加入该伙伴关系，但未安排参加最近一轮会谈。

美国贸易代表罗恩·柯克曾表示，为了实现奥巴马总统有关促进美国与亚太地区贸易的目标，完成 TPP 贸易协定谈判是其中一个不可或缺的组成部分。TPP 合作伙伴的上次会晤于 5 月份在美国达拉斯举行，预期下一轮谈判将在 2012 年晚些时候举行。

（来源：美国国务院国际信息局　摘编）

奥巴马呼吁将中产阶级减税政策延期

7 月 9 日，奥巴马呼吁美国国会将个人年收入在 25 万美元以下的中产阶级享受的减税政策延期一年，同时中止富豪阶层所享受的减税政策。年收入在 25 万美元以下的美国人占美国总人口 98%，白宫当天的表态是奥巴马政府保护美国中产阶级利益的最新举措，民主党阵营希望通过此举在大选年巩固本党票源。

（来源：美国白宫　摘译）

欧盟委员会计划 2013 年投入 81 亿欧元用于科研和创新

7 月 9 日，欧盟委员会发布关于“第七个欧盟科研框架计划”（Seventh Framework Programme，FP7）下的最大预算提案，以促进经济增长和就业。81 亿欧元预算将用于支持提高欧盟竞争力以及应对健康、环境压力、城市化和污染挑战的项目和政策。该项预算占 2013 年欧盟科研总预算 108 亿欧元的最大比例，适用范围包括欧盟成员国和伙伴国的机构和企业。

“第七个欧盟科研框架计划”始自 2007 年，将于 2013 年底到期，预计耗资 550 亿欧元，目前已资助 1.9 万个科研项目和 7.9 万名科研人员。

（来源：欧盟委员会　摘译）

欧元集团就落实欧盟峰会后续事宜发表声明

7 月 9 日，欧元集团就 6 月份欧盟峰会后续事宜发表声明，主要内容如下：欧元集团再次确认将充分考虑成员国各自的“国别建议”（Country Specific Recom-

mendations），及它们在“欧洲学期”（European Semester）、《稳定与增长公约》（Stability and Growth Pact）和宏观经济失衡程序（Macroeconomic Imbalances Procedure）时间表框架下的承诺，灵活、高效运用 EFSF 和 ESM 机制，竭尽全力保证欧元区金融稳定。

欧元集团就为西班牙金融机构资本重组提供财政援助的谅解备忘录草案达成政治性共识，在 ESM 生效前将由 EFSF 提供救助资金，生效后救助资金转至 ESM 名下并不具备优先债地位。在国内程序履行后，该项目可于 7 月 20 日前获最终批准。此外，欧元集团采纳欧盟委员会建议，同意将西班牙削减赤字期限推迟一年至 2014 年。

欧盟委员会、欧洲央行和 IMF“三驾马车”目前正对爱尔兰调整计划进行第七次修正，为提高这份运行状况良好的调整计划的可持续性提供技术支持。另外，欧元集团已要求“三驾马车”与葡萄牙政府合作，于 8 月 28 日开始对葡萄牙调整计划进行第五次修正以使其正常运行。

为打破银行与主权国间的恶性循环，就未来 ESM 作为银行资本重组直接工具的技术性讨论也将于 9 月份展开，如果能够达成正式决议，单一有效的监管机制一经建立，ESM 有可能直接对银行进行资本重组。

（来源：欧盟委员会　摘译）

欧盟理事会通过项目债券试点方案

7 月 10 日，欧盟理事会通过了实施 2012—2013 年欧盟债券试点方案，以筹集 45 亿欧元私营部门资金支持欧盟主要战略性基础设施项目建设。该项目债券是私人债券，发行人可以是项目发起人、私营公司或由若干公司创设的特殊目的工具（Special Purpose vehicle，SPV）。欧盟项目债券工具将为项目提供信用支持，以方便项目发起人吸引私人投资。当项目债券需要筹集资金时，私营公司或 SPV 可通过发行绩优债和一部分次级债务解决。EIB 将持有次级债，欧盟预算基金将被用于补偿 EIB 的风险。

该倡议资金将完全由欧盟预算在欧盟 2012—2013 年现有项目库中调剂解决。按照该方案，2012—2013 年将有近 2 亿欧元被分配到交通项目、1000 万欧元用于能源以及近 2000 万欧元用于信息通讯技术（Information Communication Technology，ICT）和类似项目。如果该试点成功，欧盟将于 2014—2020 年在欧盟的“连接欧洲设施计划”（Connecting Europe Facility）下推广项目债券，以便为交通、能源和 ICT 提供更多融资。

（来源：欧盟理事会　摘译）

奥巴马政府将采取及时措施帮助美国小企业

7月11日，美国白宫宣布，奥巴马政府将推出包括提供融资帮助、简化行政审批等一系列举措来支持美国小企业发展，以加快就业步伐。自奥巴马上任以来，白宫已陆续出台18项给小企业减税的法案和帮助小企业融资的其他扶助政策。小企业是美国创新的重要源泉，也是推动经济复苏的重要动力。奥巴马要求联邦政府加快给主要政府项目承包商的付款速度，并希望这些大承包商也加快给小分包商的付款速度；通过SBA向小企业提供更多融资帮助；简化针对小企业的行政审批手续等。

（来源：美国白宫　摘译）

欧盟委员会将加大对预算欺诈犯罪的刑罚力度

7月11日，欧盟委员会提出了新规则，即通过刑法来加大打击欧盟预算的欺诈行为，以更好地保障纳税人资金安全。该规则构建了一个更加和谐的框架以起诉和惩罚欺诈行为，保证罪犯不能利用国家法律系统漏洞进行欺诈。该规则定义了欧盟预算的犯罪行为，包括欺诈以及和欺诈相关的犯罪行为，例如贪污腐败、滥用资金、洗钱和妨碍公共程序以及损害欧盟预算等，并统一欧盟各成员国的司法程序。新规则规定了最低处罚力度，其中重大案件处以最低6个月的监禁，新规则确保在一定时间内可有效进行调查和起诉。新规则将有效震慑欺诈者，也有助于采取更有效的国家法律行为和挽回损失。

欧盟委员会副主席、司法专员瑞丁（Viviane Reding）表示，欧盟的目标是明确的，即保证欺诈欧盟预算的犯罪行为将受到惩罚，保障纳税人资金安全。新规则将弥补欧盟各国刑法漏洞，例如对欺诈行为的处罚，一些成员国对欺诈犯判处监禁，而另一些成员国却不采取任何行动。

反欺诈专员瑟米达（Algirdas Semeta）称，不能仅因地理位置的不同而让欺诈犯逃脱起诉和制裁，欧洲纳税人资金必须在每个成员国都得到强有力的保护。

（来源：欧盟委员会　摘译）

最新一轮 TPP 谈判结束

7 月 13 日，美国贸易代表罗恩·柯克（Ron Kirk）表示，在圣地亚哥举行的最新一轮谈判期间，TPP 成员国朝着最后达成一项 21 世纪的全面贸易协议迈出了重大步伐。

美国贸易代表办公室在会谈结束后发表声明称，7 月 2—10 日举行的会谈继续朝着完成目前正在进行的谈判迈进，美国、澳大利亚、文莱、智利、马来西亚、新西兰、秘鲁、新加坡和越南正在就 20 多章内容进行谈判。

（来源：美国国务院国际信息局　摘编）

欧盟委员会拟对操纵基准利率采取刑事制裁

7 月 25 日，欧盟委员会宣布，欧盟将采用修正案建议，将操纵包括 LIBOR 和欧 EURIBOR 在内的全球主要基准利率的行为定为刑事犯罪。

欧盟委员会司法执行委员雷丁（Viviane Reding）在当天举行的新闻发布会上说："最近关于银行操纵利率的丑闻使得公众信心急剧下滑。因此，欧盟必须采取行动叫停银行业犯罪行为，而刑法则可以成为一个强有力的威慑。"

欧盟委员会国内市场和服务委员巴尼耶（Michel Barnier）表示，针对操纵 LIBOR 行为的国际调查又一次让人们看到了一些银行的可耻行径。修订欧盟市场舞弊规则的改革方案，将修复潜在"漏洞"，以确保操纵基准利率的行为是绝对非法的，并在欧盟所有成员国内部将受到刑事制裁。

（来源：欧盟委员会　摘译）

EIB 向塞浦路斯关键领域投资 2. 68 亿欧元

7 月 26 日，EIB 与塞浦路斯财政部在卢森堡签订协议，同意向塞浦路斯发放贷款 2. 68 亿欧元，用于塞浦路斯关键领域投资。其中，2 亿欧元将用来支持塞浦路斯国家战略参考框架（Cypriot National Strategic Reference Framework，NSRF）的实施，主要用于促进可持续发展、提高竞争力以及改善人力资本；6800 万欧元将用于支持 1992 年开始的利马索尔—阿马苏斯排污和排水工程。

（来源：欧洲央行　摘译）

美国金融监管改革取得一定成效

7月26日，美国财政部负责国内金融事务的副部长玛丽·米勒（Mary Miller）表示，美国财政部和金融监管机构为应对经济下滑一直在努力建立一个更有弹性的金融体系，其成效已开始显现出来。新机构已经建立并开始运行，包括消费者金融保护局（CFPB）、金融稳定监管委员会（FSOC）和金融研究办公室（OFR）。

米勒表示，新的监管改革加强了金融机构抵御冲击的能力，提高了透明度，鼓励协作并增强了金融领导人监测和控制危机、稳定风险的能力。最近的多项改革都是针对结构上的脆弱环节，尤其是短期批发融资市场，要求企业密切监控其对融资的依赖程度。监管法规还要求金融机构建立强有力的风险管理和报告架构，以帮助确保风险能得到独立评估和适当的高级别评估。米勒称，金融研究办公室目前首要任务是建立一项识别金融交易各方的独特全球性标准，该标准可以提高财务数据的质量，特别是在识别最大和最复杂的公司风险方面，从而帮助发现有关系统中的风险积聚。

米勒称，金融服务产业必须成为以金融稳定为目的的监管改革和行动计划更坚定的合作伙伴。她认为，公司应该进行严格的压力测试和形势分析、提高财务报告的透明度、奖励高效的风险管理人员并参加行业论坛以分享经验教训及研讨最佳方法。

（来源：美国国务院国际信息局　摘编）

美国财政部宣布政府将尽快退出“两房”援助计划

8月份，美国财政部宣布修改援助房利美和房地美（“两房”）优先股票购买协议（Preferred Stock Purchase Agreements，PSPAs）的一系列条款，该协议在美国财政部与联邦住房金融局（Federal Housing Finance Agency，FHFA）之间进行，旨在帮助加快“两房”结束运营、以更快速度和更大规模向纳税人返还援助款、支持住房抵押信贷向改革后的住房金融市场顺利过渡。

此次对优先股票购买协议修改符合联邦住房金融局2012年2月份制订的“两房”援助战略计划，主要包括以下修改内容：

（1）加快结束“两房”剩下的抵押投资组合运营。新条款要求，“两房”要加快减少投资组合，每年需要将投资组合规模缩减15%，高于此前援助条款中要求的10%。按此计算，“两房”投资组合必须减少至2500亿美元。

（2）纳税人利益保护计划。新条款要求，以一年为基准，“两房”应按照联邦住房金融局指导向美国财政部提交运营计划后再采取行动，以减少纳税人抵押信贷风险。上缴全部利润偿还纳税人在“两房”的投资。根据旧的政府援助协议条款，“两房”每年需要向财政部支付10%的股息，而新协议要求“两房”向财政部上缴全部利润。

（来源：美国财政部　摘译）

澳大利亚央行提案新金融稳定标准

8月29日，澳大利亚央行发布咨询报告，提议确定新的金融稳定标准（Financial Stability Standards，FSSs）以规范中央交易方和证券结算系统。拟议的新金融稳定标准旨在使澳大利亚对清算与结算系统的监管与新国际标准《金融市场基础设施原则》（Principles for Financial Market Infrastructures）接轨。

该咨询报告包括基于国际金融稳定标准原则的指导草案以及澳大利亚央行建议的设施评估方法相关细节。

10月19日前，利益相关方将上交意见书，澳大利亚央行将于10月初召开利益相关方会议。

（来源：澳大利亚央行　摘译）

印度尼西亚支持私营部门通过PPP方式参与基础设施建设

8月28日，印度尼西亚财政部副部长席格（Mahendra Siregar）在亚太部长及区域高官会议上表示，印度尼西亚政府愿意邀请私营部门通过公共部门和私营部门合作方式（PPP）参与印度尼西亚基础设施开发建设，财政部将为此提供相关优惠政策及担保措施。

席格表示，投资基础设施有助于提高经济增长效率，加强国内及区域间经济联系。2010—2014年，印度尼西亚基础设施建设所需资金约为1924万亿印尼盾（1美元兑换9530印尼盾），每年约合400万亿印尼盾。政府已在预算内安排部分资金用于基础设施，但2012年仅为169万亿印尼盾。由于近期石油和电力补贴支出较大，短期内政府很难达到年均400万亿的投资规模。

（来源：印度尼西亚财政部　摘译）

泰国央行与柬埔寨央行签署加强银行监管合作备忘录

8月25日，泰国央行行长Dr Prasam Trairatvorakul与柬埔寨央行行长Dr Chea Chanto签署两国央行关于加强银行监管信息交流的合作备忘录，包括在发放许可程序和银行运作监管等方面的信息分享与交流，为双方正式开展银行业监管合作打下基础。

（来源：泰国央行 摘译）

德国为促进印度中小企业创新技术开发提供融资支持

9月3日，在德印双边开发合作框架下，印度中小型企业发展银行（SIDBI）和德国复兴信贷银行（KFW）签订总额为5400欧元的资金援助协议，用于支持印度清洁技术领域中型、小微型企业创新技术的开发与推广。

（来源：印度财政部 摘译）

欧盟发布建立欧洲银行业联盟提案

9月12日，欧盟委员会发布建立欧洲银行业联盟提案，提议建立欧元区银行业单一监管机制（SSM），拟赋予欧洲央行对欧元区所有银行的监管权，各成员国的银行业监管机构将主要负责日常监管并执行欧洲央行的相关监管政策。欧盟委员会呼吁欧洲理事会和欧洲议会在2012年底前通过该提案。

提案主要包括以下三方面内容：赋予欧洲央行对欧元区所有银行的监管权，非欧元区国家可以自主选择加入此监管体系；调整EBA现有监管政策，使其与新的银行监管政策相一致，以确保EBA决策维持平衡并确保EBA继续维持单一市场稳定性；欧盟委员会提出建立银行业联盟的整体规划纲要，主要包括单一规则手册、单一监管机制和建议单一监管机制的下一步计划。

欧盟委员会提议SSM在2013年1月1日前生效。2013年1月1日，欧洲央行将对欧元区所有信贷机构实行监管，特别是已经收到或者申请公共基金的机构；2013年7月1日，欧洲央行将对欧元区所有银行的系统性重要进行监管；过渡期将在2014年1月1日完成，欧洲央行将接管对所有银行的监管权。

（来源：欧盟委员会 摘译）

美国推动普及菲律宾金融服务

9 月 13 日，美国国际开发署与菲律宾主要的移动货币服务提供商共同启动了“移动货币升级创新”（Scaling Innovations in Mobile Money）计划，这是美国国际开发署在菲律宾支持实施的第一个全面的移动货币计划。

美国国际开发署首席创新事务专员、署长高级顾问莫拉·奥尼尔（Maura O'Neil）表示：“这个创新性伙伴关系建立在美国国际开发署与菲律宾之间现有的介入微型贷款和移动银行的举措之上，旨在通过新技术进一步扩大金融服务。这将使菲律宾最偏远地区的居民也能给家人汇款、办理储蓄、支付计划外的医疗费用及付学费或用手机为自己的生意投资。”

菲律宾央行（Bangko Sentral ng Pilipinas）2011 年公布报告显示，只有 26% 的菲律宾人能得到正规的金融服务；在全国 1635 个市中，有 37%（约 610 个市）没有银行服务。“移动货币升级创新”计划利用菲律宾手机用户覆盖率高的特点来弥补在这方面存在的差距，并向所有菲律宾居民提供金融服务。

美国国际开发署菲律宾办事处主任斯蒂尔（Steele）介绍说，“移动货币升级创新”计划在与国家和地方政府以及私营部门结成伙伴关系的基础之上，共同建设并增强地方在“移动货币升级创新”计划中为政府服务、电子工薪发放和支付系统专门选定试点地区的作用。

这项计划将有助于应对《经济增长伙伴关系》（Partnership for Growth）所指明的“阻碍经济增长的桎梏”。《经济增长伙伴关系》于 2011 年 11 月份由美国国务卿克林顿和菲律宾外交部长阿尔韦特·德尔罗萨里奥（Albert del Rosario）共同签署。

通过与政府、农村银行和电信运营商结成伙伴关系，美国国际开发署 2004 年率先发起了利用移动货币模式帮助微型企业获取金融服务的早期计划。从那时起，菲律宾农村银行已利用移动货币技术产生了 270 万次交易，总额超过 150 亿菲律宾比索（约合 3.5 亿美元）。

（来源：美国国务院国际信息局　摘编）

印度将“十二五”规划经济增长目标定为 8.2%

9 月 15 日，印度财政部长奇丹巴兰姆（Shri P. Chidambaram）在印度国家规划委员会会议上表示，印度将“十二五”规划经济增长目标设定为 8.2%。该目标是在第十个和第十一个五年规划经济增速分别达到7.6%和7.9%下提出的。“十二五”规划预算达35.68万亿卢比（1卢比约为0.0185美元），约占未来5年GDP总额的5.23%，高于“十一五”规划的4.69%。

在非计划性支出中，主要政府补贴占GDP比重由2012—2013财年的1.9%降至2016—2017财年的1.2%。

分析显示，目前印度有147个政府出资在建项目，其中100个项目支出少于30亿卢比。考虑到地方政府的管理成本和资金容量，该资金主要由中央政府负担和支配。在2011—2012财年预算安排中，该项资金达722.9亿卢比，此项资金将与年度中央分配给地方的常规资金共同应用于完成这些在建项目。

（来源：印度财政部　摘译）

德国财长与葡萄牙财长就第五轮评估发表联合申明

9月份，德国财长朔伊布勒与葡萄牙财长加斯帕（Vitor Gaspar）就“三驾马车”（EC、ECB、IMF）第五轮评估结果的相关细节交换看法。

朔伊布勒和加斯帕对“三驾马车”第五轮评估任务扩大对葡萄牙援助表示欢迎。朔伊布勒对葡萄牙政府和人民为评估作出的努力表示赞赏，尤其肯定了对评估项目作出的承诺。

葡萄牙经济调整是一个艰难的过程，葡萄牙人民为此需作出巨大牺牲，但是结果令人鼓舞。通过再平衡，葡萄牙经济依靠内、外需共同增长取得超预期速度，同时，葡萄牙竞争力增强，政府支出处于可控范围，结构预算赤字也已显著下降。这些成果是确保经济可持续和财政合理的基础。

葡萄牙政府期望，能够不借助外援解决新财政巩固计划引发的融资需求，葡萄牙信誉的提高为其实现之提供了切实保障。按照计划，葡萄牙准备于2013年重返资本市场。为重振葡萄牙信心，德国大力支持葡萄牙当局继续应对挑战和实施新政策，并重申与其他欧元区成员国共同援助葡萄牙的承诺。此外，双方还就欧债危机的其他相关问题交换了看法。

（来源：德国财政部　摘译）

国际社会高度重视加强伊斯兰资本市场信息披露规范

9月份，作为各自领域标准制定的“领头羊”，伊斯兰金融服务委员会（Islamic Financial Services Board，IFSB）和IOSCO已联合马来西亚证券管理委员会举办一个主题为“伊斯兰资本市场产品信息披露规范”的高水平圆桌会议。与会人员来自 16 个国家和地区的高级规制人员以及国际机构、学术界和领先市场的一线人员。

参加闭门会议的与会人员讨论了促进更广泛跨境伊斯兰资本市场活动有效信息披露规范的重要性；同时，分析了伊斯兰债券（Sukuk）、伊斯兰集体投资计划（Islamic Collective Investment Schemes）和统一方法等领域信息披露不充分导致的风险和挑战。

（来源：IOSCO　摘译）

日本发布《2012 年日本债务管理报告》

10 月 5 日，日本财务省发布《2012 年日本债务管理报告》，内容包括 2012 年日本债务管理政策和框架。

在 2012 年日本债务管理政策中，该报告讨论了日本各种最新的债务管理政策，尤其是日本政府债券担保计划（JGB Issuance Plan）。同时，还讨论了日本政府债券市场的最新发展趋势。此外，内容还涉及重建零售投资者债券市场（Reconstruction Bonds for Retail Investors）、重建零售投资者支撑债券市场（Reconstruction Supporters' Bonds for Retail Investors）、欧洲主权债务风险和其他相关海外投资活动。

在 2012 年日本债务管理框架中，该报告从总体上解释了公共债务和债务管理政策的基本机制，并对私人债务作出阐述，包括重新解释债务补偿系统和界定未清偿债务平衡表。

（来源：日本财务省　摘译）

欧盟委员会就优惠增值税税率公开征求意见

10 月 8 日，欧盟发起一场公开磋商，征求市民、企业和其他利益相关者对优惠增值税税率合理性和欧盟税制改革的意见。此举是为 2013 年 1 月 3 日的欧盟深层次税制改革做准备。在此次磋商中欧盟不会废止或新增任何增值税税率。

该磋商主要集中于三个方面：特定税是否会扰乱欧洲统一市场；特定税是否被欧盟所有国家承认，是否与欧盟政策相符；以及同类商品和服务在具体执行时应如何操作。

（来源：欧盟委员会　摘译）

日韩决定不再续签扩大日韩货币互换规模协议

10月9日，韩国央行、韩国企划财政部、日本央行和日本财务省联合发表声明表示，日韩双边货币互换协议的规模扩大措施将于2012年10月31日如期截止。

日韩双方表示，由于两国金融市场和经济状况日趋稳定，双方决定将不再续签扩大日韩双边货币互换规模协议。双方同意在必要时进行合作，同时密切关注国内外经济形势变化。

（来源：韩国央行 摘译）

欧盟理事会发布欧盟财长会主要成果

10月9日，欧洲理事会发布欧盟财长会成果：理事会已决定调整对葡萄牙财政援助的限制条件，额外宽限一年，即直到2014年扭转其预算赤字。该决定是在第5次葡萄牙经济调整项目评估之后，以保证下期财政援助得以支付。理事会也采纳对葡萄牙实施过度赤字程序的相关建议。

此外，比利时、德国、希腊、法国、奥地利、葡萄牙和斯洛文尼亚已提交通过加强合作引入“金融交易税”的提议，爱沙尼亚、西班牙、意大利和斯洛伐克正计划不久后实施该提议。欧盟委员会将向欧盟理事会提交该提议，由理事会决定是否批准通过加强合作引入“金融交易税”。

（来源：欧盟理事会 摘译）

欧盟理事会批准葡萄牙减赤期延长1年

10月9日，欧盟理事会作出同意将葡萄牙减赤期延长1年的决定，即至2014年年底前将财政赤字占GDP比例降至3%以下。这一决定修正了EFSM为葡萄牙提供财政资助的条件。葡萄牙2012年、2013年和2014年赤字占比目标将分别为5%、4.5%与2.5%。此外，欧盟理事会还为葡萄牙实现这一目标提出了一系列政策建议。

欧盟委员会预测，2012年，葡萄牙经济将出现3%的萎缩；2013年和2014年的GDP增速分别下调1%至-1%和1%。葡萄牙经济前景低迷是其内部需求持续恶化、外部需求下降以及未来预算整顿的具体反映。但葡萄牙出口市场份额有望进一步增长。

（来源：欧盟理事会　摘译）

欧洲议会预算委员会发布 2013 年预算草案修订意见

10 月 10 日，欧洲议会预算委员会发布了对欧盟 2013 年预算草案的修订意见。预算委员会确认了上周就欧盟 2013 年预算草案进行投票的结果，所涉及的修改内容将在 10 月 23 日全体投票时加以表决。

针对欧盟 2013 年预算，欧洲议会议员均希望恢复欧盟委员会之前递交的预算草案，并取消欧盟理事会于 7 月份对草案进行的削减。预算委员会认为，2013 年欧盟预算支出应同比增加 6.82%，预算承诺应增加 2.2%，预算支出额应达到 1379 亿欧元，预算承诺额应达到 1511.5 亿欧元。此外，预算委员会还特别强调了两点：一是欧盟预算中各成员国提交的预算需求应更加透明；二是应避免未来出现支付缺口。

欧洲议会（包括各委员会和成员国在内）将于 10 月 23 日就欧盟 2013 年预算草案进行全体投票，此后，为期 21 天的调解期将正式启动。若欧洲议会与欧盟理事会在此期间能够达成一致，欧盟 2013 年预算最终有望于 11 月份正式获批。

（来源：欧洲议会　摘译）

韩国央行下调 2012 年韩国经济增长预期

10 月 11 日，韩国央行发布报告，将其 2012 年经济增长率预测值下调至 2.4%（上半年经济增长率为 2.5%，下半年将为 2.2%），较 7 月份预测值下降 0.6%。此外，预测 2013 年经济增长率为 3.2%。调整 2012 年失业率预测值至 3.3%，2013 年至 3.2%。

韩国央行将 2012 年私人消费增长率预测值下调 0.5% 至 1.7%，将建筑投资增长率预测值下调 1.4% 至 0.2%，将设备投资预测值下调 4.3% 至 1.5%，将商品出口增长率下调 1% 至 3.4%，将商品进口增长率下调 1.4% 至 2.4%。

韩国央行还下调 2012 年 CPI 增幅预测值至 2.3%，并预计 2013 年增幅为 2.7%。其中，农业和石油产品价格指数预计增长 1.7%，食物和能源价格预计增长 1.6%，预计 2013 年分别增长 2.5% 和 1.9%。

2012 年经常账户顺差预测值由 7 月份的 200 亿美元上调至 340 亿美元，而 2013 年顺差预测值为 250 亿美元。

（来源：韩国央行　摘译）

印度财长要求提高印度非人寿保险市场占有率

10月22日，印度财政部长奇丹巴拉姆（Shri P. Chidabaram）召集公共与私人部门的非人寿保险业代表共同召开会议，会议就如何促进非人寿保险业的发展进行了讨论。奇丹巴拉姆指出，目前非人寿保险业面临的最大挑战是，如何最大限度地提高印度非人寿保险投保人数并加快该领域投资增长率。目前，印度非人寿保险业收入仅占GDP的0.71%，远低于国际标准，同时，仍有很多地域未使用非人寿保险。

（来源：印度财政部　摘译）

日本央行下调8个地区的经济预期

10月22日，日本央行发布地区经济报告，下调除东北地区以外8个地区的经济预期。

与7月份的报告不同，当时日本央行上调了所有地区的经济预期，此次报告认为该8个地区经济恢复步伐将放缓或停止，主要是由于海外经济进入减速阶段。

（来源：日本央行　摘译）

欧洲央行宣布新一轮债券购买计划达标

10月31日，欧洲央行宣布新一轮“资产担保债券购买计划”（Covered Bond Purchase Programme 2，CBPP2）将达400亿欧元的既定目标。CBPP2由2011年11月份开始实施，其目的是缓解信贷机构的融资状况，鼓励信贷机构保持并扩大其信贷规模。

由于投资者对于欧元区资产担保债券需求的增加和市场供给的增加，欧洲央行于2012年4月4日之后开始减缓担保债权的购买速度。2011年11月至2012年10月，欧洲央行购买了票面价格达164.18亿欧元的资产担保债券。欧元体系银行将继续持有这些债券直至到期。

欧洲央行理事会将就是否继续该购买计划进行商议。

（来源：欧洲央行　摘译）

欧盟呼吁与亚洲构建更加强劲的和平与繁荣关系

11 月 5 日，第九届亚欧峰会在老挝举行，来自亚洲与欧洲国家的 51 位国家首脑参会。开幕当天，欧洲议会主席范龙佩和欧委会主席巴罗佐发表名为“构建更加强劲的和平与繁荣关系”的联合声明。声明中，欧盟领导人肯定亚欧峰会对欧洲、亚洲乃至世界发展作出的积极贡献，认为全球化、相互依赖性、权利再分配以及资源压力将成为构建 21 世纪的关键因素。此外，欧盟领导人还提出亚欧峰会的三个主要议题：

（1）强劲、可持续和包容性经济增长。欧盟领导人表示，欧盟目前正在积极削减公共债务，构建健康银行业体系，为可持续经济增长稳定的共同货币奠定基础，并将就缓解经济与金融压力进一步作出努力。欧洲希望亚洲国家能够稳固公共财政并再平衡经济增长模式，通过共同合作推动可持续经济增长。

（2）支持世界贸易以推动世界经济。欧盟与韩国已签订的以及与新家坡、马拉西亚、越南和印度正在洽谈的 FTA 可有效开发欧盟与亚洲的双边贸易中的巨大潜力，为此，欧盟将继续推动 FTA 工作。此外，欧盟希望亚洲国家落实反对保护主义和贸易壁垒的承诺。

（3）协商和共同机构是实现稳定与安全的最佳方式。欧盟认为通过构建共同机构来解决矛盾并抵制非传统性安全威胁将使亚洲国家受益。欧盟肯定东盟国家在推动东亚合作中所作出的努力，如亚洲区域论坛和东亚峰会。欧盟已于 2012 年签署《东盟友好条约》并成为东盟经济论坛中的一员。欧盟希望在区域性论坛中继续作出贡献，并与亚洲国家分享危机管理、矛盾解决以及预防性外交经验。

（来源：欧洲议会　摘译）

欧盟理事会与欧洲议会将继续就 2013 年预算案进行谈判

11 月 9 日，欧洲经济与财政事务理事会（Ecofin）会议成果显示，欧盟理事会和欧洲议会未能就 2013 年预算案达成一致意见，同时仍就增加 2012 年预算的修正案存在分歧，不过，就欧盟团结基金（EU Solidarity Fund）为意大利出资 6.7 亿欧元达成一致并将尽快形成协议。因此，欧委会可能将进一步就预算案进行调整，双方谈判仍将继续。

根据欧委会目前制定的预算案，2013 年欧盟预算承诺（Budget Commitment）和预算支出（Budget Payment）分别为 1509.3 亿欧元和 1379.2 亿欧元，同比分别上升2.05%和6.85%。

（来源：欧盟理事会 摘译）

欧洲议会敦促西班牙申请欧盟救助

11月12日，欧洲议会经济与货币事务理事会（Ecofin）就西班牙债务问题召开听证会，西班牙财政部长德奎多斯（De Guindos）在会上表示，西班牙正在实现并超越其经济改革目标，各项改革措施的有效性正在逐步显现，银行业重组已经启动并将于2013年2月份完成。对于西班牙的乐观态度，欧洲议会提出了三点不同意见。

（1）欧盟委员会对于西班牙改革措施的实施前景及经济预测并不乐观，而欧盟委员会的预测往往更接近现实，为此，欧洲议会敦促西班牙考虑重组债务并申请欧盟救助。

（2）西班牙应运用多元措施应对危机，政策倾向应由过度紧缩向增长和投资转移；随着时间的推移，民众可能会越来越关注政策对于债务损失弥补的有效性问题。为此，德奎多斯表示，增加就业尤其是青年人的就业应该成为政府的首要目标。此外，议会还强调，应加大欧盟层面尤其是经济面良好的成员国弥补危机损失的力度。

（3）欧洲议会对西班牙银行业重组忧心忡忡，而德奎多斯坚信Bankia银行将恢复健康运营状态并重新成为西班牙银行业重要成员，对此议会表示质疑。

（来源：欧洲议会 摘译）

新加坡下调2012年和2013年经济增长预期

11月16日，新加坡贸易与工业部发布数据显示，新加坡三季度经济萎缩幅度超出预期，经季节性因素调整后，三季度GDP年率环比下降5.9%，同比微增0.3%。其中，三季度制造业产值同比下降0.8%，建筑业产值同比上升7.7%。此外，该部将2012年和2013年新加坡经济增长预期分别下调至1.5%和1.0%—3.0%。

（来源：新加坡贸易与工业部 摘译）

欧洲议会称欧盟应平衡影子银行的利益与风险

11 月 20 日，欧洲议会就影子银行达成一项决议，形成了一系列共识。议会认为，欧盟需要对影子银行进行更加严格的审慎监管，以保障影子银行对实体经济带来的有利影响不受到削减的情况下降低系统性风险。具体包括以下两点：

（1）普通银行承担风险：影子银行不是独立存在的，它们与普通银行有着相互联系并利用普通银行规避资金和会计规则。由于影子银行没有存款且不能获得央行流动性，如果贷款变为坏账，影子银行可能会因此倒闭；如果影子银行倒闭，将在金融体系内引起“多米诺骨牌”效应，拖垮普通银行，并最终因欧盟纳税人被迫承担救助成本而遭到利益损害。

（2）提供多种融资渠道：缺乏资金流量数据、与其他金融机构的互联性以及金融产品的高度复杂性将对影子银行造成系统性风险。然而，包括对冲基金、贸易公司在内的影子银行可通过为风险投资提供贷款，为市场参与者提供资金和流动性等其他选择，而使实体经济受益。

（来源：欧洲议会　摘译）

欧盟将继续就预算协议的达成展开工作

11 月 22—23 日，欧盟峰会于布鲁塞尔召开，会议未能就欧盟中期预算达成一致。欧洲理事会在会后声明中表示，为使 27 个成员国就欧盟“2014—2020 年财政框架”达成协议，欧洲理事会希望理事会主席和委员会主席在未来几周时间里继续展开相关工作并推动磋商。不过，从双边对话及理事会内部的建设性讨论来看，该协议的有效达成可能要等到 2013 年年初。欧盟预算对于欧盟凝聚力以及各国的就业和经济增长至关重要，欧盟有信心化解目前的分歧。

欧洲理事会主席范龙佩在会后表示，欧盟必须就“2014—2020 年财政框架”制定出一个节制性预算，该预算必须有利于经济增长并主要针对就业、创新和科研，因此，该时期的竞争力和就业方面的支出超过了 50%，高于 2007—2013 年。同时，预算为互惠性预算，单一成员国的经济增长将使得全部成员国受益。

（来源：欧洲理事会　摘译）

■ 第五部分

经 济 观 点

德国央行：德国在应对主权债务危机中的作用和贡献

2 月份，德国央行行长魏德曼（Dr. Jens Weidmann）出席 G20 央行行长会议时指出，德国已经通过支持各种救助机制发挥了“稳定器”作用。

德国央行已保证提供一项授信额度为 415 亿欧元的资金注入 IMF 的“一般资源账户”。

考虑到欧元区的严峻形势，当前必须完成的三项任务是：第一，欧元区成员国必须通过巩固财政重振信心；第二，一些成员国必须通过结构性改革提高竞争力和增长潜力；第三，未来必须制定规则保证遵守更严厉的财政纪律。

（来源：国际清算银行　摘译）

盖特纳在 G20 谈全球经济

2 月 26 日，美国财长盖特纳出席 G20 财长和央行行长会议，对全世界经济体“应变复苏的积极迹象”表示赞赏。

盖特纳表示，G20 主要经济体一直在共同努力为全球经济排除风险，但要实现全面复苏仍然面临着巨大的经济挑战。G20 现在的重点在于改革，以为今后的经济增长打下坚实的基础。G20 的策略是将教育、创新和基础建设方面的改革与税制改革等举措相结合，以恢复长期的财政可持续性。

在谈到欧洲问题时，盖特纳表示，G20 为该地区最近在实现金融复苏的道路上所取得的进展感到鼓舞。此外，很多新兴经济体在过去几个月中所采取的步骤都有助于支持全球经济复苏。他鼓励各国继续实行巩固经济发展的政策。

盖特纳在谈到金融改革时表示，G20 审议了在金融系统中增强防范未来风险的全球性努力。盖特纳表示，G20 就监督和透明的策略进行了磋商，并就如何管理金融危机交换了看法。

（来源：美国国务院国际信息局 摘编）

南非央行行长：南非有效应对欧元区和全球经济危机

3 月份，南非中央储备银行副行长甘亚格（Lesetja Kganyago）表示，由于制定了有效的政策，南非经济成功应对了欧元区和全球经济危机，出现强劲增长势头。

甘亚格指出，2010 年南非经济强劲发展促进了 2011 年南非经济增长。虽然有国内采掘业、制造业、保健业、安保业、农业等行业的不利因素影响，但由于第三产业发展，特别是贸易、餐饮、住宿、交通、仓储、通信、金融服务业以及政府支出的增长，2011 年南非经济增长率略高于 3%，2010 年为 2.9%。

甘亚格还指出，近些年南非货币和财政政策灵活性大大增强。南非能成功应对危机，主要是因为南非制定和落实了主要宏观经济政策：第一，2000 年南非制定了应对通胀的政策框架，有效地管理了通胀预期；第二，随着汇率市场干预政策的改变，信息技术框架确保了货币灵活性，并能在不实施主要利率调整的前提下应对主要外汇冲击；第三，制定能有效控制公共债务水平的中期财政支出政策；第四，实施能提高生产效率、技术水平和工资灵活性的政策。

（来源：国际清算银行　摘译）

盖特纳：美国经济面临严峻挑战

3 月 15 日，美国财政部长盖特纳在纽约经济俱乐部（Economic Club of New York）发表讲话时表示，美国经济在遭受 20 世纪 30 年代大萧条以来最严重的衰退之后正在出现增长，但也面临着维持其增长趋势的严峻挑战。盖特纳呼吁应继续努力使经济在短期内增长更快，而不应过早转向财政约束。他说：“我们不能靠削减来实现增长。现在若极度紧缩，其影响将非常不利。”

短期内，盖特纳敦促国会为奥巴马总统的重建基础设施、帮助小企业及避免更多的教师、警察和消防人员失业等计划拨款。他说：“那些通常能够帮助家庭和小企业少受萧条影响的缓冲机制，现已陈旧或失灵。投资基础设施是目前最有效的增加就业机会的手段。对基础设施的投资有助于提高生产力、增加经济活动和为企业以及个人降低成本。”

盖特纳表示，从长远来看，美国经济可通过提高教育、支持科学研究、鼓励投资和扩大出口等措施来得到加强。教育质量的下降影响了美国就业队伍，而像中国、墨西哥及巴西等国家却正在提高其竞争力。

除了鼓励公共部门与私营部门在科研领域进行合作外，盖特纳还表示，应对企业税制进行根本性的改革，以鼓励在美国创业和发展业务。许多美国公司抱怨，美国的税法鼓励它们向国外输出生产活动，而不是在国内制造产品。在发展美国制造基地时，应同时致力于为美国产品打开外国市场，“我们希望看到美国公司的市场份额在海外扩展，我们还希望看到美国国内生产和制造的产品能够满足新兴经济体日益增长的消费需求。”

盖特纳表示，这一侧重于教育、创新、投资和贸易的经济策略，是增加经济机会和提高经济增长最有前途的道路。

此外，盖特纳指出，在努力刺激经济的同时，美国政府需要通过增税和减少开支等综合而平衡的措施来恢复其财政秩序。增税将针对最富裕的美国人，这部分人的实际纳税率是有史以来最低的。而减少开支则将针对国防预算进行削减，还包括降低医疗开支以及完善社会保障制度的增长率。

盖特纳称，2012 年底将是国会就财政议题进行表决的良机，因为总额相当于美国国内生产总值 5% 的减税和削减开支措施届时到期。

（来源：美国国务院国际信息局　摘编）

南非财政部总司长谈南非经济和财政政策前景

4 月 13 日，南非财政部总司长 Lungisa Fuzile 谈南非经济和财政政策前景，主要情况如下：

（1）南非经济现状。2012 年，南非 GDP 增长率将降至 2.7%，中期将逐渐升至 4.2%。

2011 年四季度 GDP 强劲增长，增长率达到 3.2%。消费和投资出现了超预期增长。总固定资本形成在各种不同部门和行业实现强劲增长。在过去 4 年急剧下降后，私人建筑部门重新恢复增长。不断增加的就业促进了 GDP 增长。2011 年四季度正式的非农就业人数增加了 2.3 万人，2011 年全年增加 13 万人，年增长 1.6%。南非《季度劳动力市场调查报告》显示，2011 年四季度新增就业 17.9 万人，全年增加 36.5 万人，年增长 2.8%。这些新增就业主要分布在贸易、住宿和制造业等行业。家户和公司信贷扩张显著增强了私人部门信贷扩张，截至 2012 年 2 月份，年增长 7.9%，2011 年全年平均增长 5.6%。制造业经理指数 2012 年 2 月份升至 57.9，3 月份降至 55.1。1、2 月份制造业的扩张使得制造业年增长率升至 4.1%。采掘部门继续保持低迷。由于高食品和汽油价格，消费者价格指数高于 6%。然而，2012 年 2 月份，食品温和通胀导致消费者价格指数从 2012 年 1 月份的 6.3% 降至 2 月份的 6.1%。石油和汽油价格上升将造成消费者可支配收入下降。2011 年四季度经常账户赤字收窄至占 GDP 的 3.6%。随着贸易失衡扩大，国内需求和进口增加，经常账户赤字将保持较长时间。经常账户赤字主要由对外直接投资、投资组合和对外借款组成。

（2）南非财政政策的中期目标。首先，未来 3 年公共支出的年实际增长保持在 2.6%。其次，到 2014—2015 财年，初步实现财政盈余。最后，确保政府收入完全覆盖政府运行支出。到 2014—2015 财年，新增政府借款将用于投资而不是消费。

（来源：南非财政部　摘译）

印度财长谈印美经济关系和印度税法修改

4 月 25 日，印度财长慕克吉（Pranab Mukherjee）与美国财长盖特纳举行双边会谈，就印美经济关系和印度税法修改问题交换意见。

幕克吉表示，近年来，相同的价值观和共同的全球与地区利益使印度和美国建立了全球战略伙伴关系，两国在包括国防、反恐、贸易、投资、科技、教育和能源等各个领域都展开了广泛的交流与合作，双方关系处在历史最好水平。此外，双方还就印美两国双边经济与金融合作及近期全球经济发展问题交换了看法。

在谈到近期对印度所得税法案中部分条款进行修改问题时，幕克吉指出，这些税收政策变动不是实质性改变，更多的是重申了印度立法者对该问题的立场。按照印度所得税法案第 149 条的规定，所有税收案件处理期限不得超过 6 年。同时，2012 年 4 月 1 日以前已核定的税收案件，不应按新法规重新审定。幕克吉强调，印度税法明确要求任何企业，无论是印度企业还是外国企业，在印度获得资本利得后，必须依法纳税。这一规定是为了让企业能更好地履行纳税义务，而不是要求企业重复纳税。

（来源：印度财政部　摘译）

盖特纳谈中美经济关系的成绩和挑战

4 月 26 日，美国财长盖特纳在旧金山联邦俱乐部（Commonwealth Club）就下周即将在北京召开的第四轮中美战略经济对话发表演讲。盖特纳称，美方从中国的经济发展中受益良多，但也表示未来美国将在中美经济关系中面临一系列挑战。同时，盖特纳还指出了中美经济合作对重振全球经济和增加就业的重要性。

演讲中，盖特纳对过去 3 年里中国在增加对美国产品进口、保护美国知识产权、改善创新认证体系、扩大开放领域、出口融资规则谈判、提升人民币汇率及降低中国贸易顺差等问题上取得的进步表示肯定。盖特纳表示，除继续关注知识产权保护、政府采购偏好和一些特定领域的市场准入限制外，包括建立与国有企业公平竞争的市场平台和人民币汇率改革等问题在内的中国金融体制改革将成为美国在本轮中美战略经济对话中关注的重点。

盖特纳表示，中国的金融体制改革将帮助美国企业更有效地与中国国有企业进行合理的市场化竞争。中国金融体系对大型国有企业融资倾斜的政策限制了消费者的消费需求和国内市场利率水平，使中国国内大量储蓄不能有效刺激国内自主创新和民营企业的发展。中国应建立更有效的金融体系，使国内市场利率水平能更充分地反映市场需求，从而有效扩大内需、刺激消费，并提高中国消费者对美国产品的需求。

（来源：美国财政部 摘译）

印度财长谈亚洲经济发展

4月28日，印度财长幕克吉（Shri Pranab Mukherjee）在亚洲开发银行（ADB）宣布亚行第46届年会将于印度召开后发表讲话，称如果亚洲经济要继续保持快速增长，亚洲应实现包容性增长并提高劳动者工作技能。

在谈到年会的影响时，幕克吉表示，作为主办国，印度与亚行有超过25年的合作伙伴关系，将会为包括亚洲在内的全球学者和政策制定者就亚洲发展问题进行充分探讨和思考提供宝贵机会，制定相关政策促进亚洲繁荣。

幕克吉强调，亚洲新兴经济体的快速发展是近年来全球经济发展的重要特征之一。以中国、印度和其他亚洲国家为代表的新兴经济体是全世界最具活力的地区之一，推动了全世界近一半的经济增长。亚洲国家在过去几十年中的以初级农业、资源为基础的经济发展方式转变为以工业和服务业为基础的经济发展方式，将继续帮助亚洲人民摆脱贫穷，提高生活水平。

（来源：印度财政部 摘译）

EIB称愿就发展中国家小企业融资条件提供支持

4月份，达贝格（Dalberg）全球发展顾问公司公布了有关发展中国家小企业融资问题的研究成果。该研究强调了发展中国家在弥补小企业资金缺口中所面临的挑战，以及国际金融机构对发展中国家小企业发展的支持。欧洲投资银行（EIB）对报告中的研究成果给予高度肯定。

研究报告指出，通过向当地中介银行提供资金和技术支持，包括EIB在内的国际金融机构可以为扩大小企业融资渠道作出积极贡献；国际金融机构通过与当地银行有效的合作，实行严格的贷款标准，对促进小企业贷款也具有重要作用。

EIB表示，小企业发展对于全球经济尤其是发展中国家的经济及就业具有积极的推动作用。为此，EIB长期致力于改善欧洲和发展中国家私人部门的融资条件并减少这些地区对于小企业发展的限制。EIB赞同研究成果中所指出的，国际金融机构应加强与发展中国家中介银行的合作并为其提供技术支持的观点，并承诺与其他金融机构共同为发展中国家强大和可持续金融体系的构建而努力。

（来源：EIB　摘译）

巴西央行行长谈巴西经济前景

4 月份，巴西央行行长亚历山大·托比尼（Alexandre Tombini）在一次会议中总结了近期巴西经济总体情况，并对巴西经济前景作了展望，主要内容如下：

（1）近期巴西主要经济数据和经济情况：2011 年，巴西 GDP 总量为 2.475 亿美元，排名全球第 6 位。过去一年来，巴西生产者价格通胀（Producer Prices Inflation，IPP）和批发价格通胀（Wholesale Prices Inflation，IPA）均低于 2%，一般价格指数（General Prices Index，IGP）低于 3.5%。自 2011 年三季度以来，消费者价格一直呈下降趋势，接近于中央政府通胀控制目标。国内需求动力强劲，主要表现在：失业率较低、正式就业仍然强劲、实际劳动收入持续增加、信贷可持续增长以及工业重新恢复增长。

（2）巴西经济前景展望：

第一，未来数年，跨入名义 GDP 达 6 万亿美元的高收入国家。

第二，到 2014 年，每百万人中人均月收入进入中等收入阶层的人数将逐渐增多，其中月收入超过 923 巴西雷亚尔的占比将从 2011 年的 12.0% 上升到 2014 年的 15.5%，月收入为 214—923 巴西雷亚尔的占比将从 2011 年的 53.6% 上升到 2014 年的 56.5%，月收入为 135—214 巴西雷亚尔的占比将从 2011 年的 20.7% 下降为 20.0%，月收入低于 135 巴西雷亚尔的占比将从 2011 年的 13.7% 下降为 8.0%。

第三，到 2025 年，巴西人口红利将下降。

第四，未来，巴西的主要投资机会如下：一是不断扩大和升级的基础设施，2012—2015 年主要基础设施投资计划包括 3.9 万亿巴西雷亚尔的保障房、3 万亿巴西雷亚尔的能源投资、2.28 万亿巴西雷亚尔的油气开发、1.17 万亿巴西雷亚尔的交通设施建设和 1.6 万亿巴西雷亚尔的其他投资；二是近海油田开发；三是大量矿物质产品开发；四是不断增加的养殖业和农业；五是主要国际运动赛事，包括 2014 年世界杯足球赛和 2016 年奥运会。

（来源：巴西央行　摘译）

美国贸易代表：TPP 的最终目标是“在亚太地区建立一个自由贸易区”

4 月份，美国贸易代表罗恩·柯克（Ron Kirk）表示，TPP 的最终目标是在亚太地区建立一个自由贸易区，以寻求亚太地区贸易开放、支持新的就业岗位以及加强地区关系。这一伙伴关系于 2006 年由新加坡、新西兰和智利创立，相关谈判现已扩及澳大利亚、文莱、马来西亚、秘鲁、美国和越南等国。目前，各伙伴国正在为达成一项“持久、灵活”的协议而努力。这项协议将继续向新参加者开放，TPP 国家正与日本、加拿大和墨西哥就其是否加入这项协议进行磋商。

柯克称，TPP 将长期致力于提高透明度、良治和法治，还将确立现代贸易标准，包括确保劳工权利及环境保护。合作伙伴国正在通过进一步协调监管来提高效率，打破贸易壁垒，增强数字经济的发展和活力，以确保伙伴国之间的信息流动。这些措施对于开放性市场的顺利运作都是极其重要的。

柯克还指出，TPP 成员国还在考虑如何确保贸易与发展的包容性。除了帮助发达经济体和发展中经济体履行这项高标准协议的义务外，各伙伴经济体还在规划确保贸易协定带来的好处在各成员国内得到更广泛分享的途径，以解决工人和小企业所关心的发展问题。此外，各伙伴国家还与世界贸易组织等多边组织紧密合作，以有效保证全世界的贸易执法。这有助于增进美国与亚太地区的经济、金融和贸易关系，提振全球经济，并有助于为全世界人民创造新的、更好的工作岗位。

（来源：美国国务院国际信息局　摘编）

乌干达央行行长谈石油收入管理

4 月份，乌干达央行行长 Emmanuel Tumusiime – Mutebile 谈乌干达石油收入管理，主要包括以下三点：

首先，如果石油收入不被用于投资而用于消费，居民生活水平只会得到短期提高而不可长期持续。因此，石油收入应被用于提高居民生活水平，且相当大比例应被投入到教育、医疗保健、公路、铁路等实体经济、人力资本和环境部门，而不是资源部门。如何决定石油储备资源用于实际资本形成的速度取决于一个经济体有效开发投资项目的能力。要提高这一能力，主要涉及提高两个方面的能力：一是开发公共项目的能力；二是项目评估、公共采购和项目管理的能力。

其次，应预防“荷兰病（Dutch Disease）”。石油收入支出可能导致实际汇率升值。实际汇率升值会破坏非石油贸易部门的竞争力，主要包括出口商和制造业厂商。随着石油收入支出不断加快，患“荷兰病”的可能性也将加大。因此，应避免非石油贸易产业不可持续，否则将不利于长期经济增长和结构转型。

最后，由于石油价格天然具有波动性，这对短期财政政策管理提出了较高要求。石油收入波动经常导致夸大商业周期的顺周期公共支出，进而破坏宏观经济稳定。为了避免风险，有必要让公共支出与同期石油收入脱钩。

（来源：BIS　摘译）

美财政部副部长谈美中战略与经济对话

5 月 8 日，美国财政部主管国际事务的副部长拉尔·布雷纳德（Lael Brainard）在华盛顿国际贸易协会（International Trade Association）上就美中战略与经济对话（S&ED）的成果发表讲话，主要内容如下：

自 2009 年初以来，美国对华出口增长了一倍以上，年出口额现已超过 1300 亿美元。在过去 2 年中，中国货币兑美元的实际汇率已上升了 13%。美国还看到中国的经常账户盈余大幅降低——从奥巴马总统就职那一年的 9% 下降到今天的低于 3%。

美国若要保持强劲的、可持续的增长，重新平衡全球需求至关重要。当美国重新将发展战略的重点放在出口和竞争力上，加之欧洲的需求预期在一段时期内会出现疲软，保持增长就必须通过有盈余的新兴经济体扩大需求。可喜的是，中国具备充足的能力进一步转向以国内消费带动增长，并减少对资源密集型出口产业的过度投资的依赖。但要实现这种转型必须要有重大的政策转变。这就是美国为中国保证在年底前着手实行结构性减税而感到高兴的原因。取消关税以及削减服务业的繁重税赋将为美国生产商创造更多的机会，并提高中国消费者的购买力。

向由市场决定的汇率制度过渡将成为中国重新平衡经济及开放其金融体制的过程中的一个有力工具。中国有关部门在战略与经济对话前夕宣布在减少干预的前提下加宽汇率浮动区间。如果具体实行方式能促使汇率完全根据市场走势浮动，便能为重新平衡经济作出重大贡献。

中国金融体制中存在的高度管制一直是一个严重障碍，导致消费者只有低回报和有限的选择，低息贷款流向国有企业，美国公司的市场机会遭到剥夺。因此，有必要指出中国正在采取一系列步骤，向实现其金融体制的自由化和开放迈进——增强境外及全球投资商参与中国市场的能力，在温州启动一个允许新的私营贷款机构向中小型民营企业提供资金的项目，以及鼓励扩大人民币在国际上的使用范围。在战略与经济对话期间，中国宣布准备进一步履行对世贸组织承担的义务，允许外国投资者在国内合资证券公司中持有不超过 49% 的股份，并缩短合资证券公司扩大发展经纪业务、进行资金管理和开展贸易活动的等候期，这对建立具有竞争性的证券企业至关重要。美国汽车融资公司将能够发行地方债券，以为其经营提供资金，这对于美国汽车制造商进入这一世界最大的汽车市场以及对于中国消费者而言，都是一个有利因素。中国还修改了有关法规，使美国和其他外国保险公司能够出售法定汽车责任保险，以此进入这个巨大的、快速发展的市场，并在此基础上打开销售各种其他保险产品的渠道。

中国有必要推进金融改革，尤其是取消对利率的管制。美国正努力为本国工人和企业创造就业机会，其必然会争取与享受优惠待遇的中国国有企业享有平等竞争环境，这类企业因各个行业的优惠政策而获益。在这一轮战略与经济对话期间，中国有关部门承诺将确保信贷、税务和监管等方面的政策在非歧视的基础上适用于各种企业。中国宣布，将提高国有企业必须以“红利”形式上缴的利润比例，从而与上市公司保持一致。在中国经济严重失衡的年代，国有企业所持有的高利润是导致失衡的主因，既影响了消费又阻碍了竞争。因此，随着这些企业储备得到释放，将有助于为那些与中国国有企业竞争的公司创造公平竞争环境，并通过提供资源促进社会消费而有助于重新平衡经济。

另一个长期影响竞争的障碍是中国的出口信贷计划，这些计划一直不受其他主要出口国所遵循的规定的管制。这种情况不能再继续下去。因为中国如今已是世界上出口融资最大的提供国之一。因此，意义重大的是，中国现已明确表示，在涉及官方出口融资新规定方面，将参与跟美方和其他主要出口国的谈判。第一次会议于2012年夏举行，其目标是到2014年就一系列规定达成一项协议。至关重要的是，美国富有竞争力的出口产品不会受到外国政府补贴资助的影响。美国将继续敦促对软件等领域的知识产权实施有力的保护和执法，并加强防止盗用商业秘密，同时确保中方履行义务，不要求转让技术，并取消具有歧视性的技术革新方面的优惠待遇。同时极力确保中方开放其各个经济领域的庞大的政府采购市场，有关规则应与其他大市场的规则等同。

（来源：美国国务院国际信息局 摘编）

奥巴马总统宣布美国与缅甸关系进入新阶段

5月17日，美国发布奥巴马总统有关缅甸的声明，表示美国将放松向缅甸出口金融服务和进行新投资的禁令。两国间更大地开放经济接触有助于支持政府和公民社会中的改革，促进广泛的经济发展，使缅甸更好地参与国际社会活动。美国将努力建立一套负责任的美国投资架构，使之透明并鼓励监督。

（来源：美国国务院国际信息局 摘编）

奥巴马就美国2012年世界贸易周发表讲话

5月21日，为向世界宣传贸易给美国和全球经济带来的益处，美国总统奥巴马宣布5月20—26日为美国世界贸易周。

奥巴马指出，美国的强大得益于创新型大学、开拓进取的企业家和生产效率高的工人，美国的出口满足了全球对美国人设计及生产的物资和服务产品的需求，在发展全球经济及创造就业中发挥着不可或缺的作用。

奥巴马指出，2010 年美国发起《国家出口行动计划》（National Export Initiative），旨在到 2014 年底将美国出口翻一番。2011 年，美国出口额首次超过 2.1 万亿美元。这种增长有助于促进就业和整个社会发展。2011 年，美国立法实施了三项贸易协定，为美国企业、农民和牧场主在韩国、巴拿马和哥伦比亚销售产品提供了便利。这些协定将支持创造数万个在美就业岗位，创造价值几十亿美元额外出口，并帮助创造公平竞争环境，以确保美国的企业能够在全球市场中参与竞争并取得成功。为了确保创造公平竞争环境，美国将创建跨机构贸易执法中心（Interagency Trade Enforcement Center），该中心将大力调查世界各地不公平贸易行为。上述措施及其他措施将有助于美国在一个富有挑战和不断变化的全球经济中保持竞争优势。

（来源：美国白宫　摘编）

欧盟经济与社会委员会：应对危机需欧洲加深一体化

在将于 5 月 23 日举行的欧盟峰会前夕，欧盟经济与社会委员会主席斯塔凡·尼尔森（Staffan Nilsson）再次强调领导力、透明度对确保欧盟未来发展的重要性。尼尔森指出，欧盟经济与社会委员会关于欧洲增长公约（European Growth Pact）的提案将成为应对危机的一项强有力措施。该提案提出通过欧元债券共同筹资以促进投资并吸引各方投资者，这不仅有利于恢复就业、削减债务，也有利于重建市场信心。

尼尔森表示，欧洲必须从多重角度审视目前的危机，采取多种解决措施。欧盟一直强调应该通过整顿财经纪律促进可持续增长。各国政府必须承担各自责任，并采用平衡的措施重振欧洲竞争力。此外，欧洲仍需要运用审慎的预算管理体系，并在必要时采用吸引私人投资的措施和实施结构改革。

此外，尼尔森还指出，欧洲需要加深一体化，需要设计责任共享、风险共担和资源平衡的债务工具，并建立可信的、协调的和可持续的增长模式。

（来源：欧盟委员会　摘译）

加拿大将继续在推动全球增长中扮演重要角色

5月24日，加拿大联邦财政事务国务部长孟席思（Ted Menzies）在阿斯塔纳经济论坛（Astana Economic Forum）发表讲话，突出强调了加拿大的全球经济领导地位。

孟席思指出，目前加拿大经济基本面强劲，正在积极落实减少财政赤字和重归中期财政平衡的国际承诺。加拿大已经在推动全球经济强劲、可持续和平衡增长中扮演核心角色。

孟席思概述了加拿大为实施金融部门改革、实现财政稳定和加强国际金融体系所采取的一系列行动。这些行动自2009年开始已经为加拿大创造了75万个就业岗位，并使得加拿大近年来成为G7成员中经济表现最为强劲的国家之一。此外，孟席思还对加拿大在共同领导实现G20强劲、可持续和平衡经济增长的框架工作组（Framework Working Group）中所作出的工作表示肯定。

（来源：欧盟委员会　摘译）

英国央行：英国现行货币政策能缓和欧债危机带来的风险

5月28日，英国央行货币政策委员会委员布罗德班特（Ben Broadbent）表示，受金融危机影响，英国无风险利率大幅度降低。

布罗德班特指出，欧债危机发生后，英国银行业新增贷款急剧减少，但金融市场和公司融资成本增加。这主要是由于银行业更倾向于对信誉度良好或者持有一定现金量的公司发放贷款，过高的贷款门槛和限制条件使得很多大公司转而通过发行债券和股票募集资金。这表明现行的利率水平很大程度上低估了银行的实际借贷成本。

布罗德班特称，较高的投资风险溢价可能对英国经济的供给能力造成损害。但如果欧元区出现最坏情况，英国央行现行货币政策将缓解其对英国经济造成的冲击。

（来源：英国央行　摘译）

欧盟呼吁各国应对宏观经济失衡

5 月 30 日，欧盟公布了宏观经济失衡程序（Macroeconomic Imbalance Procedure，MIP）中的深度评估（In－depth Review）分析结果。MIP 于 2011 年 12 月份作为加强经济治理六项改革法案（Six－pack Rules）的一项措施被正式推出，并于 2012 年首次实施，旨在纠正和避免经济失衡。深度评估覆盖了 2012 年 2 月份公布的预警机制报告（Alert Mechanism Report，AMR）中所确认的 12 个需进行深度经济分析以得出是否存在宏观经济失衡或风险的国家，包括比利时、保加利亚、塞浦路斯、丹麦、芬兰、法国、意大利、匈牙利、斯洛文尼亚、西班牙、瑞士和英国。深度评估对这 12 个国家宏观经济失衡的起因、性质和严重性都分别做了分析。

结果显示，这 12 个国家都存在亟待纠正并需要密切监管的宏观经济失衡问题，应对经济失衡的措施都需考虑促进经济增长因素。不过，目前欧盟的促增长、扩就业及投资战略已经涵盖了大部分所需措施。该深度评估结果还认为，这些国家的宏观经济失衡正在调整之中，这些可以被经常项目赤字下降、劳动力成本下降以及房屋价格的调整所印证。此外，评估还强调了各国所面临的特殊风险，并针对各国不同的经济状况和失衡情况所需采取的措施提出了建议。

（来源：欧盟委员会　摘译）

美国敦促未陷入危机的欧洲经济体刺激经济增长

5 月份，美国财政部副部长拉尔·布雷纳德（Lael Brainard）敦促欧洲国家采取短期的刺激措施拯救欧洲经济危机，即使这类措施会在短期内造成赤字。她希望那些未面临财政危机的国家在短期内增加开支，以刺激经济增长。

布雷纳德表示，欧洲一些财政困难的政府长期依赖国内大银行购买公共债务，但其中部分国家需要出资为这些银行进行注资。欧洲采取的银行压力测试以及提高银行准备金的步骤有助于恢复银行业的信心。但在有些银行减少贷款以达到更高的资本标准时，她认为政府与银行的资产负债表紧密联系的做法正在造成金融市场的波动。

（来源：美国国务院国际信息局　摘编）

美国财政部部长助理候任人谈美税收政策改革

5月份，美国财政部分管税收政策的部长助理候任人马祖尔（Mark J. Mazur）在参议院金融委员会上就美国税收政策改革发表演讲，并简述其上任后关于美国财政部未来税收工作的展望，主要内容如下：

首先，当前是改革税收政策的黄金时期，美国财政部需要就税收政策和中长期财政政策的制定作出重要决定。美国现在亟须一套简单、公平和有效的税收收入系统以支持财政支出，现有的税收体系显然不足以满足这样的要求。

除美国税法中的特别条款以外，还有一些特别条款使美国税收体系十分复杂，不利于纳税人履行纳税义务，还为企图偷税漏税的不法分子提供了可乘之机。同时，复杂的税收体系衍生出两套不同的纳税标准，一套适合普通的美国民众，另一套适合与税法说客和制定者有关系的人群。这种纳税不公的情况严重影响了美国人民自愿纳税的积极性。

毫无疑问，税收能为联邦政府供给重要公共产品和服务提供资金支持。过去经济衰退期间，联邦政府通过举债刺激经济增长，产生了巨大的财政赤字。当前，随着经济逐步复苏，政府和国会应共同努力削减财政赤字。这一目标的实现，一方面要通过经济增长带来财政收入增加，另一方面也需要通过立法手段保持财政收入的可持续增长。

其次，美国税收政策改革应致力于最大限度地提高实际税收征管能力。美国财政部应缩小“税收缺口”（Tax Gap）规模，即保证法律规定的应纳税款能被及时收取。这不只是国内收入服务部门（Internal Revenue Service）的职责，因为国会通过的税收法令和政府颁布的税收政策都对税收的有效性存在较大的影响。不断增加的大量税收遵从（Tax Compliance）问题将会影响税收体系的权威性并带来更多税收遵从问题。因此，包括国会和政府在内的各方应通力合作，解决税收不遵从问题，缩小税收缺口。

最后，税收体系应保持稳定和持续，以保证纳税人在制定产业和金融投资计划时能充分明确其所应缴纳的税金。如果投资者不能明确其投资所需缴纳的税金或不确定是否会有新的税项产生，优惠的税收政策对投资的刺激性将会减弱。税收体系改革应致力于建立一套持续稳定的纳税体系从而为纳税人投资提供激励和便利。

（来源：美国财政部　摘译）

美国国务卿克林顿鼓励印度进一步开放经济

5 月份，美国国务卿希拉里·克林顿在加尔各答发表讲话时表示，坚信印度在全球经济中的竞争力，而且随着印度经济的不断开放，更多印度人的生活水平将得到提高。

希拉里表示，1995 年两国双边贸易额约为 90 亿美元，如今已发展到超过 1000 亿美元。印度在与一些美国公司的贸易和投资协议中，很多好处可能不会立刻显现，但印度领导人必须作出坚定的贸易决策，继续向多品牌零售业开放市场，使美国丰富的贸易经验可以传到印度，如供应链的管理、发展与小厂商的关系以促进生产发展，并从美国的私营部门得到各种帮助。

此外，希拉里还指出，加尔各答港在修缮重建后，可以成为印度与亚洲和亚太地区邻国进行贸易的“东方大港”之一。

（来源：美国国务院国际信息局　摘编）

BIS：亚洲新兴国家央行资产负债表扩张过快存在风险

6 月 4 日，BIS 发布报告指出，亚洲新兴国家央行资产负债表扩张过快，可能导致通胀风险上升、金融体系不稳定和金融市场扭曲。

BIS 数据显示，亚洲新兴经济体八大央行（中国、新加坡、印度、韩国、马来西亚、菲律宾、泰国、印度尼西亚）以及中国香港金融管理局的资产负债表总额从 2001 年的 1.1 万亿美元增长至 2011 年的 6.4 万亿美元。其中，中国香港、新加坡的资产负债表总额在 2011 年底接近 GDP 的 100%；中国、马来西亚、泰国央行的资产负债表总额接近 GDP 的 50%；亚洲地区总体资产负债表总额占 GDP 的 35%。其比例大幅度超过欧美发达国家央行。

BIS 表示，亚洲国家央行应认真考虑限制并削减央行资产负债表规模。

（来源：BIS　摘译）

印度财政部长呼吁努力实现 2012—2013 财年间接税收目标

6 月 4 日，印度财政部长普拉纳布·慕克吉（Shri Pranab Mukherjee）表示，由于 2011—2012 财年印度间接税减少，相关部门应采取行动，努力实现 2012—2013

财年间接税收任务。

考虑到将中央消费和服务税率从10%提高到12%，服务税收将小幅增加，印度财政部将2012—2013财年间接税收任务定为4.997万亿卢布，同比增加27%。加强间接税管理对促进印度国民经济发展非常关键。近期，由于政府通过降低消费税和关税税率，税收收入明显减少。2009—2010财年和2010—2011财年，印度经济增长率均为8.4%。受外部不确定性因素影响，加上为应对通胀实施紧缩货币政策，印度经济出现显著下滑，2011—2012财年印度经济增长率降为6.5%。全球经济第二轮不确定性和下滑即将来临，使得各国几乎没有采取积极财政政策的空间。

虽然印度存在促进一些经济复苏的积极因素，但是印度财政部相关部门面临多方挑战。总的来说，印度亟须通过增加税收扭转税收占GDP比重下降的趋势。税收占GDP比重从2007—2008财年的近12%下降为2011—2012财年的约10.5%。为此，印度需通过培训和能力建设促进提高税收管理技术和公共部门协调能力，从而改进税收管理水平。

（来源：印度财政部　摘译）

美国贸易代表强调反对贸易保护主义

6月4日，美国贸易代表罗恩·柯克（Ron Kirk）在APEC贸易部长会议上表示，美国同APEC其他经济体一样，坚持市场开放和法治的共同价值观，反对保护主义和维护由WTO主导的多边贸易体系。为了抑制保护主义增长，APEC经济体需要更充分地参与WTO贸易监督活动，提高监管机制透明度，重新加强WTO各常设委员会的工作。这些常设委员会在抵制保护主义方面居于最前沿，在考虑如何解决WTO面临新问题的过程中可以成为测试机制。

柯克称，目前贸易壁垒的危害性加大，更好地整合全球供应链能够在价值链的每一环节都降低贸易成本。为增强竞争力并扩大消费者获取货物与服务的能力，各国应扩大货物与服务自由化，努力达成一项国际服务协议，扩大服务市场准入以及制定新的、国际认同的规则与标准。降低贸易成本及消除不必要的延误还能促进全球价值链更好地发挥功能。贸易便利化有利于将发展中国家纳入全球供应链，吸引投资。希望APEC经济体继续参与推动相关谈判。柯克还表示，美国希望扩大《信息技术协议》（Information Technology Agreement，ITA），避免由于高额关税而将一些国家排斥在全球生产链之外。美国将与APEC伙伴加强合作，并积极推进最不发达国家加入WTO谈判，制定贸易和其他政策，帮助创造就业机会、推动经济增长。

（来源：美国国务院国际信息局　摘编）

美国副贸易代表在 APEC 贸易部长会上强调供应链的作用

6 月 5 日，美国副贸易代表迈克尔·庞克（Michael Punke）在 APEC 贸易部长会上表示，APEC 供应链议程对于实现 APEC 领导人作出的到 2015 年将供应链效绩提高 10% 的承诺至关重要。美国正在推动这项工作，将以一种更具整体性的方法疏通供应链中的“瓶颈”节点，具体措施包括审视各项基础政策对供应链有何影响，以及各经济体怎样才能利用能力建设来进行改革以提高供应链效绩。庞克指出，APEC 应当进行前瞻性思考以确定为实现在整个 APEC 范围内将供应链效绩提高 10% 的目标所能采取的新举措。

（来源：美国国务院国际信息局　摘编）

G7 财政部长发表声明支持西班牙金融重组计划

6 月 10 日，G7 财政部长发表声明，表示欢迎西班牙银行体系再融资计划和欧元区支持西班牙金融重组授权。随着欧元区进一步加强金融和财政联盟，银行体系再融资计划和金融重组计划都将对货币联盟起到重要作用。

（来源：日本财务省　摘译）

印度财政部长就标普对印度降级作出回应

6 月 11 日，针对标普（S&P）关于近期印度将会成为“金砖国家”中第一个开始衰退的报告，印度财政部长穆克吉（Shri Pranab Mukherjee）表示，印度政府正密切关注目前形势，坚信在未来数月印度经济将复苏。他还强调，该报告不是一个最新评级。

穆克吉还指出，虽然 2011 年四季度印度经济出现超预期下滑，但是从 2012 年 4 月份至今没有证据显示印度经济抗风险能力降低。S&P 近期报告表明，S&P 对印度降级的主要原因是“政府对更大潜在经济下滑和更大经济‘震荡’所作出的反应”。

穆克吉进一步指出，印度经济表现出几个积极信号：印度央行在上次货币政策会议上下调利率 50 个基点、与电力相关的煤炭采掘业部门已出现复苏、季节投资增长率上升、季风气候转好以及近几周国际油价下跌。

穆克吉最后指出，外国机构投资者（FII）对印度经济作出很大贡献，近5个月对印度净投资120亿美元，为过去5年同期最高水平，而2011年全年仅83亿美元。2011—2012财年，印度FII流入总额为468亿美元，2010—2011财年为348亿美元。此外，印度公司业绩情况也较好。

（来源：印度财政部 摘译）

印度财政部长就惠誉对印度降级作出回应

针对6月18日惠誉评级（Fitch Ratings）将印度主权信用评级从稳定下调至负面（BBB-），印度财政部长穆克吉（Shri Pranab Mukherjee）表示，该评级是建立在旧数据基础上的，而忽视了近期印度经济出现的积极信号。

穆克吉指出，由于市场早已预期惠誉会降低印度评级展望，因而市场并未出现过激反应。惠誉是以旧数据为依据，并且忽视了近期印度经济的积极信号。穆克吉还指出，虽然惠誉提到了印度政府近期实施的一些结构性改革，但是忽略了印度加强财政措施，尤其是过去几年来逐步削减政府债务占GDP的比重。

穆克吉进一步指出，惠誉是在旧数据基础上建立对印度经济增长潜力、通胀压力和疲弱财政的认识。目前，印度政府已针对这些问题采取措施，并取得了一些积极成效，比如2012年4月份印度央行已削减基准利率50个基点、核心通胀率已从2011年5月份的8.7%降为2012年5月份的不超过5%、与电力相关的煤炭采掘业部门已出现复苏、2011—2012财年季节投资增长率上升等。

（来源：印度财政部 摘译）

欧盟对西班牙救援请求表示欢迎

6月25日，欧盟委员会副主席奥利·雷恩（Olli Rehn）就西班牙官方为其金融机构资本重组而向欧元区提出的正式资金援助请求发表声明。声明指出，欧盟对此请求表示欢迎并已经启动了对相关部门及其资金需求的评估工作，同时，在与EIB、EBA和IMF的共同合作下启动了配合资金支持的政策条件的制定工作。欧盟有信心在几周内与西班牙就谅解备忘录的签署达成协议，以便共同为西班牙金融机构重组而努力。

声明指出，银行业重组是增强西班牙经济信心并使其企业和家庭重新获得信贷条件的关键所在，也是维持经济复苏的关键所在。资金援助将采取EFSF或ESM贷款的形式，其政策条件将主要针对金融部门改革，其中包括符合欧盟成员国救援规则的一系列重建计划。包括监管要求在内，政策条件将应用于正在进行资金重组的银行部门及整个西班牙银行业。

此外，声明还表示，欧盟希望西班牙保持改革的决心和势头，同时，信守“过度赤字程序”（excessive deficit procedure）下的承诺。无论是国家还是地方，如果没有可持续的公共财政，可持续的经济增长都将无法实现。因此，金融业及公共财政的改革和重建进程将在实施资金救援的同时受到密切而严格的审查。

（来源：欧盟委员会　摘译）

巴罗佐就欧盟峰会成果发表声明

2012 年 6 月 29 日，欧盟委员会主席巴罗佐就欧盟峰会（European Council and Euro area Summit，6 月 28—29 日）成果发表声明。巴罗佐对此次峰会给予了肯定，认为此次峰会传达出了欧盟民众、国际合作伙伴以及投资者所期盼的结果，并达成了一系列可显著增强欧洲金融稳定信心的成果。

巴罗佐特别强调了峰会的几项重要成果：

其一，峰会就帮助成员国应对市场压力的短期措施达成共识；同时就欧元区统一的银行业监管机制达成明确承诺，即一旦欧元区统一的银行业监管机制建立起来，ESM 可直接出资为银行进行资本重组；决定取消 ESM 机制下欧盟对西班牙银行业贷款的优先债权人地位。

其二，欧盟理事会批准了《国别建议》（Country – Specific Recommendations）。

其三，就如何把促进就业和增长落实为具体行动和融资承诺达成协议，并设定了多种资金调动杠杆。就之前一直致力于提高 EIB 借贷能力、启动项目债券的第一阶段工作以及重新调整结构基金等问题，本次峰会都达成了一致意见。

其四，欧盟各成员国及政府首脑都认识到，有关经济增长的讨论不能与欧盟预算的讨论相分离。尽管眼前还有许多相关谈判，但此次峰会已就此取得进展。

其五，就强化经济与货币联盟的前景达成一致意见。同时，就欧盟委员会所呼吁的银行业联盟的建立达成了明确承诺。银行业联盟将在完全尊重统一市场完整性的基础上建立。当然，欧盟也意识到，无论现在还是将来，有一些成员国都不愿参与和欧元相关的领域。不过，参加会议的每位成员都赞同欧元稳定是整个欧盟的利益所在的观点。

夏季过后，欧盟委员会将汇总全部立法草案以建立银行业联盟。此外，还需要进一步构建财政联盟及政治联盟。这是加深一体化以满足经济增长相互依赖性和金融稳定性需求的一个必然结果。

此外，巴罗佐还在声明中高度强调了欧盟理事会在其所达成的成果报告中如何支持欧元区的峰会声明。巴罗佐指出，本次峰会的成果报告展现了一个详细的、有期限的经济与货币联盟的实现路径。报告中这样写道：保持金融服务独立市场的完整性和一致性的具体计划中将考虑欧元区的声明内容和委员会将在127条法规下进一步推动该计划的意愿。建议中将提出目前条约下可采取的措施及还有哪些措施需要对法案进行调整。成员国将通过反馈和定期商议来参与制订这些计划，欧洲议会也将就此进行咨询。

（来源：欧盟委员会　摘译）

巴罗佐称欧盟与俄罗斯应进一步深化双边经贸合作

6月份，欧盟—俄罗斯峰会后，欧盟委员会主席巴罗佐于近日就俄欧双边经贸关系的进展和未来发展发表了讲话。

巴罗佐在讲话中表示，俄罗斯与欧盟正经历着重要的政治、经济和社会转型，从而为双方合作提供了新的机遇。近年来，双方合作已在诸多议题上取得积极进展，包括俄罗斯“入世”谈判、签证和人口流动等，目前已进入全面实施现代化合作关系（Parternship for Modernisation）阶段。本次峰会为进一步密切合作奠定了新基础。

巴罗佐在讲话中再次重申了对于欧元区和欧盟未来的信心，并表示目前解决欧元区问题的关键不是如何解散，而是如何通过完善经济联盟和货币联盟以进一步深化欧盟一体化。欧盟及欧元区将坚决履行在维护欧元、地区稳定并集合各方力量等方面的承诺。

巴罗佐认为，作为欧盟最大的邻国和紧密的贸易伙伴，俄罗斯应进一步加强与欧盟的合作，并推进新的欧盟—俄罗斯双边综合协议（the New Comprehensive EU - Russia Agreement）的谈判。双边综合协议应覆盖合作的所有相关领域，包括贸易、投资、能源供应等。巴罗佐表示，他坚信在双方的坚定承诺下，俄罗斯将与欧盟达成富有雄心的、平衡和互惠的协议。

对于双边贸易合作，巴罗佐指出，目前欧盟是俄罗斯最大的贸易伙伴（占俄罗斯贸易的50%），是俄罗斯FDI的最大来源，还是俄罗斯最大的能源出口对象。此外，俄罗斯“入世”协议为双边经贸关系发展带来新的机遇。巴罗佐希望能源对话能取得积极进展，双边能源合作能够进一步加强。此外，巴罗佐强调，可信、透明和基于原则的能源框架对于欧盟仍然是至关重要的。

（来源：欧盟委员会　摘译）

奥巴马呼吁印度进行经济攻坚改革

7 月 16 日，美国总统奥巴马表示，鉴于印度对多个行业实行外来资本禁入，他对该国投资环境恶化表示担忧，并呼吁印度进行新一轮经济改革。

奥巴马接受印度新闻信托社（Press Trust of India）采访时称，尽管印度经济正持续高速增长，但在某种程度上该国增速放缓现象是全球经济放缓的缩影。奥巴马转引美国商界的担忧，认为印度投资环境不断恶化，在印度进行投资很难，例如零售行业，印度限制或禁止外国投资，这不利于两国增加就业，也不利于印度经济持续增长。

奥巴马表示，印度国内越来越认为应进行新一轮经济改革以增强其全球竞争力；美国不会干涉他国经济规划，但将支持印度推动攻坚改革。

（来源：欧盟委员会　摘译）

欧洲小额信贷促进小微企业创业

7 月 17 日，欧盟发布第二次年度成果报告显示，欧洲小额信贷发展基金（European Progress Microfinance Facility）是促进就业的有效手段，对帮助以传统方式很难得到融资的小微企业创业尤为重要。未来两到三年，通过该基金，欧盟的 20 个小额贷款机构能得到担保或资金，为准小型企业家提供超过 1.7 亿欧元贷款。

欧盟委员会就业部、社会部、内务部专员 LászlóAndor 表示，促进小额信贷对贷款提供者和企业家来说都是好事。提供小额贷款能促进就业，特别是对弱势群体，小额信贷基金是重要的社会融资手段，未来也应继续发展。

2010 年底，小额信贷发展基金和欧洲投资银行开始联合帮助 EIF 挑选的小额贷款机构扩大小微企业借款规模。同时，基金也提供激励机制服务“有风险的”目标群体，例如无法为传统银行贷款提供所需担保的年轻人。

（来源：欧盟委员会　摘译）

美德两国财长呼吁全球和欧洲继续改革

7 月 30 日，德国财长朔伊布勒会见美国财长盖特纳，会后发表联合声明，呼吁全球和欧洲继续改革。

声明表示，两国财长就全球、美国和欧洲经济问题进行了磋商，强调国际合作和协调的重要性，以实现公共财政可持续性、减轻全球经济失衡和恢复经济增长。

两国财长表示，对欧元区国家改革成功充满信心，并对爱尔兰上周成功发行长期债券和葡萄牙不断成功地履行救援计划承诺表示满意，对西班牙和意大利采取的财政政策和结构性改革给予肯定。此外，双方将继续保持紧密合作，推动2012年秋季的政策议程，进一步稳定全球和欧洲经济。

（来源：美国财政部　摘译）

奥巴马呼吁国会通过就业法案

7月份，美国总统奥巴马呼吁国会通过法案，奖励把就业机会带回美国的公司，抵免迁厂返美公司的税收，并补偿公司从海外返回美国的费用。

美国国会共和党拒绝通过这项提案。白宫表示，共和党玩弄权术，阻止国会通过创造就业机会和加强中产阶级的提案，而不是鼓励公司把就业机会带回美国。白宫将继续推进国会通过此类提案和《美国就业法案》（American Jobs Act）的其他部分。独立经济学家称这将为美国创造百万新工作岗位。共和党应该停止阻碍通过该法案，为美国创造更好的就业机会。

（来源：美国白宫　摘译）

美国商务部副部长谈中小型企业与知识产权保护

8月3日，美国商务部负责国际贸易与亚太经济合作事务的副部长弗朗西斯科·桑切斯（Francisco Sánchez）在中小型企业部长级会议上发表讲话。桑切斯表示，企业需要创新并全面获取其发明创造的收益，与更大的公司竞争，发展自己的公司，而这一工作的关键就是加强保护知识产权。

桑切斯称，中小型企业在全球获得、维护和保护知识产权方面面临着巨大挑战。因此，APEC成员必须共同努力提高对知识产权的认知，包括知识产权对于建立一种可持续的经营模式的重要意义，以及能够帮助正在尽力抗击侵权行径的公司企业的种种资源。除提高认知外，APEC经济体还应推进在2011年作出的有关承诺：尽量不为国内知识产权提供优先；确保技术转让的条款与条件由各公司企业自行达成；改善获取如何进行知识产权登记的基本信息的渠道；共同努力确保上述APEC承诺得到落实，对于在这个重要领域为中小型企业提供帮助具有深远意义。

（来源：美国国务院国际信息局　摘编）

印度财政部长称商品和服务税代替间接税将更有效

8 月 24 日，印度财政部长奇丹巴兰姆（Shri P. Chidambaram）在财政部咨询委员会第三次会议上表示，商品和服务税（GST）代替大量间接税将更有效。奇丹巴兰姆称，GST 的实施对纳税人更加公平、公正，有利于维护纳税人权益，他呼吁在本财年末前通过 GST 法案。尽管还有许多与 GST 和 GST 网（GST Network）相关的问题亟待解决，但这些问题都不是无法逾越的。

与会成员表示，GST 的实施和 GST 网的完善将有利于各利益方，包括中央和地方政府、商业团体等。咨询委员会提出了关于 GST 网的诸多问题，包括数据安全、解决利益相关方的冲突、更有效地将直接税相关信息植入 GST 体系以及其他相关技术问题。部分委员表示，首先需要解决的问题是如何弥补消费税的实施给各邦带来的损失。一些委员建议，GST 委员会决策过程中，2/3 的邦提议将比达成全体共识更加可行。此外，委员们还提出了争议解决机制和将一些特定商品排除在 GST 征收产品目录外等问题。

（来源：印度财政部　摘译）

欧盟执委会主席巴罗佐发表“国情咨文”

9 月 12 日，欧盟委员会主席巴罗佐发表“国情咨文”，为欧洲提出新思想、新方向。他呼吁欧洲应团结一致克服危机、维护主权。

巴罗佐强调公正、平等的重要性，欧盟委员会将推出青年方案，建立青年保障计划和平等框架以促进职业培训。欧盟委员会将继续争取公平的金融交易税，尽全力在有意愿的成员国推行。他呼吁所有亲欧力量合力支持正确的多年度金融框架（multi－annual financial framework）。

巴罗佐提出建立单一欧洲监管机制作为银行业联盟的基石，欧盟委员会将在秋季发布深化经济和货币联盟的初步构想。

最后，巴罗佐表示，若要克服经济和政治危机，欧盟必须转变为“由成员国组成的联邦”。

（来源：欧盟委员会　摘译）

欧盟委员会对西班牙公布银行业压力测试结果表示欢迎

9月28日，西班牙政府公布了对该国银行业的独立调查结果，欧盟同日发表声明对此举表示欢迎。声明称，这是实施金融援助方案的重要一步，对增强援助方案可行性和西班牙银行业信心具有重要作用。

在过去数月中，外国专家顾问团对西班牙银行业进行了全面的压力测试和资产质量审查。欧盟委员会、欧洲央行、EBA 和 IMF 参与了此次审查过程。

欧盟表示，公布各银行对资本的需求量是重建并增强西班牙银行能力的关键一步，也是银行资产重组的基础。接下来数月欧盟将根据此次调查结果出台具体援助计划。资金短缺的银行需提交资产重组计划，并由西班牙央行和欧盟委员会审核批准。欧盟预计，西班牙银行业资产重组将于2012年11月份进行。

（来源：欧盟委员会　摘译）

美日经贸合作日益加强

10月5日，美国商务部代理部长丽贝卡·布兰克（Rebecca Blank）在美日委员会（U. S. –Japan Council）会议上表示，过去5年，美日两国携手合作，通过加强贸易和商业关系共同应对全球经济危机。

布兰克表示，美日两国双边贸易正在迅速恢复到经济衰退以前的水平，2011年双边贸易额已超过1900亿美元。如果2012年下半年势头与上半年一样强劲，贸易额将再创新高。为努力建立强大和平衡的双边贸易关系，美国正在进一步发展服务业，尤其是旅游观光业。2012年迄今，赴美观光的日本游客人数同比增加13%以上。目前，美国政府正积极采取措施，使全世界游客都可以更便捷地赴美旅游，这些措施包括：简化签证办理程序、提升机场边境服务质量以及为旅游业小企业和旅行社提供更好的支持。

布兰克称，除了在这些特定行业采取措施进一步推动美日贸易增长外，两国之间还存在更广泛的机会，如TPP谈判。美方希望日本做好充分准备，达到TPP关于自由贸易的高标准，包括消除制造业、农业和服务业贸易壁垒。通过相互投资美日经济联系有所加强，2009—2011年美日相互投资额增长幅度达20%以上。日本是对美投资第二大国，日本投资约为65万美国人创造就业机会。

此外，美国启动“友好行动”（Operation Tomodachi）计划，派遣 2.4 万名美国士兵赴日开展灾后重建工作。美日还在美国西海岸、阿拉斯加、夏威夷以及加拿大水域中合作搜索和清理海啸垃圾。

（来源：美国国务院国际信息局　摘编）

■ 第六部分

其　　他

欧盟环境部长会议召开

3月9日，欧盟环境部长会议（Environment Council）在欧盟轮值主席国丹麦召开。会议参加方包括欧盟各成员国环境部长、克罗地亚环境部长及欧盟委员会代表。欧盟委员会会议代表有欧盟环境委员雅尼兹·波托奇尼克（Janez Potocnik）、欧盟委员会气候行动委员康妮·赫泽高（Connie Hedegaard）以及欧盟健康和消费者政策专员约翰·达利（John Dalli）。

会议涉及以下主要内容：

（1）商讨议题：①有关允许成员国限制和禁止在其领土上栽培转基因生物的规定；②有关建立环境与气候行动项目（Programme for the Environment and Climate Action，LIFE）的条例；③2012—2050年实现低碳经济的路径草案。

（2）结论议题：①德班气候变化会议的后续行动；②欧盟对即将于6月份在巴西举办的联合国可持续发展大会（Rio+20）的观点。

（3）其他事项：①碳排放交易协议（Emission Trading Scheme for aviation）；②欧盟对于绿色气候基金委员会成员的提名；③《2012年经济增长年度调查报告》背景下的经济治理发展路径；④联合国环境署理事会或全球部长级环境论坛第12届特别会议（The 12th Special Session Global Ministerial Environment Forum /Global Ministerial Environment Forum，GC/GMEF）的主要成果。

（4）获批政策及协议：①环境方面，电池回收过程中回收效率的核算规定；②能源方面，以成本优化为基础的建筑最低能耗核算框架；③共同安全与防御措施方面，波斯尼亚、黑塞哥维那及马其顿参与欧盟危机管理行动（EU Crisis Management Operation）的协议；④贸易方面，欧美海关合作委员会机制下的贸易合作纲领相互认可协议。

（来源：欧洲理事会 摘译）

BIS季报：《国际银行业和金融市场发展的最新情况》

3月12日，BIS发布2012年一季度季报《国际银行业和金融市场发展的最新情况》，其中的《国际银行业和金融市场的活动要点》报告指出，2011年三季度银行国际债权规模小幅上升，四季度国际债券担保也小幅回升。

该报告指出，银行间债权增加是助推国际债权规模上升的唯一原因；相反，非银行间债权出现自2009年四季度以来的最大跌幅。2011年三季度，国际银行间借贷环比增加 8260 亿美元至 6100 亿美元，增幅为 4.2%；同期，非银行间债权环比减少 2160 亿美元，降幅为 1.8%。

该报告还指出，受欧洲主权债务危机复苏影响，2011 年四季度国际债券担保规模稳步回升，环比增加 7% 至 18060 亿美元。

（来源：BIS　摘译）

韩国与俄罗斯分享财政信息系统使用经验

3 月 19—23 日，韩国企划财政部与俄罗斯财政部召开研讨会，讨论如何更好地使用数字化预算和会计系统（DBAS）。该系统涵盖了包括预算制定、预算执行、财政会计、清算和绩效评价等在内的所有财政工作流程。

（来源：韩国企划财政部　摘译）

美韩双方领导人就地区安全和全球经济问题展开会谈

3 月 25 日，美国总统奥巴马与韩国总统李明博进行会谈，双方讨论了地区安全和全球经济问题，其中包括最近签署的自由贸易协定、增强国际合作和区域问题等。

奥巴马总统表示，亚太地区是对 21 世纪美国安全与繁荣产生重要影响的地区。美韩签署的自由贸易协定是双方经济上的双赢，能够为两国提供更多的就业机会。

李明博总统表示，双方对全球经济形势交换了意见，并将继续关注全球经济发展的不确定因素。双方对油价不断上涨表示特别关注，将为实现世界石油市场的稳定进一步加强国际合作。

（来源：美国国务院国际信息局　摘编）

韩国与越南签署“知识分享项目”谅解备忘录

3 月 28 日，韩国企划财政部与越南财政部签署关于进一步合作参与“知识分享项目”（KSP）的谅解备忘录。根据备忘录要求，两国财政部将在包括公共财政、宏观经济政策、财政管理、资金管理、人力资源和组织管理等方面展开更全面的双边合作。2004 年，越南财政部开始参与此项“知识分享项目”，并于 2009 年扩大双边合作范围。通过此次签署，韩越两国财政部希望将合作范围向为高级官员提供培训和交流的方向发展。

（来源：韩国企划财政部 摘译）

韩国召开第11届危机管理会议

3月28日，韩国企划财政部部长朴宰完（Bahk Jae-wan）主持召开了韩国第11届危机管理会议。会议讨论关于如何为企业提高国内技术信息服务（NITS），同时强调国家将继续实施扶持中小企业的政策。

过去5年中，韩国在政府部门的研发投资年均增长率为12.2%，并累计为相关国内研发项目提供了超过80万条有效信息。在谈及对中小企业的扶持政策时，朴宰完强调，中小企业是国民经济的重要基础，财政部在制定国内财政政策时，要充分考虑中小企业的实际情况。

（来源：韩国企划财政部 摘译）

IAIS发布《监管合作与信息交换》报告

3月份，IAIS发布了按照保险行业主体自评估和同行评议程序形成的第一份《监管合作与信息交换》报告。

该报告总结了2011年实施的一个试点项目结果，核查成员国是否执行IAIS《保险监管核心原则》（ICPs）。绝大多数IAIS成员国参加了该试点项目。该报告表明按照2003年ICPs相关标准，保险行业总体是健康的。同时，报告也涵盖了有助于衡量辖区支持倡议的详细评估结果。

该报告负责人表示，该试点项目为IAIS和其成员国提供了大量有价值的信息。参与试点的106个成员国都收到了其所在辖区的报告，这些报告将提供关于该区域保险监管能力和挑战的独到视野。总报告分析了成员国对试点项目的综合反应以及跨国公司和机构实现有效监管对广泛合作和信息交流的依赖性。

IAIS执行委员会主席表示，保险行业主体自评估和同行评议程序将成为未来类似评估的基础。未来的试点项目将集中检验2011年10月份IAIS采用的新ICPs执行效果。

（来源：IAIS 摘译）

IOSCO 发布《强制清算标准》报告

3 月份，IOSCO 推荐最新出版的《强制清算标准》（Requirements for Mandatory Clearing）最终报告。该组织称，为了支持 G20 峰会承诺的提高透明度、降低系统性风险和反对市场滥用，相关政府应为标准的场外衍生品交易建立强制清算规则。

该报告概述了相关政府必须在各自辖区内建立强制清算责任的建议，包括：①决定一项强制清算义务是否应该适用于一个产品或一系列产品；②考虑强制清算义务的可能免责条款；③建立政府和公众之间适当的沟通；④考虑适用强制清算义务中的相关交叉事宜；⑤监控和评价强制清算义务的所有程序和适用条款。

最后，该报告列举了 OTC 衍生品《强制清算规则》的 17 项建议，包括政府在实施强制清算职能时应考虑运用“自下而上”的方法去决定符合强制清算义务的产品、应详细阐明产品相关信息以及应清晰阐述实施标准等。

（来源：IOSCO　摘译）

IOSCO 发布《石油价格报告机构的功能和监管》报告

3 月份，IOSCO 发布《石油价格报告机构的功能和监管》（Functioning and Oversight of Oil Price Reporting Agencies）咨询报告。该报告核查了石油价格报告机构（PRAs）在石油市场中起到的作用、PRAs 运行和治理方法以及未来监管可能采取的措施。

该报告的目标是报告 IOSCO 对 2011 年 G20 领导人峰会提出要求的反馈情况，即 IOSCO 与国际能源论坛、国际能源署和石油输出国组织共同准备改进 PRAs 功能和监管的建议。

该报告核查如下事项：第一，包括考虑 PRAs 的所有权、董事会和经营管理结构和如何处理利益纠纷、投诉处理、系统和控制程序在内的治理情况；第二，PRAs 现有功能对石油现货市场和期货市场价格透明度的影响。

PRAs 建议考虑的可能领域包括：①PRAs 基准价格对实体和金融石油市场功能的影响；②PRAs 采用方法的重要性和稳定性；③向 PRAs 自愿报告的影响；④PRAs 的责任；⑤按照管制的金融实体制定的现行治理标准；⑥适用于 PRAs 的竞争维度；⑦在市场发展中利益相关者的代表性和 PRAs 的作用；⑧改善 PRAs 功能和公共责任的监管选择项。

对咨询报告反馈的截止时间是 2012 年 3 月 30 日，最终报告将于 2012 年 6 月份提交 G20 财长会。

（来源：IOSCO 摘译）

BIS 和 IOSCO 发布新的金融市场基础设施标准

4 月 16 日，BIS 和 IOSCO 出版了旨在促进全球共同努力加强金融市场基础设施（FMIs）的三个文件：《金融市场基础设施基本原则》报告、为新标准制定的《评估方法》咨询报告和《披露框架》咨询报告。

更多新的清算系统国际标准已由 BIS 和 IOSCO 在《金融市场基础设施基本原则》报告中发布。对于其他相关事宜，《金融市场基础设施基本原则》将通过制定服务标准 OTC 衍生品规则的中央结算系统为 G20 保持金融系统弹性战略提供重要支持。BIS 和 IOSCO 成员国将于 2012 年底前采用新标准。FMIs 应尽可能遵守新标准。

新标准将替代现存的三个国际标准，即 2001 年 BIS 制定的《系统性重要支付系统的核心原则》（the Core principles for systemically important payment systems）、2001 年 BIS 和 IOSCO 共同制定的《证券结算系统的建议》（the Recommendations for securities settlement systems）以及 2004 年 BIS 和 IOSCO 共同制定的《中央交易商的建议》（the Recommendations for central counterparties）。为涵盖新的风险管理领域和 FMIs 类型，BIS 和 IOSCO 通过增加少量规定、提供更多指导细节和扩大标准范围加强和整合了这三套标准。

新原则旨在确保金融市场基础设施支持全球金融市场保持活力，进而更好地应对金融震荡（Financial Shocks）。这些原则适用于所有金融市场基础设施，包括系统性重要支付系统、中央证券托管、证券清算系统、中央交易商和交易数据储存库。FMIs 涵盖金融市场中交易的交割、清算和数据记录。相比旧标准，新原则在许多重要领域引入了更多新规定。

在发布最终原则的同时，BIS 和 IOSCO 发布了两份公众咨询文件：一是用于评估 FMIs 是否遵守了新原则的评估方法；二是用于确保 FMIs 通过设定信息发布来表明 FMIs 采用新原则后风险透明度的披露框架。任何有兴趣的应邀参与者都可以对这两个文件发表意见，且必须在 2012 年 6 月 15 日之前提交建议。咨询期过后，BIS 和 IOSCO 将根据收到的建议作出修改，将于 2012 年晚些时候出版这两个文件的最终版本。

（来源：IOSCO 摘译）

美国国际开发署在7个国家派驻投资官员

4 月份，美国国际开发署向驻 7 个国家办事处派遣驻地投资官员，帮助贷款方与参与经济发展的当地企业家建立联系。这些办事处的服务对象不仅限于所在国。

美国国际开发署称，限制发展中国家经济增长的一个主要因素是企业家无法获得经营资金。美国国会授予该署发展信贷权，通过贷款担保，用当地民间资本填补筹资空白。美国国际开发署发展信贷管理机构主任本·哈伯德（Ben Hubbard）说："随着重新强调民营部门主导的经济增长，发展信贷管理机构正设计可替代传统的援助方法，把更多的当地财富用于发展工作。"

根据该机构的新闻公告，美国国际开发署把当地资本市场纳入发展事务，希望发展筹资在不依靠捐助资金的情况下具有可持续性。投资官员最初将接洽商业银行、小额信贷机构和在卫生、教育、能源和农业方面经营信用良好但得不到适当服务的企业家。他们将与监管机构、投资和养老基金、保险公司和其他捐助者保持密切的合作关系。但投资官员并不发放贷款。此外，美国国际开发署不会与国家股权占 49% 以上的机构合作，以确保当地的决定纯粹是出于经济因素，而不是政治因素。

自 1999 年以来，该授权已为 200 多家当地金融机构和 10 万贷款人提供了 23 亿美元的部分信用担保。哈伯德说："发展信贷管理机构正从我们日益紧张的发展资金中挖掘额外的价值。"

（来源：美国国务院国际信息局　摘编）

美国国防部长呼吁美批准通过《海洋法公约》

5 月 9 日，美国国防部长莱昂·帕内塔在海洋法研讨会上发表讲话，呼吁美国批准通过《海洋法公约》。该公约得到了美国主要产业商会、石油、能源、造船、航运和通讯公司以及渔业和环境组织的支持。中国、法国和俄罗斯等 161 个国家已批准了这项公约，美国是世界上唯一没有批准该公约的工业化国家。

帕内塔表示，批准该公约将增进美国的安全和繁荣。第一，美国是世界上海岸线最长、大陆架最宽广的国家之一，加入该公约涉及美国海岸线、海洋和大陆架的利益；第二，加入公约能保护美国的航行自由以及军用、商用船只、飞机和海底光纤电缆在全球的通路；第三，加入公约将有助于锁定资源和经济管辖权的扩展；第四，加入公约将保证美国能够获得开发北极地区的权力，这一地区在海事安全和经济利益方面日益具有重要性；最后，美国新的防卫战略侧重于从西太平洋和东亚地区延伸到印度洋地区和南亚地区的具有重要战略意义的弧线。

（来源：美国国务院国际信息局 摘编）

美国证交会暂停379家空壳公司的股票交易

5月15日，美国证券交易委员会宣布，暂停379家空壳公司的股票交易，以保护投资者利益，防止诈骗犯利用这些空壳公司进行逆收购或哄抬股价的不法行为。此举创下美证交会一天内暂停交易公司数量的历史最高记录。

（来源：美国证券交易委员会 摘译）

美国总统奥巴马将在八国集团峰会与非洲领导人讨论粮食安全问题

5月17日，美国国务院国际信息局表示，美国总统奥巴马将于G8峰会期间，与非洲领导人讨论粮食安全问题，其中包括如何推动非洲大陆的农业生产。

美国负责非洲事务的国务院助理国务卿约翰尼·卡森（Johnnie Carson）表示，奥巴马的“保障未来粮食供给”（Feed the Future）计划是一项新的重要倡议，旨在非洲掀起一场二十世纪六七十年代曾在拉美和亚洲发生的绿色农业革命，促进经济增长。该计划是美国继续与非洲合作的一个非常重要的项目。

卡森表示，在非洲约有70%的家庭依赖农业作为主要或次要收入来源，非洲大陆在农业领域拥有广阔前景和巨大潜力。美国将继续与非洲人民一道，支持民主治理、经济发展、缓解冲突、改善医疗服务以及解决诸多跨境问题。

（来源：美国国务院国际信息局 摘编）

欧盟呼吁建立跨洲联盟以应对气候变化及推动可持续发展

5月29日，第23届非加太—欧盟联合议会大会召开。欧盟气候行动委员海嘉德（Connie Hedegaard）及丹麦气候、能源与建筑部长马丁·里德加德（Martin Lidegaard）与来自非洲、加勒比和太平洋地区以及欧洲议会的160位议员共同就气候变化和其对发展中国家的影响进行了讨论。

海嘉德强烈呼吁各国携手共同应对气候变化和贫困。她指出，向可持续发展的转变并不意味着以牺牲增长为代价，希望联合国可持续发展大会（RIO +20）能开启 21 世纪全球可持续增长新模式。里德加德呼吁建立跨洲联盟以应对气候变化和推动可持续发展。

此外，代表四大洲 105 个国家的非加太国家与欧盟国家正在携手准备将于联合国可持续发展大会上递交的有关持续发展的联合声明，此次会议就该声明进行了讨论。

（来源：欧盟委员会　摘译）

美国公布《国家旅游旅行战略》

5 月份，美国商务部长约翰·布赖森和内政部长肯·萨拉查发布《国家旅游旅行战略》，以促进国际游客赴美旅游。

1 月份，奥巴马总统宣布了新的行动计划，以大力促进美国旅游业发展。他责成布赖森和萨拉查领导一个旅游与竞争特别工作组，负责制定相关的国家战略。布赖森说：“我为我们制定国家战略的工作而感到骄傲，这是民营部门与政府合作的成果，这一战略将使美国把欢迎来访者的大门敞得更开，向世界传递‘美国市场是开放的’信息。这些建议将有助于美国成为全世界更具吸引力的旅游目的地。我期待与政府各部门和旅游业合作伙伴一道努力，落实这项战略。”

美国商务部最近发布了一份旅游业预测报告，预计今后 5 年内美国旅游业年均增长率为 4%—5%。2012 年赴美旅游的外国游客将达 6540 万人。

新战略包括如下措施：为向国际游客访美提供便利，商务部设立了一个旅游信息网站平台，主要提供有关主要市场签证面谈等候时间信息、国际游客和消费数据、主要国际机场办理登机手续时间的信息；超过 60% 的国际游客来自无需签证的国家；美国政府将向其余 40% 需要签证的国际游客提供便利。此外，奥巴马政府拟与国会一道为在拒签率较低的国家和快速发展的经济体扩大免签资格制定法律，且美国务院增加了签证人员，以提高签证工作效率。

（来源：美国国务院国际信息局　摘编）

奥巴马呼吁加强全球农业和粮食安全

5 月份，美国总统奥巴马在全球农业和粮食安全研讨会上发表讲话，表示将加速对发展中国家农业的投资计划，以满足日益增加的粮食需要，并且称粮食安全和营养新联盟（New Alliance for Food Security and Nutrition）是一项道德、经济和安全使命。该计划是根据2009年在意大利拉奎拉举行的G8峰会上由40个国家和国际组织签署的一项协议。有关国家同时认捐200亿美元，以在世界银行设立全球农业和粮食安全项目。

奥巴马表示，新设立的全球农业和粮食安全项目将基于伙伴合作关系，捐助国家和私营组织将根据东道国政府列出的主要项目来设计、安排行动，将从已经表明具有改善农业能力的坦桑尼亚、加纳和埃塞俄比亚三国开始。在未来几个月会有更多的国家和合作伙伴将加入一项能使5000万人口脱贫的计划中。该项目还将采用更为创新的产品和技术，如更好的种子和更有效的耕作方法等。

奥巴马希望通过在发展中国家增加生产，提高可持续性以及加强作物的存活能力，来减少对紧急援助的需要。但奥巴马表示，即使有这一目标，美国也仍将信守对紧急粮食援助的承诺。

（来源：美国国务院国际信息局　摘编）

IOSCO发布《衍生品市场中介监管国际标准》最终报告

6月6日，IOSCO发布《DMIs监管国际标准》(International Standards for Derivatives Market Intermediary Regulation）最终报告，为监管衍生品市场参与方提供高水平国际标准。

过去DMIs一般并没有与传统证券市场参与方被一同监管。由于没有被充分监管，一些DMIs的经营行为被证明在2008年全球金融危机中对全球经济制造了风险。

该报告遵照2009年G20领导人峰会承诺的改革衍生品市场以应对风险。该报告区分了衍生品市场与传统证券市场，介绍了政府对国际市场干预的不同方法，主要建议如下：DMI减轻系统风险的责任、防范衍生品市场中合作伙伴风险的要求以及保护衍生品市场参与方免受不公平、不恰当待遇或欺诈。

（来源：IOSCO　摘译）

欧盟和中国签订农业及农村发展合作计划

6月11日，欧盟农业委员达契安·乔罗什（Dacian Ciolos）与中国农业部长韩长赋签订农业及农村发展合作计划。通过建立更加强劲和紧密的农业关系，这一计划将为双方合作提供新的动力并促进双方互利共赢，以及更加有效地应对双边和国际挑战。合作的重点领域将包括食品保障（Food Security）、国际合作、生态农业、有机农业及食品安全（Food Safety）。

（来源：欧盟委员会 摘译）

IOSCO 发布《CDS 市场报告》

6 月 16 日，IOSCO 发布《CDS 市场报告》。2011 年 11 月份，G20 委托 IOSCO 对 CDS 市场的运作能力和 CDS 市场在相关资产价格形成中的作用进行评估。该报告将提交洛斯卡沃斯 G20 峰会。IOSCO 报告重申了 G20《戛纳宣言》中提到的相关问题，并讨论了近期 CDS 市场的变化和趋势。报告还提供了有关 CDS 交易、定价和结算信息，主要包括以下方面：

（1）CDS 合同的基本运作模式和市场规模。

（2）CDS 市场的特点，包括合同标准、市场结构、交易对手风险和抵押担保品（Collateralization）、CDS 价格和债券利差（Bond Spreads）、在《巴塞尔协议 III》下 CDS 的角色等。

（3）CDS 在债券市场上的影响、包括 CDS 对信用利差（Credit Spreads）和债权人激励的影响；CDS 对二级市场优先债券的影响、CDS 对价格发现机制的影响。

该报告的结论是，尽管 CDS 市场在价格发现机制中有很大作用，但是实证分析显示 CDS 市场的很多方面是相互融合的，例如 CDS 对一级和二级市场优先债券运作的影响和对债权人激励的影响。

（来源：IOSCO 摘译）

印度建立投资追索系统

6 月 26 日，印度政府决定建立投资追索系统（Investment Tracking System），确保尽快对境内主要投资项目实施有效监管。私营部门投资项目由财政部金融服务司（Department of Financial Services）负责。计划投资 100 亿卢布以上的项目投资人必须提供项目细节，如延期必须说明理由，而且也可以每月更新。金融服务司正在该系统内单独开发一个网站供项目参与人定期更新动态。

（来源：印度财政部 摘译）

美国最高法院通过奥巴马医改法案

6月28日，美国最高法院通过《平价医疗法案》（Affordable Care Act），该法案是奥巴马医改政策的核心内容。此法案将确保美中产阶级家庭享有安全保障，并确保美国人民不遭受保险公司不良制度所带来的损失。该判决将影响到需要医疗保险的1.29亿美国人与上百万的美国中产阶级家庭。

（来源：美国白宫 摘译）

克林顿呼吁 APEC 为妇女企业提供更多经济援助

6月29日，美国国务卿希拉里·克林顿在APEC会议上宣布了两个旨在为妇女增加经济机会的倡议计划。希拉里表示，美国将帮助各国政府支持妇女拥有企业。美国正与联合国国际贸易中心共同努力，增强APEC各成员国政府从妇女拥有的企业进行采购的能力。

2011年，在希拉里倡导下，APEC各国发表《旧金山宣言》。在宣言中，各国承诺采取行动改善妇女的经济机会、发挥她们的潜力，消除阻挡她们进入市场的壁垒，让她们能够最大程度地为经济发展作出贡献。宣言称，发达与发展中经济体的证据均已表明，应提高妇女参与创造更快、更公平收入增长的能力，创造更多商业机会，并通过促进创新性思维更充分地利用资源，提高企业与经济体的竞争力。

希拉里宣布第二个行动计划以解决妇女不易获得贷款的问题，她称美方正与专家合作，向全亚太地区的中央和商业银行传授包容性贷款方式，使妇女能够获得金融和资本。希拉里表示，这一行动将在一个社区或一个国家产生涟漪效应，一位妇女获得更多资本时将会扩大企业，雇用更多员工，这些雇员又会把他们的所得进行消费。此外，希拉里还指出，美国正在审视公司结构给妇女担任企业领导职务带来的障碍，讨论如何增进妇女在科学、技术、工程和数学等领域里的能力。

（来源：美国国务院国际信息局 摘编）

IOSCO 聚焦影子银行监督

7 月 2 日，IOSCO 在马德里总部举行圆桌会议，议题包括影子银行系统监管以及助推全球证券市场复苏等涉及证券行业的问题。参加会议的是 IOSCO 处理未受监管市场和产品以及证券业事务的特别工作组，包括发行商、投资商、利益集团、律师和审计事务所。该工作组起草发布的咨询报告《证券业监管的全球发展》是本次会议讨论的重点。该报告是应金融稳定委员会要求而起草的，在 2012 年 8 月 6 日前公开征求公众意见，旨在加强影子银行系统监管。为此，与会代表们讨论了如何管理滞留风险、提高透明度和产品披露机制的标准化等相关问题。

报告还强调，证券作为融资手段以市场为基础，且跨境发行机制在加深市场化及推动实体经济发展方面具有重要作用。

（来源：IOSCO　摘译）

韩国与厄瓜多尔签订技术转让协议

7 月 2 日，韩国企划财政部副财长 Dong Yeon Kim 与厄瓜多尔财政部副财长 Maria Dolores Almeida 签订了一项谅解备忘录，以转移一项数字预算会计系统技术（dBrain）的开发和维护环节。签署该谅解备忘录是首例将研讨会成果转化为具体技术转让协议的国际合作，这将为韩未来输出该预算会计系统奠定基础。

（来源：韩国企划财政部　摘译）

非集中清算衍生品保证金咨询报告出台

7 月 6 日，巴塞尔银行监管委员会和 IOSCO 发布了一份关于非集中清算衍生品额定保证金（Marginal Requirements）的咨询报告。

G20 领导人于 2009 年开启对场外交易衍生品市场的改革进程，以减少其系统风险。为加强场外交易衍生品的透明度和规范性，强制实施中央清算等一系列改革措施。然而，这些措施仅涵盖标准化场外交易衍生品，非标准化产品没有参与集中结算制度，仍是双边风险管理的对象。

2011 年，G20 领导人同意将对非集中清算衍生品规定额定保证金加入到改革议程中。此外，通过披露非集中清算衍生品的高风险性，还可推动这些产品的标准化及集中清算进程。

该咨询报告对保证金和抵押物提出一套严格规定，并提议对非集中清算衍生物征收额定保证金。这些规定适用于所有交易，不仅限于金融机构间。该报告于2012年9月28日前针对额定保证金的规模、可行性和影响等问题，征集公众意见。此外，保证金对整个金融市场和宏观金融体系的影响也需考虑在内，以确定保证金必须权衡潜在收益与衍生品市场参与者提供高质量抵押品对流动性造成的影响。因此，巴塞尔银行监管委员会和IOSCO计划在咨询期间实施一项量化影响研究。最终方案预计于2012年底完成。

（来源：巴塞尔银行监管委员会 摘译）

欧洲央行发布《欧元的国际作用》报告

7月11日，欧洲央行发布《欧元的国际作用》（the International Role of the Euro）报告，系统阐述了2011年非欧元区的欧元发展情况。

该报告显示，2011年欧元在国际市场保持了较好弹性。与其他主要国际货币相比，2010—2011年欧元计价工具份额仅小幅波动。经价值评估调整后，欧元计价工具在全球外汇储备中所占份额减少0.4%。在外汇市场成交额中，欧元份额增加1.5%；而在国际市场债券发行中，欧元份额下跌1.3%。

该报告包括四篇专题：第一篇专题指出，2011年外国投资者对欧元区主权债务危机的反应与2008年全球金融危机时不同。外国投资者减少了对欧元区债券的需求，特别是对高收益债券发行国的债券。第二篇专题表示，随着人民币在国际社会中发挥更加重要的作用，国际货币体系逐步向美元、欧元、人民币“三极化”趋势发展。第三篇专题称，历史经验表明，现在流通的国际货币优势可能不及通常认为的那样强劲，尽管其地位十分重要。有新证据表明，美元在国际债券市场成为国际主要货币的时间要远早于此前认可的时间。第四篇专题指出，新兴经济体非官方美元化/欧元化（特别是外汇放款）已经放大了全球危机的实际成本，可能产生威胁金融稳定的风险，当地政府对此应密切关注。

（来源：欧洲央行 摘译）

美国金融稳定监督委员会指定FMUs

7月18日，美国金融稳定监督委员会一致表决通过指定8家金融基础设施（FMUs）作为《2010年多德—弗兰克华尔街改革和消费者保护法案》（Dodd -

Frank Wall Street Reform and Consumer Protection Act）第八章具有系统重要性的机构。此表决是该委员会第一次指定 FMUs，迈出了建设更安全和更有弹性金融体系的重要一步。

上述 8 家 FMUs 分别为清算所支付公司、BIS、芝加哥商品交易所、美国托管信托公司、固定收益清算公司、ICE 清算信贷有限公司（ICE Clear Credit LLC）和全国证券清算公司。

（来源：美国财政部　摘译）

IOSCO 就市场监管面临的技术挑战发布报告

8 月 22 日，IOSCO 就有效市场监管面临的技术挑战发布了《有效市场监管面临的技术挑战：问题和监管工具》报告，IOSCO 希望能收集公众意见，帮助市场管理当局提高市场监管水平。

该咨询报告是对 20 国集团于 2010 年提出实现强势、稳定和平衡行动方案的回应，包括在多个领域采取政策行动，如在金融业实行重大改革。G20 号召 IOSCO 就提高市场诚信和效率提出建议，并减轻由科技发展引发的金融体系风险。作为回应，IOSCO 于 2011 年 10 月份发布《由科技发展引发的市场诚信和效率方面的监管问题》报告。

（来源：IOSCO　摘译）

IOSCO 重申继续在 G20 和 FSB 框架下开展工作

8 月 22 日，IOSCO 主席河野正道（Masamichi Kono）就 IOSCO 工作发表声明，IOSCO 将继续在 G20 首脑和 FSB 的授权下进行工作，为加强包括货币市场基金在内的影子银行系统的监督和管理提供政策支持。

（来源：IOSCO　摘译）

美国政府发布 9 月份房屋计分卡

10 月 5 日，美国财政部和 FHFA 共同发布 9 月份房屋计分卡，该报告显示美国住房市场仍在持续增强。

自 2011 年末以来房屋股票已增长 8600 亿美元，8 月份成屋销售额达两年多来最高水平。但官方表示，住房市场难以全面复苏。

9月份房屋计分卡主要突出住房市场的健康状况和政府抵押品赎回权保护项目的影响，具体包括：自2008年三季度以来，不断增长的房屋价值已经让房主股票价值达最高水平，并帮助130万个家庭摆脱债务困境；在从住房危机中不断复苏的过程中，政府抵押品赎回权保护项目正为数以百万计的房产拥有者提供救助；参加住房可偿付调整计划（Home Affordable Modification Program）的户主得到了持续、深层的帮助。

（来源：美国财政部 摘译）

美国将继续支持全球农业

10月12日，美国财政部长盖特纳在IMF和世界银行年会上宣布，美国将为全球农业和粮食安全计划（GAFSP）提供更多支持，承诺资助4.75亿美元，同时承诺其他捐助者每认捐2美元，美国将提供1美元补助。

美国财政部发言人卡拉·阿莱莫（Kara Alaimo）表示，2007—2008年粮食价格危机后，美国带头建立GAFSP以帮助世界上最贫穷的农民摆脱贫困。通过支持公共和私人对农业投资，GAFSP为非洲、亚洲和拉丁美洲的18个国家提供关键的支持。如在塞拉利昂向当地农民提供改进的扩展服务，帮助提高主要粮食作物产量。该基金还资助恢复了多哥250公里长的农村公路，使农民和当地市场更好地联系，并让1.8万名农民更易获得经过改良的种子和化肥。

美国财政部表示，在减少饥饿和贫困方面，对农业的投资比对投资任何其他行业效果高两到四倍。

（来源：美国国务院国际信息局 摘编）

英国央行发布最新贷款趋势分析报告

10月18日，英国央行发布6—8月季度报告，主要对英国贷款最新趋势进行了评估。

（1）个人及企业贷款。报告显示，6—8月，英国商业贷款总量呈负增长，其中，对中小企业的净贷款自2011年二季度以来维持负增长；对大型企业的净贷款自2011年四季度以来也维持负增长。大型企业通常比中小企业拥有更多筹资渠道，如银团贷款市场（Syndicated Lending Market）。由于宏观经济发展不稳定以及缺乏并购行为，银团贷款发放总额环比有所降低。预计下一季度，银团贷款市场仍将保持低迷。

资本市场为大型企业提供了另一种融资方式——发行债券。英国净债券发行额自 2012 年 2 月份以来呈正增长，主要由于相对银行借贷，企业更倾向于通过发行债券进行融资。尽管近期银行借贷表现比较低迷，但多数大型企业首席财务官表示，银行借贷与发行债券仍是比较可行的融资方式。

6—8 月，英国本土抵押贷款月平均净借贷呈正增长，但增幅环比有所下降；担保贷款总量年增长率基本维持不变，住房贷款批准数量环比有所下降；月度净消费信贷总额（除学生贷款）基本维持不变。

（2）贷款定价。6—8 月，由于一些英国银行进行债务回购，长期批发融资市场状况有所改善，融资价差有所缩小。小型和大型企业参考利率差基本维持不变，中型企业参考利率差稍有扩大。信用卡及私人贷款实际利率稍有变动。

（3）贷款供给与需求。6—8 月，英国各类企业获得贷款总体情况基本维持不变，但相对小型企业，情况较好的大型企业更易获得贷款。中小企业信贷需求乏力。6—8 月，家庭抵押担保贷款快速增长，主要由于人们对于贷款价值比（LTV）高于 75% 的贷款需求增加。

（来源：英国央行　摘译）

IOSCO 为货币市场基金提出政策建议

10 月份，IOSCO 发布货币市场基金政策建议的最终报告，旨在为普遍监管原则以及货币市场基金的运行提供建议。这些建议对于评估、流动性管理、评级的使用、信息披露以及回购协议都非常重要。IOSCO 对于货币基金会的政策建议是 G20 与 FSB 加强银行系统监管工作的重要部分。

货币市场基金规模十分重要，到 2012 年一季度约为 4.7 万亿美元，约占集合资金投资计划资产规模的 1/5。尽管货币市场基金并未引发危机，但 2008 年金融危机加深了其引发危机的潜在风险。

目前针对货币市场基金的 15 条建议旨在为现存框架中有待提高及改革的地方作出补充。与 2010 年关注基金的资产方面不同，此次建议侧重于负债的脆弱性、衡量以及固定资产净值表现。

（来源：IOSCO　摘译）

IOSCO 发布商品衍生品市场原则实施评估报告

10 月份，IOSCO 发布商品衍生品市场原则实施调查报告，评估了市场监管者对 IOSCO 持基本满意的态度。

IOSCO 关于商品衍生品市场的 21 条原则主要分为五大类：合同设立；市场监管；调控无序市场；政策与信息分享和完善市场定价。此外，IOSCO 成员国对于以下几方面支持率较低：

（1）市场监管部门应以库存和其他可交割商品的情况为基础，进行相关信息搜集。

（2）向大型交易头寸所属监管部门提供相关商品衍生品交易合约。

（3）提供监测和执行方案框架，以约束跨行业不正当操作，包括场内和场外市场之间或场内市场和潜在现货市场之间的操作。

（4）公布不同级别大型交易商的总头寸，尤其是在保密范围内的参与者。

（来源：IOSCO 摘译）

欧洲央行公布欧元区中小企业融资能力调查

11 月 2 日，欧洲央行发布中小企业融资能力调查报告（Survey on the Access to Finance of SMEs）显示，2012 年 4—9 月，欧元区中小企业外部融资需求变化幅度达 5%，环比下降 3%；融资条件持续恶化，融资能力下降 22%，降幅为 2%；融资拒绝率达 15%，环比上升 2%。此外，18% 的调查企业认为在此期间其主要融资问题没有得到改善。

注：此次调查为期 1 个月（9 月 3 日—10 月 11 日），覆盖欧元区 7514 家企业，目的是了解欧元区中小企业过去 6 个月融资条件、融资需求以及融资能力的改变，并从整体上反映欧元区中小企业融资能力的发展情况。

（来源：欧洲央行 摘译）

欧盟建议将征收航空碳税计划冻结一年

11 月 12 日，欧盟委员会建议将有关要求航空业参与欧盟 ETS 的计划冻结一年。该提议只针对欧盟与非欧盟国家之间的往返航班，不包括欧盟内部航班。相关计划的冻结期限直至 2013 年秋季国际民航组织（International Civil Aviation Organization，ICAO）召开下次重要会议时。上述提议是在上周国际民航组织在碳排放国际监管问题上取得进展后作出的，需要获得欧盟成员国以及欧洲议会的支持方可执行。

欧盟征收航空碳税的计划已经引发来自美国、中国和印度等主要经济体的强烈不满，上述提议标志着欧盟向缓解相关紧张局势迈出了重要一步。

（来源：欧盟委员会　摘译）

加拿大央行长 2013 年起出任英国央行长

11 月 26 日，英国财政大臣乔治·奥斯本（George Osborne）发表声明，加拿大央行现任行长马克·卡尼（Mark Carney）将接替默文·金（Mervyn King）出任英国央行行长，并于 2013 年 7 月份上任。

乔治表示，卡尼是世界上最出色、最有经验和最有资格出任英国央行下任行长的人选。卡尼目前是加拿大央行行长、FSB 主席，他将是自 1694 年英国央行创立以来首位被任命为行长的非英国公民。

（来源：英国财政部　摘译）